해 양 인 문 학 총 서

XI

해양인문학이란
무 엇 인 가

해 양 인 문 학 총 서

XI

해양인문학이란
무 엇 인 가

②

부경대학교
인문역량강화(CORE)사업단

목차

■■■ 제1부

동북아 해양자료와 해양영토 Ⅰ

조선시대 해양 정책과 해양 인식

－부경대 사학과 신명호

1. 조선 초기 해양진출 정책

그동안 조선 초기 중앙정부의 해도(海島) 정책은 주로 공도정책(空島政策)이라는 말로 설명되어 왔다. 공도정책이란 '섬을 비워버리는 정책'이란 뜻이다. 공도정책을 시행한 이유는 고려 말과 조선 초의 왜구 그리고 섬으로 도망간 유랑민들의 반란을 우려했기 때문이라고 한다. 그래서 삼국시대와 고려시대에 여러 섬에 설치되었던 읍치(邑治)가 고려 말과 조선 초에 대거 폐지되었으며 주민들은 내륙으로 소개되었고 더 이상의 거주는 금지되었다고 한다. 그렇지만 과중한 부역과 세금을 피하려는 백성들은 도서지역으로 몰래 들어가 거주하고 국가에서는 이들을 쇄환하는 악순환이 조선전기 내내 반복되었다고 한다.

실제로 고려 말과 조선시대에 몇몇 섬들을 대상으로 '공도(空島)'가 시행된 적이 있었다. 그러나 당시의 공도는 거의가 왜구 때문이었다. 공도는 왜구의 노략질로부터 도서 주민들의 재산과 생명을 보호하기 위한 비상조치였던 것이다. 그런데도 '공도'에 '정책'을 붙여 '공도정책'이라고 하게 되면, 왜구의 침략성이나 약탈성 보다는 도서와 해양을 포기하고 내륙으로 후퇴한 중앙정부의 무책임이나 비겁함, 또는 안목 없음 등이 부각될 수밖에 없다.

과거 왜구를 연구하던 일본인학자들의 태도는 가능한 왜구의 침략성이나 약탈성을 축소 또는 희석시키려는 것이었다.[1] 공도정책이라는 용어도 고려 말, 조선 초 왜구의 침략성이나 약탈성을 축소 내지 희석시킨다는 면에서 일본인 학자들의 태도와 일맥상통한다. 그런데도 '공도정책'이라는 용어가 엄밀한 연구사적 검토나 비판도 없이 통설처럼 사용되는 것은 심각한 문제가 아닐 수 없다. 더더욱 문제가 되는 것은 '공도정책'이라는 용어가 계속해서 확대, 재생산된다는 사실이다. 예컨대 현재 도서 및 해양에 관해 가장 심도 있고 폭넓은 연구를 해온 곳이 목포대학교의 도서문화연구소인데, 이 연구소에서 발간되는 『도서문화』에 게재된 관련 논문들은 조선시대의 공도정책을 당연한 사실로 받아들이고 있다.[2] 전문 연구소에서 이런 실정이므로 그 외 대중서나 관련서적들이 조선시대의 공도정책을 당연한 사실로 답습하고 있는 것은 의아할 것도 없다고 하겠다.

다행스러운 것은 이제 조선시대사 연구자들도 도서, 해양에 대하

---

1) 예컨대 왜구의 구성원 중에는 일본인뿐만 아니라 고려인 또는 중국인들도 많이 있었다거나, 왜구는 약탈보다는 해양교류 또는 해상무역을 주도했다는 식의 논리들이 그렇다.

2) 『도서문화』는 전라도의 무수한 섬들을 중심으로 한국의 도서, 해양에 관한 역사적, 문화적 연구 성과를 집대성하고 있는 명실상부한 한국의 도서, 해양 문화연구의 보고이다. 비록 공도정책에 관한 인식에서 문제가 있다고 해도, 그것은 궁극적으로 일본학자들의 책임이라고 하겠다. 그런 의미에서 도서문화연구소의 그간의 노고와 업적이 평가 절하되어서는 안 될 것이다.

여 큰 관심을 갖기 시작하였으며, 공도정책에 대하여도 비판적인 시각을 갖기 시작했다는 사실이다. 예컨대 2005년에는, 공도정책이라는 용어를 폐기해야 한다는 의견이 논문으로 제출되기도 하였다.[3]

공도정책이란 용어는 일본인 학자들이 사용하기 시작하였다. 일본인 학자들은 고려 말, 조선 초기에 있었던 몇몇 섬들에서 있었던 읍치출륙(邑治出陸)과 주민쇄환(住民刷還)을 공도정책의 근거로 제시하였다. 하지만 고려 말, 조선 초에 있었던 읍치출륙이나 주민쇄환은 중앙정부의 '공도정책'에 따른 공도가 아니었다. 그것은 거의가 왜구의 약탈로부터 주민들의 재산과 생명을 보호하기 위한 긴급조치로서의 성격을 가지고 있었다. 그럼에도 불구하고 일본인 학자들이 조선시대의 해도정책을 공도정책이라 부른 이유는 가능한 왜구의 침략성이나 약탈성을 축소 또는 희석시키기 위해서였다.

고려 말 위화도 회군을 통해 국가권력을 장악한 조선건국 주체세력들은 적극적인 해양진출정책을 추진했다. 그것은 당시의 개혁 이론가였던 조준의 상소문에서도 명확하게 드러난다. 위화도 회군 직후 대사헌에 발탁된 조준은 당시의 여론을 주도하며 고려 말의 개혁정책을 주도했다. 조준은 정도전과 달리 태종 이후에도 계속 권력 중심부에 있었으므로 그의 사상과 정책은 그대로 조선초기의 국가정책으로 지속되었다.

1388년 5월 22일, 위화도에서 회군한 이성계는 6월 1일 개경에 도착하여 우왕과 최영을 생포하고 실권을 장악했다. 이성계는 곧바로 조준을 발탁하여 지밀직사사겸대사헌(知密直司事兼大司憲)으로 삼았다. 이성계의 후원을 얻은 조준은 대사헌의 자격으로 토지제도와

---

3) 김호동, 「조선초기 울릉도, 독도에 대한 '空島政策' 재검토」 『민족문화논총』 32 (2005).

정치제도에 대한 개혁안을 연이어 올렸다. 당시 이성계는 크고 작은 모든 일들을 조준에게 물어서 행하였다. 조준이 사헌부의 이름으로 올린 각종 개혁안이나 시무책들은 그의 개인적 생각이 아니라 이성계를 비롯한 조선건국 주체세력들의 생각을 대변하였다.

조준은 대사헌이 된 직후인 1388년 7월에 사전(私田) 개혁을 요구하는 제1차 전제 개혁안을 올렸다. 이어 8월에는 국정전반의 개혁안을 담은 시무책을 올렸는데, 그 중의 한 부분이 수군, 어염, 목축, 도서, 연안 등에 관련된 개혁안이었다. 조준은 수군, 어염, 목축, 도서, 연안 등에 관하여 다음과 같은 언급을 하였다.

> "제도(諸道)의 어염과 목축의 번식은 국가에서 없어서는 안 될 것입니다. 우리 태조(고려 건국시조 왕건 태조)께서 아직 신라와 백제를 평정하지 못했을 때 먼저 수군을 다스려 친히 누선(樓船)을 타고 나주를 쳐서 장악함으로써 여러 섬의 이권이 모두 국가에 소속되었습니다. 그 재력에 힘입어 드디어 삼한을 통일할 수 있었습니다.
>
> 압록강 이남은 거의가 모두 산이고 비옥한 토지는 바다에 인접한 곳에 있습니다. 그런데 비옥한 들판에 있는 수 천리의 논밭이 왜구에게 함락되어 황폐해져서 갈대숲이 하늘에 닿았습니다. 이에 국가에서는 어염과 목축의 이익을 잃었고, 또 기름진 들판에 있는 좋은 논밭의 수입을 잃어버렸습니다. 원하건대 중국 한나라에서 백성을 모집하여 변방에 채워 흉노를 막은 고사를 따라서, 망읍(亡邑)의 황무지를 개간하는 자에게는 20년을 기한하여 그 밭의 전세를 받지 말고, 그 백성을 부역시키지 말며, 수군만호에 전속시켜 성보를 수축하고, 노약자를 불러 모으며, 먼 곳까지 척후를 두고 봉화를 신중히 하며, 평소에 일이 없을 때는 농사짓고, 고기 잡고, 소금 굽고, 철공질하여 먹고 살며, 때때로 배를 만들다가, 왜구가 오면 들을 비우고 성보 안으로 들어가고, 수군을 시켜 치게 하소서. 합포에서 의주에 이르기까

지 모두 이렇게 하면 몇 해가 되지 않아서 유망했던 사람들이 모두 고향 고을로 되돌아와 변경주군(邊境州郡)이 충실하게 되고 제도(諸島)가 점차로 차게 될 것입니다. 그렇게 되면 전함이 많아져 수군은 익숙해지고, 왜구는 도망가 변방 고을은 편안해지며 조운이 편리해 창고가 채워질 것입니다."[4]

위의 시무책을 아무리 뜯어보아도 공도정책과 유사한 인식이나 정책은 보이지 않는다. 오히려 해양진출, 도서개발에 대한 강력한 의지를 읽을 수 있을 뿐이다. 예컨대 조준은 고려의 왕건 태조가 삼한을 통일할 수 있었던 배경은 '강력한 수군'과 '전라도 도서지역에서 산출되는 재력'이었다고 언급하였다. 이런 언급은 바로 당시의 피폐한 국가상황을 극복하기 위해서는 강력한 수군 건설과 함께 연근해 및 도서지역의 개발이 필요하다는 인식과 직결되어 있었다. 그래서 조준은 '망읍(亡邑)의 황무지를 개간하는 자에게는 20년을 기한하여 그 밭의 전세를 받지 말고, 그 백성을 부역시키지 말며, 수군만호에 전속시켜 성보를 수축하고, 노약자를 불러 모으며, 먼 곳까지 척후를 두고 봉화를 신중히 하며, 평소에 일이 없을 때는 농사짓고, 고기 잡고, 소금 굽고, 철공질하여 먹고 살며, 때때로 배를 만들다가, 왜구가 오면 들을 비우고 성보 안으로 들어가고, 수군을 시켜 치게' 하자는 대안을 제시하였던 것이다. 조준은 그렇게 한다면 '몇 해가 되지 않아서 유망(流亡)했던 사람들이 모두 고향 고을로 되돌아와 변경주군(邊境州郡)이 충실하게 되고 제도(諸島)가 점차로 차게 될 것'이라고 낙관적으로 예측하였다.

'제도(諸島)가 점차로 차게 될 것'이라는 조준의 예측은 절대로 공도정책과 연관시킬 수 없다. 오히려 조준이 제시한 정책은 제도를

---

4) 『고려사절요』권33, 신우 14년 8월.

적극 개발함으로써 어염과 목축의 이익을 극대화하여 국가를 부강하게 하자는 해양진출정책 또는 도서개발정책이라고 할 수 있다. 이같은 조준의 인식과 정책은 바로 이성계를 비롯한 조선건국 주체세력들의 해양인식이며 해도정책이었던 것이다.

실제 조준이 수군, 어염, 목축, 도서, 연안과 관련하여 시무책에서 제시했던 각종 정책들은 그대로 고려 말, 조선 초의 국가 정책으로 시행되었다. 즉 수군과 관련하여서는 무기와 전술이 개발되고5) 수군을 우대하기 위한 제도도 나타났다.6) 또한 연근해지역의 묵은 땅을 개간하거나 도서지역으로 새로 옮겨서 사는 사람들에게는 세금과 부역을 면제하기도 하였다. 예컨대 거제도 주민들이 섬으로 돌아가자 첫해의 전세는 전부 면제하고 그 다음해에는 반만 거두고 3년 후에야 전부 거두게 하였다. 『경국대전』에는 '해택(海澤)은 첫 해에는 면세하고 다음 해에는 반을 수세한다.'고 하였는데, 이것도 연근해지역의 개발을 장려하기 위한 제도였다고 할 수 있다. 이런 노력의 결과 고려 말인 공양왕 1년(1389)에 경기도, 충청도, 경상도, 전라도, 황해도, 강원도의 6도를 양전했을 때 96만여 결에 불과했던 토지가 17년 후인 태종 6년(1406)에 6도를 양전했을 때는 120여만 결이나 되었다. 17년 사이에 늘어난 30여만 결은 대부분이 왜구 때문에 황폐화 되었던 바닷가의 전답을 다시 개간한 것이었다.

고려 말의 왜구는 도서지역과 해안가는 물론 내륙 깊숙한 곳까지도 노략질하였다. 이 결과 고려의 도서지역과 해안지역은 거의 무인지경이 되다시피 하였다. 『고려사절요』에는 왜구 때문에 '바다에서 50리, 혹은 30-40리 떨어진 곳이라야 백성들이 겨우 편안히 살 수

---

5) 임용한, 「고려후기 수군 개혁과 전술변화」『군사』54 (2005).
6) 노영구, 「조선초기 水軍과 海領職의 변화」『한국사론』33 (1995).

있다.'는 증언까지도 있다.

이것은 고려의 도서지역은 물론 해안에서 내륙으로 50리 정도는 거의 왜구에게 약탈되었음을 반증한다. 한반도의 지형적 특성상 전답은 넓은 평지가 발달한 해안가 가까이에 많았다. 그러므로 해안가로부터 50리 정도의 사이에는 비옥한 전답이 많이 있었다. 조준이 시무소에서 수군강화, 해양진출, 연근해 및 도서개발을 강조했던 것은 바로 이 같은 한반도의 지형적 특성을 십분 고려한 것이었다. 만약 조준이 공도정책을 주장했다면 수군보다는 육군을 강화해야 하고, 연근해나 도서지역을 개간하는 사람들에게는 벌을 주어야 마땅했다.

하지만 실제 조준이 주장한 것이나 고려 말, 조선 초의 국가시책은 수군강화였으며 연근해와 도서지역 개발이었다. 이 결과 조준이 예측했던 일들, 즉 '뿔뿔이 흩어져 도망갔던 백성들이 모두 고향 고을로 되돌아왔으며 변방 고을이 충실하게 되고 또 여러 섬들도 점차로 차게 되었으며, 전함이 많아져 수군은 익숙해지고, 왜구가 도망가 변방 고을은 편안해지며 조운이 편리해 창고가 채워지는' 상황이 조선건국 후 전개되기 시작하였다. 바로 이런 배경에서 고려 말에 96만여 결에 불과하던 토지가 태종 6년(1406)에 120여만 결로 폭증할 수 있었다. 120여만 결은 96만여 결에 비해 대략 4분의 1이 늘어난 것인데 이것은 바로 조선건국 주체세력들의 적극적인 해양진출로 가능했다고 보아야 한다.

게다가 세종 1년(1419) 6월의 이른바 기해동정(己亥東征) 즉 이종무 장군의 대마도 정벌까지 성공적으로 수행되자 왜구는 급격히 줄어들었다. 예컨대 고려 말에는 몇 백 척 단위로 준동하던 왜구가 조선건국이후에는 몇 십 척 단위로 줄었고 기해동정 이후에는 몇 척 단위로 줄었다. 몇 척 단위로 준동하는 왜구는 더 이상 조선정부에 군사적인 위협이 되지 못하였다. 결국 고려 말, 조선 초의 중앙정부는 해안과 바다로의 진출, 수군력의 강화, 대마도 정벌 등 적극적인 해양개척을 통해 왜구에게 빼앗겼던 바다의 제해권을 되찾아올 수 있었던 것이다.

2. 조선유교의 해양인식

14세기의 혼란을 극복하고 1392년에 조선을 건국한 신진사대부들은 유교이념에 입각하여 국가, 사회를 개혁하고자 하였다. 이 결과 지난 1천 년 간 불교이념에 기초해 있던 사회, 문화가 유교이념에 의해 재편성되기에 이르렀다. 신진사대들이 사회, 문화를 유교화한 방법은 바로 국가의례와 가정의례를 통해서였다. 그들은 유교이념의 핵심가치인 효와 충을 중심으로 국가와 가정을 유교화 하였으며, 그것은 관혼상제 등의 의례를 유교화 하는 것이었다.

한편 조선이 유교화 될수록 유교의 해양인식이 조선사회 전반에 점점 더 강한 영향력을 끼치게 되었다. 유교의 해양인식이란 4서5경 등 유교경전에 나타난 해양인식을 의미한다. 유교의 해양인식 중 대표적인 것은 『주역』 감괘(坎掛)에 나타난 해양인식이었다. 4서5경 가운데에서도 대표적인 유교경전이 『주역』이었고, 『주역』 중에서도 해양에 관련된 인식이 주로 감괘에 표현되었기 때문이다.

4서5경 등 유교경전에 나타난 해양은 사해(四海)로 대표되었다. 사해는 사방이란 관념과 바다라고 하는 관념이 결합된 용어이다. 사방이란 관념은 땅은 네모나다고 하는 고대 중국인들의 관념을 의미한다. 천명 사상에 의하면, 중국 황제는 하늘의 명령을 받은 지상의 권력자로서 그의 통치 대상은 천하의 땅과 천하의 백성을 포괄한다. 이런 생각이 『시경』에서는 "보천지하 막비왕토(普天之下 莫非王土)/솔토지빈 막비왕신(率土之濱 莫非王臣)"이라 표현되었다.

"보천지하 막비왕토"란 하늘 아래의 땅은 모두 황제의 땅이란 의미이고, "솔토지빈 막비왕신"이란 바다로 에워싸인 땅에 사는 모든 사람이 왕의 신하란 의미이다. 고대 중국인들은 하늘 아래의 땅은 전체적으로 네모난 형태이고, 그 바깥 사방을 바다가 에워싸고 있다고 생각하였다. 따라서 천명을 받은 황제는 하늘 아래 모든 땅에 더하여 그 땅을 둘러싼 사방 바다에도 통치권을 행사한다고 생각하였다.

그런데 고대 중국 황제가 실제로 천하의 모든 땅을 다스리거나 땅 밖의 사방 바다까지 모두 다스린 것은 절대 아니었다. 진(秦) 이전 중국의 영토는 화북 지역에 한정되었고, 특히 주나라 왕의 통치권이 미치는 영토는 바다와 관련이 없었다. 이런 현실에서 천명에 의해 천하의 모든 땅과 그 땅 밖의 사방 바다를 다스린다는 이념과, 실제로는 황하 상류 지역에만 통치권이 미치는 주나라 왕의 현실 사이에서 괴리가 발생하게 되었다. 그런 괴리에서 사해를 놓고 두 가지 해석이 등장하게 되었다.

첫 번째는 사해를 사방 바다가 아니라 사방 이적(夷狄)이라고 하는 해석이었다. 예컨대 『주례』의 "범변사우사해(凡辨事于四海)"에 등장하는 '사해'에 대하여 정현은 "사해는 사방과 같다."고 주석을 달았고, 가공언은 "왕이 순수함에 오직 방악(方岳)에만 이르고 사방 이적에게는 이르지 않으므로 사해를 사방이라고 하였다."로 해설하였다. 이는 『주례』의 시대배경으로 간주되는 주나라 왕의 통치권이 황하 상류 지역에만 한정되던 현실과, 중국 영토 밖도 천명에 의해 중국 황제의 통치권에 속한다고 하는 이념 사이의 괴리에서 나온 것이라 할 수 있다.

두 번째는 사해를 명실상부하게 사방 바다로 보는 해석이었다. 예컨대 『예기』 월령에는 중동(中冬)에 천자가 유사(有司)에 명령하여 사해(四海), 대천(大川), 명원(名源), 연택(淵澤), 정천(井泉)에 제사하게 한다는 내용이 있는데, 이에 대하여 정현은 "그 덕이 번성할 때를 따라 제사하는 것"이라고 해설하였다. 정현에 따르면 중동에 제사하는 사해, 대천, 명원, 연택, 정천은 모두 겨울의 덕인 수(水)와 관련되는 것이므로 이때의 사해는 방위 또는 이적이 아니라 사방 바다였다. 이처럼 정현이 동일한 사해를 놓고 어느 때는 사방 이적이라 해석하고, 어느 때는 사방 바다라고 해석한 것은 현실과 이념의 괴리 때문이라고 할 수 있다. 이런 점에서 중국의 사해 제사는 처음에는 현실적인 영토와 관계없이 천명 이념을 표현하고자 하는 의도에서 시작되었다고 이해할 수 있다.

그런데 중국에서는 진, 한 시기의 조정을 거쳐 당나라 때부터 황제가 사해 자체 즉 동해, 서해, 남해, 북해를 대상으로 제사를 드렸는데 동해, 서해, 남해, 북해에 연접한 곳에 사당을 짓고 제사를 드렸다. 당나라 때의 동해는 내주(萊州), 서해는 농주(隴州), 남해는 광주(廣州), 북해는 명주(洺州)였다.[7] 내주, 농주, 광주, 명주는 당나라의 사방 국경 지역이므로, 당시의 사해는 사방 천하로 상징되는 당나라 영토의 밖에 있는 바다 자체라고 할 수 있다. 따라서 중국에서는 영토가 달라지면 사해 역시 달라질 수밖에 없었다. 예컨대 송나라 때 사해는 동해가 내주(萊州), 서해가 하중부(河中府), 남해가 광주(廣州), 북해가 맹주(孟州)였다.[8]

---

7) 『大明集禮』 吉禮, 專祀嶽鎮海瀆天下山川城隍, 祭所.
8) 『大明集禮』 吉禮, 專祀嶽鎮海瀆天下山川城隍, 祭所.

요약하자면 중국의 사해 제사는 처음에는 천명 이념을 표현하고자 하는 의도에서 시작되었지만, 점차 중국 영토가 확장되면서 명실상부하게 영토 밖의 사해 자체를 제사 대상으로 하게 되었던 것이다. 다만 천명 이념을 표현하기 위한 것이든 아니면 영토 밖의 사해 자체를 제사하기 위한 것이든 중국에서 사해에 제사를 드린 이유는 반시보본(報本反始) 즉 사해의 공덕에 보답해야 한다는 생각 때문이었다.

고대 중국인들이 생각한 바다의 공덕은 "바다는 천지(天池)이니 백천(百川)을 받아들이는 존재이다."라는 『설문해자(說文解字)』의 해설에 잘 나타난다. 이에 따르면 바다의 공덕은 근본적으로 지상의 모든 천을 받아들이는 데 있었다. 따라서 사해 제사는 궁극적으로 지상의 모든 천을 받아들이는 바다의 공덕에 대한 국가적 보본 행위라 할 수 있다. 이런 사실은 사해 제사에 이용된 축문(祝文)에도 명확하게 나타나는데, 예컨대 당나라 때 사해의 축문은 다음과 같았다.

> 동해 축문에 이르기를, "동해의 신은 백천(百川)의 조종(朝宗)으로서, 만물을 촉촉하게 양육함이 몹시 넓습니다. 감덕(坎德)을 영험하게 모아, 동방을 촉촉하게 적셔, 만물을 윤택하게 하고 만민을 기르니, 공덕이 세상에 미쳤습니다. 역대로"<운운(云云)은 앞과 같다. 아래도 모두 같다.>
>
> 서해 축문에 이르기를, "서해의 신은 물을 모이게 함이 넓고 영험하여, (물길이) 아득히 멀고멉니다. 감덕(坎德)은 깊고 넓어, 서쪽을 윤택하게 하여, 만물을 윤택하게 하고 만민을 기르니, 공덕이 세상에 미쳤습니다.
>
> 남해 축문에 이르기를, "남해의 신은 이곳 남쪽 변방을 (물길로) 휘돌게 하니, 만물이 크고 영험하게 모입니다. 감덕(坎德)은 깊고 크며, 해와 달의 밝음이 여기에 짝하여, 만물을 윤택하게 하고 만민을 기르니, 공덕이 세상에 미쳤습니다.

북해 축문에 이르기를, "북해의 신은 북방신(北方神)의 소속으로서, (북해의 신이 있는 북해는) 아득히 멀어 미치지 못합니다. 감덕(**坎德**)을 영험하게 모아 북쪽에 자리하여, 만물을 윤택하게 하고 만민을 기르니, 공덕이 세상에 미쳤습니다."⁹⁾

위에 의하면 사해의 공덕은 공히 감덕(坎德)으로 표현되는데, 『주역』에 의하면 감이란 구덩이 또는 물, 북쪽 등의 의미를 가지고 있다.¹⁰⁾ 그런데 위의 축문에서 동해, 서해, 남해, 북해에 공히 감덕이란 말을 붙였으므로 이때의 감은 물이나 북방보다는 구덩이를 의미하는 것으로 이해된다. 즉 구덩이는 낮고 텅 비었기에 무엇인가를 받아들이는데, 바다가 백천(百川)을 받아들일 수 있는 것은 낮고 텅 빈 구덩이의 공덕을 갖고 있기에 가능하다는 의미일 것이다. 『설문해자』에서 백천을 받아들이는 바다를 천지(天池)라고 표현한 것이나, 사해의 축문에서 바다를 감이라 표현한 것 모두 그런 의미일 것이다.

이 같은 천지와 감을 고대 중국인들의 천원지방설에 결부해 이해한다면, 고대 중국인들은 천하의 지(地)는 전체적으로 네모나고, 그 네모난 지를 한량없이 깊은 감이 에워싸는 것으로 생각했다고 이해할 수 있다. 그런 생각에 따르면 사해는 지의 사방에서 흘러오는 백천의 물이 모이는 거대한 구덩이가 된다. 그 구덩이는 네모난 지상의 온갖 물 그리고 하늘에서 내리는 비 등 천하의 물을 무한정으로 받아들일 수 있을 정도로 거대하다. 그래서 『설문해자』에서는 바다를 천지(天池)라 표현하고, 사해 축문에서는 감이라 표현했던 것이

---

9) "東海曰 維神 百川朝宗 涵育深廣 靈鍾坎德 潤沚震宗 滋物養民 功被于世 歷代<云云同前 下並同> 西海曰 維神 灝(넓을 호)靈所鍾 道里邈邈 坎德深廣 潤沚兌方 滋物養民 功被于世 南海曰 維神 環玆奧裏 物鉅靈鍾 坎德深大 離明斯配 潤物養民 功被于世 北海曰 維神 玄冥攸司 遐邈莫即 鍾靈坎德 樊他陰方 潤物養民 功被于世"(『大明集禮』吉禮, 專祀嶽鎮海瀆天下山川城隍, 祝板).

10) 『周易』, 坎卦.

다. 이렇게 보면 고대 중국인들은 바다의 본질을 물이 아니라 구덩이에서 찾았고, 그래서 축문에서도 해의 공덕을 감덕이라고 표현했다고 이해된다.

따라서 구덩이의 공덕을 의미하는 감덕이란 표현에서는 바닷물 자체의 공덕을 찾기 어렵다. 상식적으로 생각하면 바닷물 자체도 사람의 삶에 무수한 공덕을 끼칠 수 있다. 예컨대 바닷물에서는 소금도 생산되고 온갖 해산물도 생산되며 해운과 해양교류의 통로가 되기도 한다. 하지만 사해 축문에서는 이런 공덕이 전혀 언급되지 않는다. 그 이유는 바다의 본질은 구덩이에 불과하고, 바다에 흘러들어온 물은 백천(百川)에서 온 것이기에 바닷물의 공덕을 굳이 따진다면 그것은 바닷물 자체의 공덕이 아니라 바다로 흘러들어온 백천의 공덕이 되어야 한다는 생각 때문일 것이다.

예컨대 동해의 공덕을 진술한 축문에서 "동방을 촉촉하게 적셔, 만물을 윤택하게 하고 만민을 기르니, 공덕이 세상에 미쳤습니다."라고 한 것은 동해로 흘러들어오는 지상의 백천이 동방의 대지를 촉촉하게 적시고 동방의 만물을 윤택하게 하며 동방의 만민을 기른다는 의미이다. 동해는 그런 동방의 백천을 모두 받아들이는 공덕이 있을 뿐이다. 물론 동해가 동방의 백천을 모두 받아들이는 공덕을 발휘하는 이유는 동쪽의 거대한 구덩이로 존재하기 때문인데, 그것이 바로 감덕(坎德)인 것이다. 이런 생각은 동해뿐만 아니라 서해, 남해, 북해의 축문에도 동일하게 반복되고 있다.

이처럼 바다의 본질이 구덩이이고, 그래서 지상의 백천을 받아들이는 존재라면 사해는 두 가지 의미로 해석될 수 있다. 첫째는 네모난 땅의 사방 밖에 위치한 바다라는 의미이다. 즉 동쪽 땅 밖의 구덩이가 동해이고, 서쪽 땅 밖의 구덩이가 서해이며, 남쪽 땅 밖의 구덩이가 남해이고, 북쪽 땅 밖의 구덩이가 북해이다.

두 번째는 바다 자체의 위치보다는 바다로 흘러들어오는 백천의 위치를 기준으로 할 때의 바다이다. 예컨대 바다 자체는 동쪽에 자리하지만 북쪽 땅에서 흘러들어오는 백천을 받아들인다면 그 바다는 동해도 될 수 있지만 동시에 북해도 될 수 있는 것이다. 이에 따라 전통시대 중국과 한국에서 사해란 바다 자체의 위치만 지칭하는 것이 아니라 바다로 흘러들어오는 백천의 위치를 지칭하기도 하였다. 왜냐하면 중국대륙이나 만주, 한반도의 지리적 특성상 명실상부한 북해를 찾기는 어렵기에서 중국과 한국에서는 영토의 북쪽에서 흘러온 백천이 들어가는 바다를 북해로 부르기도 했다.

그런데 비록 바다의 본질이 구덩이이기는 해도 물이 있기는 있다. 다만 바닷물은 짠물이라 인간이 마실 수도 없고 짐승이 마실 수도 없으며 농업에 이용할 수도 없다. 비록 그렇기는 해도 바닷물 역시 궁극적으로는 물이므로, 감덕에는 구덩이의 공덕이란 의미와 더불어 바닷물의 공덕이란 의미도 함축된다고 할 수 있다.

물은 사람의 생존에 필수적이므로 고대 중국인들이 그것을 물의 공덕이라 생각하였을 것이 분명하다. 그런데 사람의 생존에 필수적인 지상의 물은 다양한 형태로 존재하였다. 예컨대 지상의 물은 우물, 냇물, 강, 연못, 호수 등에 존재한다. 뿐만 아니라 물은 바닷물로도 존재한다. 고대 중국인들은 이런 지상의 물과 바닷물이 각각의 공덕을 갖는다고 생각하여 각각의 물을 제사 대상으로 삼았다. 예컨대 『예기』 월령에는 중동에 천자가 유사에 명령하여 사해, 대천, 명원, 연택, 정천에 제사하게 한다는 내용이 있는데, 이는 지상과 바다에 존재하는 물을 사해, 대천, 명원, 연택, 정천으로 구분해 제사한다는 의미였다.

정현의 해석에 의하면, 택(澤)으로 흘러들어가는 물이 천(川)이고, 물을 담고 있는 술잔처럼 생긴 땅 즉 움푹 파인 땅에 고인 물이 택(澤)이었다. 원원(原源)은 지상에 처음으로 나타나는 물이고, 정천(井泉)은 말 그대로 우물이나 샘물이었다. 또한 백천을 받아들이는 천지(天池)의 물이 바닷물이었다. 따라서 사해, 대천, 명원, 연택, 정천은 지상과 바다에 존재하는 물을 존재 형태에 따라 구분한 것이라 할 수 있다. 이런 물들은 존재 형태에 관계없이 근본적으로 물이기에 중동에 제사하는데, 그것을 정현은 "그 덕이 번성할 때를 따라 제사하는 것"이라고 해설하였다.

이 중에서 사해를 제외한 대천, 명원, 연택, 정천은 민물로서 사람과 짐승들이 마실 수 있고 농사에 쓸 수도 있다. 축문에서 언급된 내용 즉 "만물을 윤택하게 하고 만민을 기르니"라는 것은 바로 대천, 명원, 연택, 정천 등 민물의 공덕을 지칭하는 것이었다. 반면 사해의 바닷물은 짜서 사람이나 동물이 마실 수도 없고 농사에 쓸 수도 없다. 그래서 사해의 공덕은 바닷물 자체의 공덕보다는 천하의 민물을 받아들이는 구덩이로서의 공덕에 한정되었던 것이다.

3. 조선시대 삼해(三海) 제사

한국사에서는 삼국시대부터 중국 유교를 모범으로 하여 국가 제사를 정비하기 시작했다. 특히 신라의 경우, 648년(진덕여왕 2)에 김춘추가 당나라에 들어가 당 태종을 만나고 귀국한 뒤부터 당나라 제도를 모범으로 국가 제사를 정비하였다. 이결과 신라에서도 국가 제사를 대사, 중사, 소사로 구분하였는데, 대사의 대상은 삼산(三山)이었고, 중사의 대상은 오악(五嶽), 사진(四鎭), 사해(四海), 사독(四瀆)

등이었으며, 소사의 대상은 명산대천 등이었다.

신라에서 중사의 대상이 된 사해는 동해, 서해, 남해, 북해이며 각각의 해신을 제사하기 위한 제장이 지정되고 아울러 신사(神祠) 시설도 마련되었다. 제장은 지리적 위치에 더하여 당시의 정치적 상황을 고려하여 지정하였다. 동해에는 현재의 포항시 흥해에, 서해에는 현재의 전북 군산에, 남해에는 현재의 부산 동해에, 북해에는 현재의 삼척에 四海의 해신을 제사하기 위한 신사가 설치되었다.

신라의 사해 중에서 북해의 해신을 위한 제장인 삼척은 실제는 동해에 자리하고 있었다. 하지만 신라의 북쪽 영토에서 흐르는 천이 이곳의 바다로 흘러들기에 삼척 밖의 바다를 북해로 한 것이었다. 신라의 사해 신사는 경상도 지역에 두 개가 지정되었는데, 그 이유는 신라의 사해가 수도 경주를 중심으로 지정되었기 때문이었다. 한편 신라의 사해 제사는 당시 원구와 방택(方澤)이 없었으므로 네 곳의 제장에 설치된 신사에서만 거행되었는데, 각 제장에 해신사의 역할을 하는 불사(佛寺)를 둔 것으로 보아[11] 유교식보다는 불교식으로 거행되었다고 이해된다.

신라의 사해 제사는 고려시대에 접어들면서 삼해(三海) 제사로 축소되었다. 삼해는 북해를 제외한 동해, 서해, 남해이며 동해의 해신을 위한 제장은 강원도 양양에, 서해의 해신을 위한 제장은 황해도 풍천에, 마지막으로 남해의 해신을 위한 제장은 전라도 장흥에 설치되었다. 고려시대 삼해의 제장은 신라의 사해 제장에 비교하여 하나가 줄었다는 특징에 더하여 동해의 제장과 서해의 제장이 북쪽으로 크게 북상하였고 남해의 제장은 서쪽으로 크게 옮겨졌다는 특징을

---

11) 김창겸, 「신라 중사의 '사해'와 해양신앙」, 『한국고대사연구』47, 2007.

갖고 있다. 그 이유는 물론 수도 개경을 중심으로 제장이 지정되었기 때문이었다. 아울러 고려시대에 신라의 사해 제사를 삼해 제사로 축소한 이유는 사해 제사는 천자의 제사라는 명분에 더하여 명실상부한 북해를 지정하기가 곤란한 현실 때문이었을 듯하다. 고려시대의 사해 제사는 당시 방택(方澤)이 설치되었으므로 방택에서 종사(從祀)하는 방식과 더불어 세 곳의 제장에서 전사9專祀)하는 방식이 있었지만 구체적인 내용은 알 수 없다.

조선시대는 고려와 마찬가지로 삼해 제사였다. 동해 해신의 제장은 고려 때와 마찬가지로 강원도 양양이었고, 서해 해신의 제장 역시 황해도 풍천이었다. 다만 남해 해신의 제장은 기왕의 장흥에서 나주로 바뀌었다. 그 이유는 분명하지 않다. 상식적으로 생각하면 개경에서 한양으로 도읍이 남하했으므로, 조선의 남해 해신을 위한 제장은 좀 더 남쪽으로 내려가야 하지만 거꾸로 북상했기 때문이다. 아마도 이는 경상도 지역에 대일 관계와 관련하여 삼포가 지정되면서 나타난 현상이 아닐까 짐작된다.

그런데 조선시대 삼해 제사는 세조 때에 원구단이 설치되면서 한동안 사해 제사로 변경되기도 하였다. 양성지의 건의에 따라 원구단(圓丘壇)이 복구되면서 사해(四海) 제사도 복구된 것이었다.[12] 당시 양성지가 제안한 사해의 제장은 동해는 강릉, 서해는 인천, 남해는 순천, 마지막으로 북해는 압록강 상류의 갑산이었다. 양성지가 제안한 사해의 제장은 기왕의 제장에 비해 동해는 양양에서 강릉으로 남하했고, 서해도 풍천에서 인천으로 남하했으며, 남해 역시 나주에서 순천으로 옮겨 남동쪽으로 옮겨졌다는 특징이 있다. 아울러 새로 갑

---

12) 김철웅, 「양성지의 祀典 개혁론」 『문화사학』21, 한국문화사학회, 2004, pp.809-822.

산에 북해 제장을 설치함으로써 황제의 사해 제사를 구현하였는데, 이는 당시 원구단을 설치해 황제 의례를 구현한 것과 같은 맥락이라고 이해된다. 양성지가 제안한 북해의 제장은 압록강 상류의 갑산에 자리했는데, 이는 세조 당시의 북방 정책이 두만강보다는 압록강 방면에 집중된 현실의 반영이라고 생각된다. 양성지는 북해 제장을 설치하면서 기왕의 동해, 서해 그리고 남해의 제장을 일괄적으로 아래 방향으로 내린 것으로 보인다. 이상의 내용을 정리하면 다음과 같다.

<표 1> 신라시대부터 조선시대까지 해신을 위한 제장

	신라	고려	조선	조선 세조
동해	포항	양양	양양	강릉
서해	군산	풍천	풍천	인천
남해	부산	장흥	나주	순천
북해	삼척			갑산

그러나 세조 때 마련된 원구단은 성종 대에 다시 사라졌고, 사해 제사 역시 기왕의 삼해 제사로 되돌아갔다. 이 같은 변화를 거친 조선시대의 삼해 제사는 『국조오례의』에 자세하게 규정되었다. 조선시대에는 원구단과 방택이 없었으므로 삼해 제사는 세 곳의 제장에서 거행되는 전사(專祀)가 기본이었다.

이외에도 조선시대에는 기고(祈告) 또는 망기(望祈) 중에 삼해가 포함되는 때가 있었다. 기고 또는 망기란 제소(祭所)에서 거행하는 제사가 아니라 멀리서 제소를 바라보며 지내는 제사였다. 조선시대에는 가뭄이 심할 경우 한양 북교(北郊)에서 악(嶽), 해(海), 독(瀆), 명산대천(名山大川)을 대상으로 기고 또는 망기 하였다. 따라서 조선시대 삼해 제사에는 전사(專祀)와 더불어 북교에서 거행하는 기고 또는 망기의 두 가지가 있었다고 할 수 있다.

『국조오례의』에 의하면 삼해 제사는 중사로 규정되었고, 1년간 중춘과 중추 두 차례에 걸쳐 치러졌다. 양양, 풍천, 나주에 설치된 제단은 사방 2장 3척, 높이 2척 7촌이었고 사방으로 계단을 냈다. 제단 주변을 유(壝)로 두르고 유(壝) 앞에 다시 하나의 유(壝)를 더 두어 양유(兩壝)로 하였다. 다만 삼해의 제단에는 요단(燎壇)도 없고 예감(瘞坎)도 없었는데, 이는 삼해 제사 후에 제물을 바다에 빠뜨렸기 때문이었다. 『주례』에서는 물을 대상으로 하는 제사를 침제(沈祭)라고 하였는데, 침제란 제물을 물에 빠트리는 것이었다. 이런 사실에서 삼국시대부터 조선시대까지 해신을 위한 신사(神祀)는 바다 가까이에 설치되었을 것으로 보인다.

조선시대 삼해 제사의 종류에는 전사(專祀)와 더불어 기고 또는 망기 등 두 가지가 있었지만 그 중에서도 전사가 중요하였다. 그 이유는 기고 또는 망기는 가뭄 등 비상한 상황에서 예외적으로 거행되는 제사였기 때문이다. 이 외에도 삼해가 종사(從祀)되는 원구제가 조선왕조 500년간 한동안 거행된 적도 있었다. 원구제는 조선건국 직후 그리고 세조 때에 예외적으로 거행되었다. 따라서 조선시대 삼해 제사는 기본적으로 전사 형대로 거행되었다고 할 수 있다.

『국조오례의서례(國朝五禮儀序例)』를 기준으로 할 경우, 조선시대 삼해 제사는 중사로 규정되었기에 5일 동안 재계 하였으며, 3일은 산재, 2일은 치재였다. 또한 희생물은 양 한 마리와 돼지 한 마리였다. 아울러 제물을 담는 제기는 변(籩) 10, 두(豆) 10, 보(簠) 2, 궤(簋) 2, 조(俎) 2, 등(甄) 3, 형(鉶) 3, 작(爵) 3 이었다. 또한 존은 6이었으며 술은 예주(醴齊), 앙주(盎齊), 청주(淸酒), 현주(玄酒)의 네 가지였다. 아울러 3해 제사의 집사관은 각각 헌관 1, 축(祝) 1, 장찬자(掌

饌者) 1, 사준자(司尊者) 1, 찬창자(贊唱者) 1, 찬례자(贊禮者) 1명 등 6
명이었다.

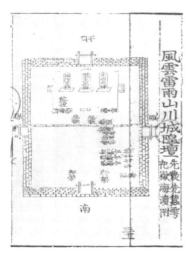

<도 1> 삼해 해신을 위한 제단

폐백으로는 1장 8척의 저포(苧布)를 사용하였는데, 방향에 따라 동해에는 청색, 서해에는 백색, 남해에는 적색의 저포를 사용하였다. 폐백의 색을 방향에 따라 달리한 것은, 색으로 방향을 상징하는 유교 전통에 따랐기 때문이다. 유교의 5행 사상에 따르면 동쪽은 청색, 서쪽은 백색, 남쪽은 적색 그리고 북쪽은 흑색이며 중앙은 황색이었다. 이 중에서 조선 시대 三海 제사가 거행된 동해, 서해, 남해에 각각의 방향을 상징하는 색깔의 저포를 폐백으로 사용하였던 것이다.

한편 삼해 제사의 축문은 "(해신은) 백곡(百谷)의 왕으로서, 덕이 (만물을) 널리 이익 되게 함에 현저합니다. 해신에게 드리는 제사를 이에 마땅하게 하여 다복(多福)을 영원히 소개하고자 합니다."였다. 이에 의하면 三海 신은 백곡의 왕으로 표현되었다. 즉 조선에서는 바다의 공덕을 곡이라고 파악했던 것이다. 곡 역시 넓게 보면 구덩이의 일종이라고 할 수 있는데, 그런 면에서 곡은 중국의 사해 제사에서 바다의 공덕을 감으로 표현한 것에 대응된다고 할 수 있다. 그런데 중국의 감에 비해 조선에서 곡이라고 한 이유는 아마도 제후의 의례에 맞추어서 그렇게 했을 것으로 이해된다. 형식적으로 중국 황

제는 모든 토지의 사방에 있는 동해, 서해, 남해, 북해의 사해에 제
사 지낼 수 있었고, 사해의 바다를 포용하는 구덩이는 감으로 표현
되었다.

반면 조선의 왕은 제후 왕이므로 모든 토지의 사방에 있는 사해
가 아니라 중국 황제에 의해 책봉된 땅의 바깥에 있는 바다에 대해
서만 제사할 수 있었다. 조선왕은 한반도의 통치권자로 책봉되었으
므로, 명분상 조선 왕이 제사할 수 있는 바다는 한반도의 동해, 서
해, 남해 이렇게 세 곳이었다. 그 세 곳은 넓게 보면 중국 황제의 사
해에 포괄되지만 그 사해보다는 작았다. 따라서 조선 왕이 다스리
는 동해, 서해, 남해를 감이라고 표현할 수는 없었다. 그 결과 감보
다 작은 구덩이로서의 의미를 갖는 곡이 사용되었다고 이해된다.
결국 중국에서 감덕(坎德)으로 표현되던 사해의 공덕이 조선의 삼해
에서는 곡덕(谷德)으로 바뀌었고, 그 이유는 제후 의례에 맞춘 결과
라 할 수 있다.

한편 삼해의 공덕은 '덕이(만물을) 널리 이익 되게 함에 현저합니
다."로 표현되었는데, 이 표현은 삼해가 백곡의 왕으로서 육지의 강
물을 받아들이므로, 육지의 강물이 땅을 흐르면서 만물을 윤택하게
하는 공덕을 발휘한다는 의미라고 할 수 있다. 즉 삼해의 공덕은 근
본적으로 골짜기의 공덕 즉 곡덕이었던 것이다. 곡덕은 감덕과 마찬
가지로 낮은 구덩이가 갖는 공덕이라 할 수 있다. 이런 공덕은 근본
적으로 삼해가 구덩이의 일종인 곡이므로 이곳에 육지의 강물이 흘
러들어갈 수 있고, 그 과정에서 육지의 강물이 만물을 기르므로 그
공덕을'널리 이익 되게 함에 현저합니다. '라고 표현했다고 이해된
다. 이렇게 보면 조선시대에 삼해를 백곡의 왕으로 인식하고, 그 공
덕을 곡덕으로 표현한 것은 궁극적으로는 중국 사해 제사에서 사해

를 감으로 인식하고 그 공덕을 감덕으로 표현한 것을 제후의례에 맞추어 변형한 것이라 할 수 있다.

4. 조선 후기 해양인식

유교이념에 입각했던 조선왕조는 기본적으로 농업 국가였다. 이것은 여러 측면에서 확인할 수 있지만 국가제사에서 확연히 드러난다. 즉 조선왕조의 국가제사를 규정한『국조오례의(國朝五禮儀)』에서 첫 번째에 실려 있는 것이 토지와 곡식의 신에게 올리는 사직제(社稷祭)였다.

조선왕조에서 사직은 가장 중요한 국가제사인 대사(大祀)일 뿐만 아니라 왕조 자체를 상징하기도 했다. 사직의 안위라는 말은 왕조의 안위라는 말과 다르지 않았다. 이는 토지와 곡식에 사활을 걸고 있던 농업국가의 현실을 그대로 드러내는 것이었다. 그러므로 조선시대 위정자들의 주 관심은 토지, 곡식 그리고 농민에 두어졌다.

당연히 바다, 어물 그리고 어민에 두어지던 위정자들의 관심은 토지, 곡식 그리고 농민에 두어지던 관심에 비교가 되지 못했다. 예컨대 바다의 신에게 올리는 제사인 해신제(海神祭)는 사직제보다 격이 낮았다. 그것은 농업국가인 조선왕조에서는 일면 당연한 현상이라고 할 수 있다. 그럼에도 흔히 지적되듯이 조선왕조에서 바다는 토지만큼은 아니라 해도 중요한 존재일 수밖에 없었다. 반도의 특성상 3면이 바다로 둘러싸였을 뿐만 아니라 조운(漕運)은 물론 일본, 유구 등과의 국제관계도 바다를 통해 이루어졌기 때문이다. 그러므로 조선시대 사람들은 농업국가라는 기본 틀 속에서이지만 바다에 대한 인식과 대응양식을 나름대로 갖고 있었다.

조선시대 국왕은 나라사람들을 대표하여 수많은 신들에게 제사를 올렸다. 이런 국가 제사의 격식은 신의 중요도와 품격에 따라 3등급으로 나뉘어졌다. 가장 중요한 신을 대상으로 하는 대사(大祀), 그 다음이 중사(中祀) 그리고 마지막이 소사(小祀)였다.

조선왕조에서 토지와 곡식의 신을 대상으로 하던 사직제는 대사였다. 이에 비해 바다의 신을 대상으로 하던 해신제는 중사였다. 이는 조선시대 위정자들이 바다보다는 토지를 훨씬 중요하게 인식했음을 보여준다.

토지와 바다에 대한 조선왕조 위정자들의 공식적인 인식은 토지신과 바다신에게 올리는 제사문에 잘 나타난다. 토지신과 바다신에게 올리는 제사문의 표현들은 바로 토지와 바다에 대한 인식의 표현이나 마찬가지이기 때문이다.

예컨대 토지신인 국사(國社)에 올리는 축문에서 토지는 '덕거재물(德鋸載物)'로 표현되었다. 이는 '덕기 커서 만물을 싣는다.'는 의미이다. 즉 지구상에 존재하는 모든 것을 싣고 있는 것은 토지라는 의미로서, 조선시대의 위정자들은 지구의 중심을 토지로 인식했음을 보여준다.

이에 비해 바다는 '백곡지왕(百谷之王)'으로 표현되었다. 이는 '수많은 골짜기 중에서 가장 큰 골짜기'라는 의미이다. 이것은 조선시대 위정자들이 바다를 골짜기처럼 토지가 움푹 들어간 존재로 인식하였음을 보여준다.

지구상에 존재하는 모든 만물을 토지를 중심으로 생각해보면, 토지가 움푹 들어가면 골짜기가 되고 불쑥 솟으면 산처럼 된다. 이런 존재들이 바로 바다를 비롯하여 호수와 강 그리고 큰 산인 악(岳)과 그 외의 명산 등이었다. 이런 존재들에 대한 조선시대 위정자들의 인식이 『국조오례의』에 실려 있는 것이다.

예컨대 『국조오례의』에서 큰 산인 악(嶽)은 '준극우천(峻極于天)', 명산은 '팽박줄률(石+旁 山+薄 山+卒嵂)로 표현되었다.'준극우천 '은' 하늘 높이 우뚝 솟았다. '는 의미이고,'팽박줄률 '도'울퉁불퉁 높이 솟았다. '는 의미이다. 대천의 경우는'성본윤하(性本潤下) '로 표현되었다. 명산대천 등에 대한 이런 표현들에서 조선시대 위정자들은 바다나 대천을 토지가 움푹 들어간 존재로 인식하였고, 악이나 명산을 토지가 불쑥 솟아난 존재로 인식하였음을 알 수 있다. 이런 인식은 조선시대 위정자들의 만물 인식이 토지를 기준으로 하였음에 다름 아니라고 할 것이다.

세상의 만물을 토지를 중심으로 생각하게 하게 되면, 토지는 움푹 들어가거나 불쑥 솟아난 존재에 의해 쪼개지고 갈라지는 것으로 인식될 수 있다. 즉 토지는 움푹 들어가거나 불쑥 솟아난 존재에 의해 경계 지워 지는 것으로 파악할 수 있는 것이다. 토지를 경계 지워주는 존재들, 그것이 바로 산이나 강, 또는 바다와 같은 자연적인 경계선이라고 할 수 있다. 이렇게 자연적으로 경계 지워진 토지는 전통시대의 자연적인 구획일 뿐만 아니라 인위적인 구획이기도 했다. 왜냐하면 작게는 마을로부터 면, 군, 도, 국가라는 인위적 구획의 바탕은 대부분이 산이나 강 또는 바다와 같은 자연적 구획이었기 때문이다. 이 중에서 가장 큰 경계는 바다로 이루어져졌으며, 그렇기에 바다는 단절을 상징했고, 바다에서 사는 사람들 역시 단절된 사람들로 인식되었다. 20년 가까이 바닷가에서 유배 생활을 했던 다산 정약용은 『경세유표(經世遺表)』에서 당시의 바다와 섬 그리고 그곳의 주민들이 처한 현실에 대하여 다음과 같이 언급하였다.

"우리나라는 땅이 좁아서 (한양에서) 북쪽으로는 2천리가 넘지 않고, (한양에서) 남쪽으로는 1천리를 넘지 못한다. 북방은 모두 대륙과 연접하였으며 폐사군(廢四郡)을 제외한 곳은 왕의 명령이 미치지 않는 곳이 없다. 그런데 서남해의 여러 섬의 경우, 큰 섬은 주위가 1백리가 넘고 작은 섬도 주위가 40-50리가 되는 것이 별처럼 퍼져 있어 크고 작은 섬이 서로 섞여서 그 수가 무려 1천여 개나 된다. 이 섬들은 나라의 바깥 울타리이다. 그런데 건국 이래로 조정에서는 사신을 보내 이곳을 다스린 적이 한 번도 없다. (중략) 그러므로 무릇 바다 섬사람들은 원통하고 억울한 일이 있어도 차라리 포기하고 말지언정 절대로 관에 들어가지 않겠다고 맹서한다."

다산의 이 짧은 증언에는 조선후기 바다와 섬 그리고 그곳에 살던 주민들이 처했던 현실이 압축되어 있다. 조선후기 바다와 섬 그리고 그곳에 살던 주민들은 현실적으로 존재하기는 하였지만 국가의 정책적 대상에서는 심각하게 소외되어 있었던 것이다. 그 이유는 근본적으로 조선의 위정자들이 유교에 입각한 농본정책을 추진했기 때문이다.

이런 점은 다양한 측면에서 확인할 수 있지만 조선시대의 국가제사에서 확연히 드러난다. 예컨대 조선시대의 국가제사를 규정한『국조오례의(國朝五禮儀)』에서 첫 번째 제사는 토지와 곡식의 신에게 올리는 사직제(社稷祭)였다. 토지와 곡식의 신인 사직은 조선시대에 가장 중요한 국가제사인 대사(大祀)였을 뿐만 아니라 조선왕조 자체를 상징하기도 했다. 사직의 안위라는 말은 곧 왕조의 안위라는 말과 다르지 않았다. 이는 토지와 곡식에 사활을 걸고 있던 조선 위정자들의 현실인식을 그대로 드러내는 것이었다. 그러므로 조선시대 위정자들의 주 관심은 토지, 곡식 그리고 농촌과 농민에 두어졌다.

당연히 바다, 섬, 어촌, 어민에 두어지던 위정자들의 관심은 토지, 곡식 그리고 농촌과 농민에 비교가 되지 못했다. 예컨대 바다의 신에게 올리는 제사인 해신제(海神祭)는 사직제보다 격이 낮은 중사(中祀)였다. 이는 유교에 입각한 농본정책을 추진한 조선의 위정자들에게는 당연한 일이라고 할 수 있다. 이와 같은 현상은 시간이 지나면서 조선의 유교화가 심화될수록 더욱 강화되었다.

조선시대 울릉도 '空島政策'의 허구성과 '搜討制'

손 승철 (강원대학교 교수)

1. 머리말

어느 때부터인지 정확히 알 수 없지만, 학계에는 섬을 비워두는 의미의 '空島政策'이라는 용어가 조선시대 전 기간에 걸쳐 실시된 조선정부의 해양정책을 뜻하는 용어로 정착되어 통설이 되어 버렸다. 이 용어 그대로라면 조선왕조가 울릉도 독도에 대해 '공도정책'을 실시했다는 것은 곧 섬을 포기했다는 뜻이고, 그것은 조선 스스로가 울릉도와 독도를 포기했다는 의미이다. 그래서 울릉도와 독도는 조선이 영토가 아니라는 결론을 유도해 간다. 정말 위험한 용어이다. 그럼에도 불구하고 학계에는 이 용어에 대한 심도있는 연구가 되고 있지 않다. 최근 이에 대한 연구가 일부 이루어지고 있기는 하지만 아직 시작단계이다.[13]

신명호에 의하면, 조선시대 중앙정부의 도서정책 또는 해양정책을 '공도정책'이라고 규정한 최초의 연구자는 일본인 津田左右吉이었다. 일제강점기의 대표적인 식민사학자인 그는 1913년에 「倭寇地圖에 대하여」라는 논문을 발표했다.[14] 그는 이 논문에서 "고려와 조선정부는 왜구 때문에 도서지역과 연해지역의 거주민들을 내륙으로 소개시키는 정책, 즉 '無人化政策' 또는 '空島政策'을 시행했다"고 주장

---

13) 김호동, 「조선초기 울릉도·독도에 대한 '공도정책' 재검토」『민족문화논총』제32집, (2005, 영남대학교), 신명호, 「조선 초기 중앙정부의 경상도 海島政策을 통한 空島政策 재검토」『역사와 경계』66, (2008, 부산경남사학회).

14) 津田左右吉, 「倭寇地圖に就いて」『朝鮮歷史地理』2, (1913, 南滿洲鐵道株式會社).

했다. 이후 일본학자들은 '공도정책'이라는 용어를 조선정부 해양정책의 특징으로 단정하게 되었다.

예를 들면, 저명한 한일관계사의 연구자인 長節子도 "고려말부터 조선시대의 해도정책을 살펴볼 필요가 있다. 고려말기에 왜구의 노략질을 피해, 도서 및 연해지방의 주민을 내륙부로 疏開한 사실은 잘 알려져 있으므로 여기에서 상술하지 않는다. 하지만 조선시대에 들어와서의 도서・연해대책에서도 無人化政策이 보인다. …예전부터 고려시대까지 사람들이 거주하고 있었던 섬들이 李朝 정부의 공도정책에 의해서 무인도가 된 것은 지극히 당연한 것이었다."고 했다.15) 그리고 이러한 인식은 무비판적으로 우리학자들에게도 받아들여져 이제는 하나의 역사용어로 정착되어 연구자는 물론 일반인에 이르기까지 별다른 의심없이 통용하고 있다.

이 글에서는 '공도정책'의 허구성과 '수토제'를 통하여 조선의 울릉도 독도관리 현황을 살펴봄으로써 울릉도와 독도의 영유권에 대해 고증하고자 한다.

2. '공도정책'의 허구와 '居民刷出'

1) 거민쇄출

'공도정책'이라는 용어의 역사적 배경으로는 14세기 후반 왜구가 울릉도를 침탈과 이에 대한 대비책으로 울릉도에 살고 있던 거주민을 육지로 刷出하는 일로부터 시작되었다.

울릉도와 독도는 지금은 행정구역으로 경상북도에 속해 있지만,

---

15) 신명호, 「조선초기 해양정책과 어장개장」 『조선전기 해양개척과 대마도』(2007, 국학자료원, 11-13쪽.

고려의 5도양계제나 조선의 팔도제도에서는 강원도 지역에 속해 있었다.

14세기 후반 강원지역에 왜구침탈의 사료가 처음 등장하는 것은 1352년 6월이다. 『고려사절요』 권26에는,

「왜가 江陵道에 침입하였다.」[16]

는 기사가 있다. 그런데 『고려사』에 의하면, 같은 6월 25일, 전라도 茅頭梁에 왜구가 침입한 기사가 있다.

> 왜적이 전라도 茅頭梁에 침입하였는데 지익주사 金輝가 수군을 거느리고 가서 적을 공격하였으나 이기지 못하였다. 沃溝監務 鄭子龍이 앉아 머무적거리면서 나아가지 않았으므로 형장을 치고 突山의 烽率로 귀양 보내었다. 왜적이 강릉도에 침입하였다.[17]

따라서 『고려사절요』의 6월 기사는 『고려사』의 6월 25일 기사로 볼 수 있으며, 이에 의하면 기록상 왜구가 강원지역에 처음 등장하는 것은 1352년 6월 25일이다. 그런데 기존 연구들은 당시 강릉도에 침입한 왜구를 모두량에 침입한 왜구의 일단이 동해안으로 진로를 바꾸었거나 또는 모두량에 침입한 왜구가 달아나 동해안에 침입한 것으로 기술했다. 같은 날자에 기록된 것을 감안하면 정확한 기술이라고 볼 수는 없다. 모두량의 왜구와 전연 관계가 없을 수도 있다.

그 후 강원지역에 대한 왜구침탈 기록은 1372년에 등장한다. 그 사이에는 주로 남해안과 서해안을 침탈한 왜구의 기사만 등장한다. 1372

---

16) 『고려사절요』 권 26, 공민왕 1년(1352년 6월)
17) 『고려사』 권38, 공민왕 1년 6월 25일(병인).

년 강원지역을 포함하여 동해안에 대한 왜구침탈 기사는 5건이다.

> 4월 15일 : 「왜가 鎭溟倉을 약탈하였다.」[18]
> 6월 6일 : 「왜가 江陵府와 盈德 및 德原의 두 현을 침범하였다.」[19]
> 6월 : 「왜가 江陵府와 盈德・德原의 두 현에 쳐들어왔다.[20]
> 6월 10일 : 「왜가 安邊과 咸州를 침범하였다.[21]
> 6월 26일 : 「왜가 東界의 安邊 등지를 침범하여 부녀자를 잡아
>   가고 창고의 미곡 1만여석을 약탈하여 갔다.」[22]

진명창, 덕원, 안변, 함주 등은 함경남도 지역이므로 현재의 강원도로 볼 수는 없으나, 모두 동해에 인접한 지역으로 강원도와 무관하지 않다. 위의 3번째 사료는 『고려사절요』의 사료로 두 번째 사료와 일치한다.

당시 동해안 지역으로 왜구가 침입하게 된 정확한 이유는 알 수 없지만, 해안지역의 漕倉을 내륙지방으로 옮기고, 해로를 이용했던 漕運을 폐지한 것이 하나의 원인이 되었을 것으로 짐작된다. 그 후 이제까지 주로 남해나 서해지역을 약탈했던 왜구가 동해안에 나타나기 시작했다. 4월에 진명창을 약탈했던 왜구가 6월 6일에는 강릉과 영덕, 덕원을 약탈했다.

『고려사절요』에는 이때의 상황을 자세히 기록했는데,

> 「이때 李春富의 아들 沃이 東界의 관노가 되었는데, 왜적이 쳐

---

18) 『고려사』권43, 공민왕 21년(1372) 4월 15일(임진). 鎭溟倉은 현재의 원산지역에 있다.

19) 『고려사』권43, 공1) 국방군사연구소, 『왜구토벌사』1993, 69쪽. 김성진, 「고려시대 영동지방의 해방유적 연구」강원대석사학위논문, 2011, 14쪽. 민왕 21년.(1372) 6월 6일(신사).

20) 『고려사절요』권 29, 공민왕 21년(1372) 6월.

21) 공민왕 21년. 1372년 6월 10일(을유).

22) 공민왕 21년. 1372년 6월 26일(신축).

들어오니, 우리 군사는 풍문만 듣고 패하여 달아났다. 부사와 안렴사가 옥이 용맹스럽다는 말을 듣고 군사를 주어 이를 치게 하니, 옥이 힘을 다하여 싸워 적을 물리쳤다. 왕이 안장 갖춘 말을 내려 주고 역을 면제해 주었다.」[23]

고 한다. 이어 6월 10일에는 안변과 함주를 약탈했다. 그러자 고려 조정에서는 이성계를 화령부윤으로 임명하여 왜를 방어하게 했다. 6월 26일에는 다시 안변 등지에 침범하여 부녀자와 미곡 1만여 석을 약탈해가자, 조정에서는 존무사 李子松을 파면하여 고향에 돌아가게 하였다. 이어 6월 27일에 왜가 다시 왜적이 咸州와 北靑州를 침범하였는데, 만호 趙仁壁이 복병을 하여 왜를 크게 격파하고 70여 명을 베어 죽이었으므로 그에게 奉翊大夫의 위계를 주었다.

1372년 7월부터는 왜구가 양광도 일대를 침탈하기 시작했고, 9월에는 서해안의 龍城, 10월에는 한강을 거슬러 내륙으로 陽川을 침입하였다. 1373년에는 다시 남해안의 河東을 약탈했고, 6월이 되면 개경의 관문인 동강과 서강으로 몰려 들어 개경으로 통하는 수로를 봉쇄했다. 그러자 왜구는 강화도를 약탈하여 교동을 함락하기도 했다. 1374년에 접어들면서 왜구의 침탈은 더욱 거세어졌다. 4월 23일에 왜구는 전선 350척의 대선단으로 합포에 쳐 들어왔다.

「왜적의 배 350척이 경상도 合浦에 침입하여 군영과 병선을 불살랐으며 군인 피살자가 5천여 명이었다. 趙琳을 파견하여 도순문사 김횡을 베게 하고 그 팔다리를 뜯어 여러 도에 조리 돌렸다. 서해도 만호 李成과 그의 부사 韓方道와 崔思正이 왜적과 木尾道에서 싸워서 패하여 죽었다.」[24]

---

23) 『고려사절요』권 29, 공민왕 21년(1372) 6월.
24) 『고려사』권44, 23년(1374) 4월 17일(임자).

이어 5월 20일에 강릉에 침범했다.

1374년에는 강원도 침입기사가 4건이 있다.

5월 20일 : 「왜가 江陵을 침범하였다.」[25]
5월 28일 : 「왜가 三陟을 침범하였다.」[26]
6월 10일 : 「왜가 襄州에 침범하였다. 아군이 싸워서 머리
100급을 베었다」[27]
8월 4일 : 「왜가 淮陽에 침범하였다」[28]

1372년에 침구한 왜구가 강릉부였던 것에 비해, 1374년에는 삼척, 양양지역으로 확대되었으며, 내륙인 회양에까지 침입하였다. 1374년의 왜구는 한반도의 거의 모든 해안지역에 출몰하여 피해가 심했을 뿐만 아니라, 서해와 동해에 동시 다발적으로 약탈을 감행하고 있다. 그들은 종전까지는 주로 남해안과 서해안에 침구하여 조운선을 탈취하거나 연해지역의 주민을 약탈하면서 수도 개경으로 접근하는 것이 통례였으나, 이번의 왜구는 그 전과 달리 서해안과 동해안의 양 방향으로 분산하여 침구하였다. 이러한 침구형태의 변화는 고려가 漕運을 폐지하고 조세운송수단을 陸運으로 전환함에 따라 식량의 탈취가 어려워지자, 직접 연해지역이나 내륙으로 침투하여 약탈을 감행했기 때문이다.[29]

왜구의 약탈행위는 공민왕의 대를 이어 우왕이 즉위하면서 더욱 기세를 부렸다. 1374년 9월, 왜구는 도성의 지근거리에 까지 약탈을

---

25) 『고려사』권44, 23년(1374) 5월 20일(을유).
26) 『고려사』권44, 23년(1374) 5월 28일(계사).
27) 『고려사』권44, 23년(1374) 6월 10일(갑진).
28) 『고려사』권44, 23년(1374) 8월 4일(정유).
29) 앞의 『왜구토벌사』 89쪽.

자행했고, 고려 조정은 개경일원에 계엄을 선포하였다. 이듬해에도 왜구는 계속하여 남해와 서해 연해지역을 약탈했고, 1376년에 이르면 경상도의 낙동강 하구, 전라도의 영산강 하류, 금강연안 지역에 침투하여 강을 타고 내륙으로 들어왔다. 그해 7월 금강하구인 홍산에 침입한 왜구를 최영이 섬멸하는 대전과를 올렸다.[30] 최영은 이 홍산대첩에서 승리함으로써, 금강 연안의 내륙으로 진출하려는 왜구의 기도를 저지했을 뿐만 아니라 양광도 일대에 침구한 왜구의 세력을 위축시키는 결과를 가져왔다. 이어 1377년 2월에는 왜구에 의해 강화가 점령당하는 화를 입었고, 3월에는 경상도의 울주, 양산, 밀양에 침구했고, 5월에는 지리산과 황산강 침구가 있었다. 1378년, 1379년, 1380년에도 경상, 전라, 양광도의 내륙지역으로 왜구의 침구가 계속되었다.

그런데 1379년 7월, 왜가 武陵島(울릉도)에 와서 반달간이나 머물다가 물러갔다는 기록이 있다.[31] 고려 말 울릉도에 왜구가 출현한 기록은 다음 기사가 처음이다.

> 「왜가 낙안군에 침입하여 노략질하였다. … 이자용이 일본에서 돌아왔는데, 구주절도사 源了俊이 피로인 230여명을 돌려보내고, 창검과 말을 바쳤다. 왜가 武陵島에 들어와 보름이나 머물다가 돌아갔다.」[32]

1379년 7월에 왜구가 무릉도에 침입하여 보름이나 있다가 물러간 사실을 전하고 있다. 당시는 왜구가 가장 극성을 부리던 시기로 해

---

30) 『고려사절요』권 30, 신우 2년 7월.
31) 『고려사절요』권 31, 신우 5년(1379) 7월.
32) 『고려사』권134, 열전 47, 신우 5년 7월조.

안지역 뿐만 아니라 조창을 털기 위해 내륙 깊숙이 침입하여 노략질을 자행했던 시기이다. 특히 강릉·삼척 등 동해안을 여러 곳 약탈했는데, 왜구가 동해안을 약탈할 때, 울릉도를 중간 거점으로 이용했던 것이다.

한편, 1380년 5월부터 7월까지 금강 상류지역으로 약탈지역을 확대한 왜구는 금강하구의 鎭浦를 내륙진출의 교두보로 삼기위해 무려 500척에 달하는 대규모 선단을 집결시켰다. 8월에 해도원수 羅世와 崔茂宣 등이 이끄는 1백 척의 고려 선단은 화포를 사용하여 왜구 선단을 불살랐고, 배를 잃은 왜구들은 금강을 따라서 내륙 깊숙이 숨어들었다. 9월에 이르러 왜구는 남원산성을 공격했으나 많은 사상자를 낸채 운봉현으로 퇴각하여 引月驛을 거점으로 삼아 저항을 했지만, 이성계가 이끄는 고려군의 공격을 받아 왜장 阿其拔都가 죽자 괴멸되면서 겨우 70여명이 살아남아 지리산으로 달아났다고 한다.[33]

진포전투와 황산전투에서 고려군의 타격을 입은 왜구는 남 서해안의 침투에 한계를 느꼈는지, 1381년이 되면 다시 동해안에 침투하기 시작했다. 1381년, 82년, 83년에 걸쳐 연속적으로 강원지역에 대한 침탈기사가 이어서 나타난다.

> 1381년
> 3월 : 왜가 강릉도에 침범하다.[34]
> 3월 : 왜가 송생, 울진, 삼척, 평해, 영해, 영덕 등지에 침범하여 삼척현을 불살랐다.[35]

---

33) 『고려사절요』 권 31, 신우 6년 9월.
34) 『고려사절요』 권31, 신우 7년(1381) 3월.
35) 『고려사』 열전 47, 신우 7년(1381) 3월.

6월 : 왜가 울진현에 침범하다.[36]

1382년

3월 : 왜가 삼척, 울진, 우계현에 침입하다. …왜적이 영월, 예
안, 영주, 순흥, 보주, 안동 등 고을에 침입하다.[37]
5월 : 왜가 회양부를 침범하다.[38]
5월 : 왜가 영춘현에 침입하다. … 왜가 회양부에 침입하다.[39]

1383년

7월 : 교주강릉도 도체찰사 최공철이 芳林驛에서 왜적을 쳐서
8급을 베었다.[40]
8월 : 왜적 1천여 명이 春陽, 寧越, 旌善등의 군현을 침범
하다.[41]
9월 : 왜적이 강릉부, 회양부, 금화현, 평강현, 홍천현에 침구
하다.[42]
10월 : 왜적과 양구, 춘주, 가평현에서 싸웠다. 왜적이 청평산
에 들어가 웅거했다.[43]

즉 1381년에는 강릉, 삼척, 울진, 평해, 영덕 등 동해안 지역을 집
중적으로 약탈했는데, 당시의 상황을 『고려사』에는 다음과 같이 기
록하였다.

36) 『고려사절요』 권31, 신우 7년(1381) 6월.

37) 『고려사』 열전 47, 신우 8년(1382) 3월.

38) 『고려사절요』 권31, 신우 7년(1381) 5월.

39) 『고려사』 열전 47, 신우 8년(1382) 5월. 永春縣은 충북 단양군 일대에 있던 조선 후기의 행정구역.
고구려 때 乙阿旦縣。 통일신라 때 子春縣이라고 하다가 고려시대에 영춘현으로 고쳐 原州에 속하게
하였다.

40) 『고려사절요』 권32, 신우 9년(1383) 7월. 방림역은 지금의 평창이다.

41) 『고려사절요』 권32, 신우 9년(1383) 8월.

42) 『고려사』 열전 48, 신우 9년(1383) 9월.

43) 『고려사절요』 권32, 신우 9년(1383) 10월.

「왜적이 강릉도에 침입하였으므로 첨서 밀직 南佐時와 밀직부사 權玄龍을 보내 적을 공격하게 하였다. 그러나 이 지방의 대기근으로 인하여 방어가 대단히 불충분하였으므로 동지밀직 李崇을 교주도에 보내 군사를 영솔하고 가서 협조하라 하였다. ……왜적이 송생, 울진, 삼척, 평해, 영해, 영덕 등지에 침입하여 삼척현을 불살랐다. 강릉도 부원수 남좌시가 보고하기를 "왜적이 삼척, 울진에 침입해서 우리 나라의 오근, 답곡 두 창고의 곡식을 탈취하려다가 목적을 이루지 못하고 퇴각하였습니다. 그리하여 지금 지방의 굶주린 주민들을 징집하여 창고를 경비하고 있으니 얼마간 창고의 양곡을 내어서 기아에 빠진 그들에게 대여했다가 가을에 회수하기를 바랍니다"라고 하였다. 강릉도 助戰元帥의 보고에 이르기를 "교주도에서 뽑은 군인이 모두 허약하여 쓸 수 없기 때문에 지금 뽑은 보병은 이미 다 보내었습니다. 烟戶軍을 제외하고 먼저 閑散官을 뽑으며 삭방도의 기병 2백 명으로 하여금 와서 협조케 하기를 바랍니다"라고 하니 신우가 이를 승낙하였다.」[44]

이 시기에 왜구의 활동은 아주 극심하여 강원도 지역의 내륙 깊숙이 춘천이나 홍천에까지 왜구의 약탈이 자행되고 있다. 즉 1383년 8월에는 왜적 1천여명이 춘양, 영월, 정선에 출몰했으며, 9월에는 왜적이 金化縣에 침입하였으며 平康縣을 함락시켰으므로 경성이 계엄 상태에 놓이게 되었다. 당시 洪川縣을 함락한 왜적은 원수 김입견과 이을진이 싸워서 적 5명을 죽였다. 또 9월에는 왜적이 강릉부와 김화현을 침략하고, 회양부와 평강현을 함락하니, 경성에 계엄을 실시하고 평양과 서해도의 정병을 불러들여와 호위하게 하며, 전 정당상의 南佐時, 지밀직 安紹, 밀직상의 王承貴; 王承寶, 鄭熙啓 등을 보내어 그들을 치도록 하였으나 김화에서 싸워 패전하였다.

---

44) 『고려사』 열전 47, 신우 7년(1381) 3월.

그리고 10월에는

> 「도체찰사 崔公哲이 狼川에 이르렀는데, 왜적이 갑자기 나와 습격하여 그 아들을 사로잡았다. 체복사 정승가가 왜적과 양구에서 싸우다가 패전하여 물러가 춘주에 주둔하니, 적이 춘주까지 추격하여 함락시키고, 드디어 加平縣에 침입하였다. 원수 朴忠幹이 싸워서 쫓아 버리고 머리 6급을 베었는데, 적은 淸平山에 들어가 웅거하였다. 찬성사 상의 禹仁烈을 도체찰사로 삼고, 전밀직 林大匡을 조전원수로 삼아, 가서 적을 치게 하였다.」[45]

라는 기록을 통해서 보면, 양구에 침입한 왜구가 고려군을 추격하여, 춘천, 가평, 청평 등 내륙 깊숙이 약탈을 감행하는 등, 왜구의 약탈이 가장 극심했던 시기였다. 같은 내용을 『고려사』에는 보다 소상히 기록하였다.[46]

[강원지역 침구현황표]

연도	월	지역	출전
1352년(공민왕 원)	6월	강릉도(강릉)	『고려사』, 『고려사절요』
1372년(공민왕 21)	6월	강릉부(강릉)	『고려사』, 『고려사절요』
1374년(공민왕 23)	5월	강릉	『고려사』
	5월	삼척	『고려사』
	6월	襄州(양양)	『고려사』
1381년(신우 7)	3월	강릉도(강릉)	『고려사절요』
		삼척	『고려사절요』
1382년(신우 8)	3월	삼척	『고려사절요』
		영월	『고려사절요』
1383년(신우 9)	7월	방림(평창)	『고려사절요』
	8월	영월	『고려사절요』
		정선	『고려사절요』
	9월	홍천	『고려사절요』
	10월	강릉	『고려사절요』
		양구, 春州(춘천)	『고려사』, 『고려사절요』
1385년(신우 11)	4월	襄州(양양)	『고려사』

---

45) 『고려사절요』 권32, 신우 9년(1383) 10월.
46) 『고려사』 열전 48, 신우 9년(1383) 10월.

기록에 의하면, 고려말 왜구의 강원지역에 대한 침구는 조선시대에 들어가 다시 계속되지만 1385년 2차례가 마지막이다.

1385년
4월 : 왜적이 襄州에 침입하였다.[47]
7월 : 왜적이 평해부에 침입하다.[48]

즉 4월에 양양, 7월에 평해를 침입하였는데, 평해에 침입하였을 때는 강릉도 도체찰사 睦子安이 적을 격퇴하였다. 이어 9월에는 전 知門下事 이을진을 강릉도 원수로 임명하여 왜적을 잡게 하였다.

이후『고려사』나『고려사절요』에 강원지역에 왜구 침탈기사는 보이지 않는다.

이상의 강원지역에 대한 왜구침탈을 지도에 표시하면 다음과 같다.

강원지역 왜구침입도

---

47)『고려사』열전 48, 신우 11년(1385) 4월.
48)『고려사절요』권32, 신우 11년(1385) 7월.

한편 조선시대에 들어와서도 강원지역에 대한 왜구의 침탈은 계속되었고, 나아가 울릉도에 대한 왜구의 침구도 이어졌다.

「왜가 우산·무릉에 침구하였다」[49]

1417년 8월, 왜구가 울릉도뿐 만아니라 독도에 침구한 사실을 적고 있다. 이 시기에는 울릉도는 무릉, 독도는 우산이라고 칭했는데, 이 사료를 통해 조선에서는 이미 이 시기에 울릉도와 독도의 존재를 명확하게 인식했음을 알 수 있다.

왜구가 울릉도에 침구한 사실을 적고 있는 사료는 위의 두 사료밖에 없다. 그러나 조선정부는 왜구침구에 대비하여 이에 대한 대응책으로 울릉도 주민을 섬에서 나오도록 지시했다.

「강릉도의 무릉도 거민을 육지로 나오도록 했으니, 감사의 말에 따른 것이었다」[50]

즉 1403년 8월, 강릉감사의 계청에 따라 울릉도의 주민을 육지로 나오도록 조처를 한 것이다.

그러나 조선에서 이같이 조선정부에서 왜구의 침탈을 미연에 예방하기 위해 섬을 비우는 조치를 취하자, 1407년 3월, 대마도주 종정무는 대마도 사람이 울릉도에 이주하여 살 수 있도록 해달라는 요청을 조선에 청하는 일이 발생했다.

---

49) 『태종실록』 태종 17년 8월 기축조.
50) 『태종실록』 태종 3년 8월 병진조.

「대마도 수호 宗貞茂가 平道全을 보내와 土物을 바치고, 잡혀 갔던 사람들을 돌려보냈다. 貞茂가 武陵島를 청하여 여러 부락을 거느리고 가서 옮겨 살고자 하므로, 임금이 말하기를, "만일 이를 허락한다면, 日本國王이 나더러 叛人을 불러들였다 하여 틈이 생기지 않을까?" 하니, 南在가 대답하기를, "왜인의 풍속은 叛하면 반드시 다른 사람이 따릅니다. 이것이 습관이 되어 常事로 여기므로 禁하기가 어렵습니다. 누가 감히 그런 계책을 내겠습니까?"하였다. 임금이 말하였다. "그 境內에서는 常事로 여기겠지만, 만일 越境해 오게 되면 저쪽에서 반드시 말이 있을 것이다."」[51]

즉 대마도주 종정무가 왜구에게 붙잡혀 간 조선인을 되돌려 보내면서, 대마도의 일본인을 울릉도에 이주해서 살게 해달라는 내용이다. 자연환경이 척박하여 왜구의 소굴이 될 수 밖에 없었던 대마도에서는 울릉도가 비어있음을 알고 이주를 요청했던 것이다.

울릉도가 비어있는 것을 알고, 욕심을 내었지만 울릉도는 조선의 영토였기 때문에 조선국왕에게 사신을 보내어 허가를 얻고자 했던 것이다. 그러자 조선 조정에서는 南在가 이를 허락하자고 했지만, 태종은 越境, 즉 국경을 넘어오면 문제가 될 것이라고 하면서 허가하지 않았다. 대마도주가 사신을 보내 이주를 청한 것이나 태종이 월경은 안된다고 답한 것을 보면, 모두 울릉도가 조선의 영토임을 분명히 알 수 있는 사료이다.

2) 武陵等處 安撫使 파견

그러다가 1412년 4월, 강원도 관찰사가 울릉도 사람 12명이 고성 어라진에 온 일이 있었고, 조선정부에서는 보다 적극적으로 울릉도

---

51) 『태종실록』 태종 7년 3월 경오조.

관리를 위해 삼척사람 前萬戶 金麟雨를 武陵等處安撫使로 파견하게 된다.

> 「金麟雨를 武陵等處安撫使로 삼았다. 호조 참판 朴習이 아뢰기를, "신이 일찍이 강원도 도관찰사로 있을 때에 들었는데, 무릉도의 둘레가 7식이고, 곁에 小島가 있고, 田이 50여 결이 되는데, 들어가는 길이 겨우 한 사람이 통행하고 나란히 가지는 못한다고 합니다. 옛날에 方之用이란 자가 있어 15家를 거느리고 入居하여 혹은 때로는 假倭로서 도둑질을 하였다고 합니다. 그 섬을 아는 자가 삼척에 있는데, 청컨대, 그 사람을 시켜서 가서 보게 하소서."하니, 임금이 옳다고 여기어 삼척 사람 前萬戶 金麟雨를 불러 무릉도의 일을 물었다. 김인우가 말하기를, "삼척 사람 李萬이 일찍이 武陵에 갔다가 돌아와서 그 섬의 일을 자세히 압니다." 하니, 곧 이만을 불렀다. 김인우가 또 아뢰기를,
> "무릉도가 멀리 바다 가운데에 있어 사람이 서로 통하지 못하기 때문에 軍役을 피하는 자가 혹 도망하여 들어갑니다. 만일 이 섬에 住接하는 사람이 많으면 왜적이 끝내는 반드시 들어와 도둑질하여, 이로 인하여 강원도를 침노할 것입니다."
> 하였다. 임금이 옳게 여기어 김인우를 武陵等處按撫使로 삼고 이만을 伴人으로 삼아, 兵船 2척, 抄工 2명, 引海 2명, 火通·火藥과 양식을 주어 그 섬에 가서 그 두목에게 일러서 오게 하고, 김인우와 이만에게 衣·笠·靴를 주었다.」[52]

즉 1416년 9월, 조선정부는 삼척사람 김인우를 武陵等處按撫使로 삼아, 울릉도에 파견하여 울릉도의 거주민과 그 주민을 설득하여 데리고 돌아오도록 조치했다. 안무사란 조선시대 지방에 특사로 파견하던 관직인데, 일반적으로 北監司라 불렸으며, 당하관일 경우에는 安撫御使로도 불렀다. 전쟁이나 반란 직후 민심수습을 위하여 파견되

---

52) 『태종실록』 태종 16년 9월 경인조.

었던 관직으로 울릉도거주민을 육지로 불러들이기 위해 특별히 파견했다고 본다.

무릉등처안무사의 파견은 2가지 의미를 가진다. 하나는 왜구방지를 위한 울릉도 거주민의 보호차원과 또 하나는 무릉등처의 의미이다. 즉 울릉도만을 대상으로 했다면 等處라는 용어를 붙이지 않았을 것이다. 따라서 이미 울릉도 주변의 섬과 독도 등을 염두에 두고 붙인 호칭이라고 볼 수 밖에 없다.

무릉등처안무사 김인우는 이듬해 2월, 울릉도에서 돌아와 복명했다.

> 「안무사 김인우가 于山島에서 돌아와 토산물인 大竹·水牛皮·
> 生苧·綿子·檢樸木 등을 바쳤다. 또 그곳의 거주민 3명을 거느
> 리고 왔는데, 그 섬의 戶는 15口요, 남녀를 합치면 86명이었다.
> 김인우가 갔다가 돌아올 때에, 두 번이나 태풍을 만나서 겨우
> 살아날 수 있었다고 했다.」[53]

김인우의 보고에 의하면, 당시 울릉도에는 가구수가 15호에 86명이 거주하고 있었다. 이중 3명만 데리고 온 것을 보면, 나머지 사람들은 육지로 이주하는 것을 원치 않았던 모양이다. 김인우의 보고를 접한 태종은 곧이어 육조의 대신들과 대간을 소집하여 울릉도 거주민의 쇄출에 대한 논의를 하게 했다.

> 「우의정 한상경, 육조·대간에 명하여, 于山·武陵島의 居民을
> 刷出하는 것의 편의 여부를 의논케 하니, 모두가 말하기를, "무
> 릉의 주민은 쇄출하지 말고, 五穀과 農器를 주어 그 생업을 안정
> 케 하소서. 인하여 主帥를 보내어 그들을 慰撫하고 또 土貢을 정
> 함이 좋을 것입니다." 하였으나, 공조 판서 황희만이 유독 불가

---

53) 『태종실록』 태종 17년 2월 임술조.

하다 하며, "안치시키지 말고 빨리 쇄출하게 하소서." 하니, 임금이, "쇄출하는 계책이 옳다. 저 사람들은 일찍이 요역을 피하여 편안히 살아왔다. 만약 土貢을 정하고 主帥를 둔다면 저들은 반드시 싫어할 것이니, 그들을 오래 머물러 있게 할 수 없다. 김인우를 그대로 안무사로 삼아 도로 于山·武陵 등지에 들어가 그곳 주민을 거느리고 육지로 나오게 함이 마땅하다."하고, 인하여 衣·笠과 木靴를 내려 주고, 또 于山人 3명에게도 각기 옷 1습씩 내려 주었다. 강원도 도관찰사에게 명하여 병선 2척을 주게 하고, 도내의 水軍萬戶와 千戶 중 유능한 자를 뽑아서 김인우와 같이 가도록 하였다.」[54]

이리하여 김인우는 두 번째로 울릉도에 파견되었고, 몇 명을 인솔하고 돌아왔는지의 기록은 없다. 그러나 2년 후인 1419년 4월 기록에 무릉도에서 나온 남녀 17명이 경기도 평구역리에 당도하여 양식이 떨어져 굶주린다는 소식이 있자, 세종이 규휼하도록 명하고 있는 것을 보면 상당수의 거주민이 쇄출되었던 것 같다.

그런데 앞서 언급했던 것처럼 1417년 8월, 왜가 우산도와 무릉도를 침구한 일이 발생했다. 그리고 그로부터 8년 뒤에 세번째로 김인우의 쇄출기사가 나온다.

「전 判長鬐縣事 金麟雨를 于山武陵等處 按撫使로 삼았다. 당초에 강원도 평해 고을 사람 金乙之·李萬·金亏乙金 등이 무릉도에 도망가 살던 것을, 병신년(1416)에 국가에서 인우를 보내어다 데리고 나왔는데, 계묘년(1423)에 을지 등 남녀 28명이 다시 본디 섬에 도망가서 살면서, 금년 5월에 을지 등 7인이 아내와 자식은 섬에 두고 작은 배를 타고 몰래 평해군 仇彌浦에 왔다가 발각되었다. 감사가 잡아 가두고 本郡에서 급보하여 곧 도로 데려 내오기로 하고서, 인우가 군인 50명을 거느리고 군기와 3개

54) 『태종실록』 태종 17년 2월 을축조.

월 양식을 갖춘 다음 배를 타고 나섰다. 섬은 동해 가운데 있고, 인우는 삼척 사람이었다.」[55]

이 사료를 보면, 앞서 1416년에 김인우에 의해 울릉도의 거주민이 모두 쇄출되었던 것 같다. 그런데 이들 중 28명이 다시 울릉도에 들어가 거주하다가, 1425년에 김을지등 7인이 처자를 울릉도에 남겨두고 작은 배로 평해군 구미포에 왔다가 발각되었다. 강원 감사가 이를 급보했고, 조정에서는 김인우를 다시 우산무릉등처안무사로 임명하여 울릉도에 가서 주민을 쇄출하도록 했다.

「우산무릉등처 안무사 김인우가 本島에 避役한 남녀 20인을 수색해 잡아와 복명하였다. 처음 인우가 병선 두 척을 거느리고 무릉도에 들어갔다가 船軍 46명이 탄 배 한 척이 바람을 만나 간 곳을 몰랐다. 임금이 여러 대신들에게 이르기를, "인우가 20여 인을 잡아왔으나 40여 인을 잃었으니 무엇이 유익하냐. 이 섬에는 별로 다른 산물도 없으니, 도망해 들어간 이유는 단순히 부역을 모면하려 한 것이로구나." 하였다. 예조 참판 金自知가 계하기를, "지금 잡아온 도망한 백성을 법대로 논죄하기를 청합니다."하니, 임금이 말하기를, "이 사람들은 몰래 타국에 간 것이 아니요, 또 사면령 이전에 범한 것이니 새로 죄주는 것은 불가하다."하고, 곧 병조에 명하여 충청도의 깊고 먼 산중 고을로 보내어 다시 도망하지 못하게 하고, 3년 동안 復戶하게 하였다.」[56]

이 사료는 독도 영유권과 관련하여 중요한 의미를 가진다. 즉 국왕 세종이 말하기를 김인우가 20여인을 쇄출하여 돌아왔지만 40여 인을 잃었으니 무슨 의미가 있느냐라는 말과 함께, 무릉도에 숨어

---

55) 『세종실록』 세종 7년 8월 갑술조.
56) 『세종실록』 세종 7년 10월 을유조.

사는 사람들이 타국에 간 것이 아니니 다시 벌을 주는 것은 불가하다고 했다. 즉 세종은 '于山武陵等處'가 他國이 아니라 조선의 영토라는 점을 분명히 했다는 점이다.

이 사료에 나오는 선군 46명이 탄배는 표류하면서 36명이 익사하고, 10명이 일본 石見州 長濱에 표류하여 30일간 머물다가 대마도를 통해 귀국하였는데, 사건 전말이 『세종실록』에 상세히 수록되어 있다.57)

그런데 위의 사료들에서 나오는 우산과 무릉이 울릉도와 독도중 어느 것을 가리키는지 혼란스럽다. 무릉도를 다녀온 김인우가 무릉도를 다녀왔다고 보고하지 않고, 우산도를 다녀왔다고 보고하고 있다. 무릉도가 울릉도인지, 우산도가 울릉도인지 혼돈이 온다. 이로 볼 때, 조정에서는 울릉도를 무릉도라 불렀지만, 정작 울릉도 주민들은 우산도라고 불렀던 것 같다.

원래 武陵의 어원은 陶淵明의 桃花源記에 나오는 武陵桃源에서 유래한 것으로, 인간이 찾을 수 없는 먼 이상향을 의미한다. 그래서 조정에서는 강원도에서 멀리 어슴푸레하게 보이는 울릉도를 무릉도라 했고, 울릉도에서는 어슴푸레하게 보이는 독도를 무릉도라는 이름을 붙였을 것이다. 이러한 연유로 우산과 무릉이 혼돈되어 사용되었던 것으로 생각된다.58)

이상의 내용에서 확인되듯이 사료상에 '공도정책'이라는 용어는 존재하지 않는다. 사료에는 '쇄환' 또는 '쇄출'이라는 용어만 보일 뿐이다. 그리고 '쇄환' '쇄출'도 왜구의 침탈을 방지하고 거민을 보호하기 위한 조치였지, 섬을 포기한다는 의미가 아니었다. 그럼에도 불

---

57) 『세종실록』세종 7년 12월 계사조.
58) 바른역사정립기획단, 『독도자료집』1. 2005. 104쪽.

구하고 울릉도 거민에 대한 쇄환·쇄출을 공도정책이라고 부름으로 써 울릉도가 빈 섬, 버려진 섬, 포기해버린 섬이란 인식을 만들어 내게 되어 우리 영토가 아닌듯한 빌미를 제공했다. 오히려 울릉도·독도는 '우산무릉등처안무사'에 의해 철저하게 보호·관리 되었던 것이다. 또한 거민의 쇄출에도 불구하고, 지속적으로 우산무릉등처에는 거민이 존재했으며, 그들은 조선의 백성이었고, '우산무릉등처'는 조선의 영토였다.

3) '巡審敬差官'의 파견

1436년(세종 18) 윤 6월, 강원도 감사 유계문은 울릉도에 토지가 비옥하고, 방어하기가 쉬우니 만호와 수령을 두고 개발할 것을 청하였으나, 허락지 않은 일이 있었다.

이에 대해 세종은 현을 신설하고 수령을 두어 백성을 옮겨 채우는 것은 현실적으로 어려우니, 매년 사람을 보내어 섬 안을 탐색하거나, 혹은 토산물을 채취하고, 혹은 말의 목장을 만들면, 왜노들도 대국의 땅이라고 생각하여 반드시 몰래 점거할 생각을 내지 않을 것이라고 하면서, 그 이듬해 4월에 '茂陵島巡審敬差官'을 파견하였다.

> 「전 호군 南薈와 전 부사직 曹敏을 茂陵島巡審敬差官으로 삼았다. 두 사람은 강원도 해변에 거주하는 자이다. 이때 국가에서는 무릉도가 海中에 있는데, 이상한 물건이 많이 나고 토지도 비옥하여 살기에 좋다고 하므로, 사람을 보내 찾아보려 해도 사람을 얻기가 어려웠던 것이다. 이에 해변에서 이를 모집하니, 이 두 사람이 응모하므로 멀리서 경차관의 임명을 주어 보내고, 이에 도망해 숨은 인구도 탐문하여 조사하도록 한 것이었다.」[59]

巡審은 순찰하는 것을 말하며, 敬差官이란 조선시대 중앙 정부의 필요에 따라 특수 임무를 띠고 지방에 파견된 관직이다. 이들은 세종의 명을 받아, 울릉도를 순심하고 돌아와 7월에 다음과 같이 복명하였다.

> 「호군 南薈와 사직 曹敏이 무릉도로부터 돌아와 복명하고, 잡아온 남녀 모두 66명과 거기서 산출되는 沙鐵・石鍾乳・生鮑・大竹 등의 산물을 바치고, 인하여 아뢰기를, "發船한 지 하루 낮과 하루 밤 만에 비로소 도착하여 날이 밝기 전에 인가를 엄습하온 즉, 항거하는 자가 없었고, 모두가 본국 사람이였으며, 스스로 말하기를, '이곳 토지가 비옥 풍요하다는 말을 듣고 몇 년 전 봄에 몰래 도망해 왔다.'고 합니다. 그리고 그 섬은 사면이 모두 돌로 되어 있고, 잡목과 대나무가 숲을 이루고 있었으며, 서쪽 한 곳에 선박이 정박할 만하였고, 동서는 하루의 노정이고 남북은 하루 반의 노정이었습니다."하였다.」[60]

즉 茂陵島巡審敬差官 남회와 조민은 세종의 명을 받아 울릉도를 순심하고, 거민 66명을 잡아 왔는데, 모두가 本國, 즉 조선 사람이었다. 그리고 이들은 토지가 비옥하여 울릉도에 이주해 왔으며, 항거하지 않은 채 그대로 쇄출에 순순히 응했던 것이다.

그런데 1438년(세종 20)부터 울릉도 거민에 대한 처벌이 행해지면서, 울릉도문제는 전혀 새로운 양상을 띠게 된다. 즉 그해 11월, 울릉도에 숨어들어간 거민의 두목을 처형하고, 그 무리들을 경성에 분치한 사건이 발생했다.

---

59) 『세종실록』 세종 20년 4월 갑술조.
60) 『세종실록』 세종 20년 7월 무술조.

「형조에서 아뢰기를, "金安이 首謀가 되어서 茂陵島로 도망해 들어갔사오니, 율이 마땅히 교형에 처하는 데에 해당하옵고, 그 밖의 從犯은 모두 鏡城으로 옮길 것을 청하옵니다."하니, 그대로 따랐다.」[61]

즉 이제까지는 울릉도거민을 쇄출하여 육지에 분치하는 정도였지만, 이제부터는 처벌을 하기 시작했던 것이다. 그 이듬해 2월에도 다시 絞刑에 처해졌다.

「형조에서 아뢰기를, "金凡·貴生 등이 함부로 茂陵島에 들어가 살았사오니, 율에 의하여 교형에 처하옵소서."하니, 그대로 따랐다.」[62]

이 사건은 울릉도 연구사에 매우 중요한 의미를 갖는다. 왜냐하면 이 사건이후『조선왕조실록』에는 숙종대 1693년에 이르기까지 우산과 무릉에 관해서는 단 3개의 기사만 나올 뿐,[63] 거의가 蓼島와 三峯島를 찾는 48개의 기사만 나온다. 그렇다면 그 이유는 무엇일까. 그 것은 아마도 1438년 울릉도 거민 중 쇄출하여 주범은 교형을 당하고, 종범들은 경성으로 분치했는데, 이들에 의해 울릉도와 독도에 대한 소문이 퍼져나간 것이 요도와 삼봉도에 대한 기사로 이어지는 것이 아닐까.

다시 말해 울릉도 거민에 대한 처형이 시작되자, 울릉도의 이주가 어려워졌고, 경성에 분치된 거민들에 의해 울릉도 독도에 대한 소문

---

61)『세종실록』세종 20년 11월 을사조.

62)『세종실록』세종 21년 2월 병진조.

63)『세조실록』세조 3년 4월 기유조 (柳汀卿이 牛山 茂陵 兩島에 設邑을 건의함),
　　『성종실록』성종 2년 8월 정사조 (강원도 관찰사 成順祖에게 茂陵島 거민을 잡아오도록 함)
　　『중종실록』중종 6년 5월 경오조 (강원도 관찰사에게 武陵島를 살피도록 함)

들이 확산이 되고, 이것이 요도와 삼봉도의 수색작업으로 이루어진 다고 보아도 큰 무리가 없다.[64] 물론 이 사건이전에 요도에 관한 기사가 1430년부터 4개가 나오지만, 이미 요도에 관한 소문이 돌던 차에 울릉도로부터 刷還된 거민들에 의한 소문은 이를 더욱 확산시켜 갔을 것이다.

이상의 내용을 통해서 볼 때, 조선초기의 울릉도에 대한 정책은 1436년 '巡審敬差官'의 파견을 기점으로 해서 그 이전의 '按撫使' 파견에 의한 단순한 거민 '쇄출'에서 '처벌'로 강화되었고, 그 결과 울릉도에서의 거주가 불가능해졌고, 그 이후 조선정부의 관심은 '요도와 삼봉도' 탐색으로 전환되어 감을 알 수 있다.

3. 수토제의 실시

1) 수토제의 시작

搜討란 搜探으로 무엇을 알아내거나 찾기 위하여 조사하거나 엿본다는 사전적인 의미를 가지고 있다. 즉 울릉도 수토제 실시란 울릉도에 들어가서 섬의 형편을 조사하고, 거민이 있는지 찾아내는 것이다. 울릉도 수토제에 관해서는 이미 신용하, 송병기, 김호동, 신동규 등의 연구가 있다.[65]

이들 연구에 의하면 울릉도에 대한 수토제 기원은 1693년 안용복

---

64) 1438년 11월 을사조와 1439년 2월 병진조 사료에 대한 의미에 대해서는 鮮于 榮俊 「삼봉도는 독도인가 아닌가」 『한국행정학회 학술대회 논문집』2007, 615쪽.이 지적한바 있다.

65) 宋炳基, 「朝鮮後期의 鬱陵島 經營 -搜討制度의 확립-」 『震檀學報』 第86號 震檀學會, 1998.
李根澤, 「1693~1699년 安龍福의 鬱陵島·獨島 수호활동 -搜討制실시와 관련하여」 『獨島領有의 歷史와 國際關係』, 독도연구총서 1, 1997.
金皓東, 「조선시대 울릉도 수토정책의 역사적 의미」 『韓國中世史論叢』-李樹健敎授停年紀念-, 2000.
신동규, 「근세시기(朝鮮後期·江戸時代) 韓·日간 獨島 연구의 쟁점과 문제점 고찰」 『韓國史學報』 제28호, 高麗史學 會, 2007 등.

의 1차 도일사건 직후, 8월에 삼척첨사 장한상으로 하여금 울릉도에 가서 섬의 형편을 살펴보도록 하고, 울릉도는 강원도 울진현의 屬島이니, 조선어민이 犯界한 것이라고 볼 수 없으며, 앞으로는 일본어민의 울릉도 왕래를 금한다는 서계를 동래의 왜사에게 보냈다.[66] 조선 정부의 의지를 분명히 하면서 울릉도에 대한 구체적인 대책을 도모하기 위함이었다.

국왕의 명을 받은 장한상은 역관 安愼徽를 포함하여 총 150명에 騎船 2척, 給水船 4척을 동원하여 9월 19일에 삼척을 출발하여 9월 20일부터 10월 3일까지 13일간 체류하면서 울릉도를 조사하고 10월 6일에 삼척으로 돌아와 국왕에게 복명했다.

> 「장한상이 9월 갑신에 배를 타고 갔다가 10월 경자에 삼척으로 돌아왔는데, 아뢰기를, "倭人들이 왔다갔다 한 자취는 정말 있었지만 또한 일찍이 거주하지는 않았습니다. 땅이 좁고 큰 나무가 많았으며 水宗(바다 가운데 물이 부딪치는 곳이니, 육지의 고개가 있는 데와 같은 것이다)이 또한 평탄하지 못하여 오고가기가 어려웠습니다. 土品을 알려고 麰麥을 심어놓고 돌아왔으니 내년에 다시 가 보면 징험할 수 있을 것입니다." 하였다. 남구만이 입시하여 아뢰기를, "백성이 들어가 살게 할 수도 없고, 한두 해 간격을 두고 搜討하게 하는 것이 합당합니다(間一二年搜討爲宜)." 하니, 임금이 그대로 따랐다.」[67]

즉 民을 입거시킬 수 없으니, 1-2년 간격으로 수토하는 것이 마땅하다고 건의했고, 이것이 숙종에 의해 받아들여지면서 울릉도의 수

---

66) 『숙종실록』 숙종 20년 2월 신묘조.
67) 위와 같음.

토방침이 일단 결정되었다. 그러나 1년에 한번 할 것인가, 또는 2년에 한번 할 것인가, 구체적으로 언제부터 할 것인가에 대한 구체적인 내용은 결정되지 않았고, 울릉도의 수토가 제도화되어 시행되는 것은 안용복의 2차 도일사건 후, 울릉도의 영유권문제가 매듭지어지는 1697년이다.

2) 수토제의 운영

1697년 3월, 안용복의 2차 도일 사건이 매듭지어지고, 대마도를 통하여 막부로부터 일본인의 '竹島渡海禁止令'이 전해지자, 4월에는 울릉도 수토문제를 다시 논의하게 되었다. 『숙종실록』에는 수토제의 결정에 대해 다음과 같이 기록하고 있다.

> 「대신과 비국의 여러신하를 인견하였다. 영의정 유상운이 말하기를, … "울릉도에 대한 일은 이제 이미 명백하게 한 것으로 귀착되었으니, 틈틈이 사람을 들여 보내어 순검해야 합니다." 하니, 임금이 2년 간격으로 들여보내도록 명하였다(間二年入送).」

고 하여, 2년 간격으로 정기적으로 울릉도 순검을 하도록 결정했다. 이 결정에 대해 『承政院日記』에는 자세한 전말을 다음과 같이 기록하였다.

> 「상께서 희정당으로 거동하여 대신·비변사 당상들을 인견하여 입시했다. 영의정 유상운이 말하기를, "울릉도 일은 이미 명백하게 귀일되어, <u>왜인은 본국인의 魚採를 금한다고 말했고, 우리나라는 때때로 사람을 보내어 수토하겠다는 뜻을 서계중에 대답해 보냈습니다.</u> 해외 절도에 비록 매년 입송할 수는 없지만,

이미 지방에 매이고, 또한 이는 무인도이어서 불가불 간간히 사람을 보내어 순검하여 오도록 하는 까닭에 감히 이같이 앙달합니다." 상께서 말씀하시기를, "<u>우리나라의 지방을 영구히 버릴 수 없으며, 입송하는 것 또한 많은 폐단이 있으므로 2년을 간격으로 입송함이 가하다.</u>" 상운이 말하기를, "3년에 1번 보내는 것을 정식으로 삼는다면 상상년에 이미 가보고 왔으므로 명년에 마땅히 입송해야 하는데, 듣건데 본도는 반드시 5월말 바람이 고를 때 왕래할 수 있다고 하니 명년 5월달에 입송하는 것이 마땅할 듯하며, 차송하는 사람은 늘 입송할 때를 당하여 품지하여 차송함이 어떠하겠습니까," 하니, "그리하라."하였다」[68]

이 사료를 통해 볼 때, 당시 일본은 울릉도에서 일본인의 어채를 금하고, 조선은 울릉도를 수토하는 것을 정식으로 합의를 한 것이며, 수토는 간2년 그러니까 3년에 1번씩 하기로 제도화 해감을 볼 수 있다. 그리고 장한상의 수토를 기준으로 했는데, 실제로 장한상의 수토가 1694년 이었으므로 1697년이나 상상년 즉 1695년으로 계산한 것은 착오가 있는 듯하다. 그러나 실제로 울릉도에 대하여 수토가 실시된 것은 1668년에는 영동지방에 흉년이 들어 1699년(숙종 25) 6월이었다.

「강원도 越松萬戶 田會一이 鬱陵島를 搜討하고 待風所로 돌아왔다. 本島의 지형을 그려 올리고, 겸하여 그곳 土産인 皇竹·香木·土石 등 數種의 물품을 진상하였다.」[69]

1699년 6월, 月松浦 萬戶 田會一의 제2차 수토에 이어, 제3차 수토는

---

68) 『승정원일기』 숙종 23년 4월 13일.

69) 『숙종실록』 숙종 25년 7월 임오조. 『비변사들록』 숙종 25년 7월 15일조에는 수토사 전회일은 6월 4일 발선하여 임무를 마치고 6월 21일에 돌아왔다.

그로부터 3년후인 1702년 5월, 三陟營將 李俊明에 의해 이루어진다.

> 「삼척 영장 이준명과 倭譯 崔再弘이 鬱陵島에서 돌아와 그곳의
> 圖形과 紫檀香·靑竹·石間朱·魚皮 등의 물건을 바쳤다. 울릉도
> 는 2년을 걸러 邊將을 보내어 <u>번갈아 가며 수토하는 것(輪回搜</u>
> <u>討)</u>이 이미 정식으로 되어 있었는데, 올해에는 삼척이 그 차례
> 에 해당되기 때문에 이준명이 울진 竹邊津에서 배를 타고 이틀
> 낮밤 만에 돌아왔는데, 제주보다 갑절이나 멀다고 한다.」[70]

앞서 인용한 『승정원일기』에 의하면, 수토관이 파견될 때마다 품
지하여 임명하도록 했으나, 위의 『숙종실록』 사료를 보면, 삼척과
월성포에서 번갈아 가며 윤회하여 수토관을 임명했고, 수토관은 일
본인을 대비하여 왜어역관을 대동하여 울릉도를 순검하면서, 울릉도
의 지도와 토산물을 바치며 복명을 했던 것이다.[71]

울릉도 수토는 이후 극심한 흉년을 당하여 정지된 경우도 있었지
만, 1702년 단계에서는 이미 정식으로 정례화 되어가고 있음을 알
수 있다. 그러나 1705년 6월, 울릉도를 수토하고 돌아오던 중 평해
고을의 군관 黃仁建 등 16명이 익사한 후, 1708년 2월에는 수토기록
은 없고, 다만 부사직 金萬埰가 울릉도에 設鎭 하여 海防을 하자는 상
소를 올렸다. 이어 1710년 10월에도 사직 李光迪이 왜선이 자주 울
릉도에 들어가 어물을 채취하니 설진할 것을 상소했다. 이어 1714년
7월에도 울릉도에 대한 海防을 강조하는 상소가 이어지다가, 1717년

---

70) 『숙종실록』 숙종 28년 5월 기유조.

71) '3년설'에 불구하고, 『연려실기술』에는 『춘관지』를 인용하여, '이로부터 법을 정하여 월송만호와 삼
척영장이 5년마다 돌아가며 한번씩 가게 했다'고 되어 있어 5년을 주장하고 있다. 그러나 『강계고』
나 『문헌비고』에는 모두 3년으로 되어 잇는 것을 보면, 역시 3년설이 맞는다. 5년설은 후대에 내려
오면서 3년이 제대로 지켜지지 않아, 와전된 것으로 보인다. 유미림, 「「울릉도」와 「울릉도사적」 역
주 및 관련기록의 비교연구, (한국해양수산개발원, 2007), 82쪽)

3월, 강원감사 이만견이 치계하기를,

> 「올해에 울릉도를 수토하는 일을 정지하기를 청했는데, 비국
> 에서 다시 주청하기를, "근년에 수토하는 것은 빈섬을 가서 보
> 는 것에 지나지 않는데, 이런 흉년에 민폐를 많이 끼칠 수는 없
> 으니, 우선 정지하게 하소서"하니 임금이 따랐다.」

고 했다. 이 사료를 통해 볼 때, 1717년은 1705년 이후 12년만이
지만, 근년에 수토를 했다는 기록을 3년에 한번씩 수토를 했다는 의
미로 받아 들여도 무리가 없다고 본다. 이어 그 이듬해에 영의정 김
창집이 왕세자에게 수토를 정지해 줄 것을 요청하는데, "지금 진휼
하는 정사가 바야흐로 확정되고 있으니, 잠시 울릉도를 연례로 수토
하는 것을 정지시켜 주소서(請姑停鬱陵島年例搜討)"라고 했다.

그 후, 1735년 1월에도 강원감사 趙最壽가 아뢰기를,

> 「"울릉도의 수토를 금년에 마땅히 해야 하지만 흉년에 폐단
> 이 있으니, 청컨대 이를 정지하도록 하소서." 하였는데, 金取魯
> 등이 말하기를, "지난 정축년(1697년)에 왜인들이 이 섬을 달라
> 고 청하자, 조정에서 엄하게 배척하고 장한상을 보내어 그 섬의
> 모양을 그려서 왔으며, 3년에 한번씩 가 보기로 정하였으니, 이
> 를 정지할 수가 없습니다."하니, 임금이 이를 옳게 여겼다.」

고 했다. 이 기사를 통해 볼 때, 3년 수토는 이미 제도적으로 완전
히 정착되었음을 알 수 있다. 그 후 수토기사는 1769년 1월과 1786
년 6월, 1794년 6월, 1799년 3월에 나오는데, 1799년 3월 기사에
"금년에 울릉도를 수토하는 것은 월송만호가 할 차례인데…"라는 기
록을 보면, 울릉도에 대한 수토는 여전히 삼척영장과 월송만호가 교

대로 시행하고 있음을 알 수 있다.

그러나 1800년대에 들어서면서는 실록에서 아쉽게도 수토기록을 찾을 수 없다. 소위 세도정치기의 정치적 해이함 때문에 정례적인 수토시행이 어려웠을 수도 있었을 것이다. 실록에는 1853년 7월에 가서야 울릉도 기사가 나오는데, 경상감사 洪說謨의 밀계에 의하면, 영양현사람 鄭禹龍 등이 울릉도의 도적들과 역모를 계획했다고 보고한 기사가 나온다. 아마도 어느 때부터인지는 알 수 없지만, 수토가 부실해지면서, 울릉도에 다시 입도하는 사람이 생겼던 모양이다. 그러나 1881년 5월, <통리기무아문>의 제의에 의하면,

「"방금 강원 감사 林翰洙의 장계를 보니, '鬱陵島搜討官의 보고를 하나하나 들면서 아뢰기를, 「看審할 때에 어떤 사람이 나무를 찍어 해안에 쌓고 있었는데, 머리를 깎고 검은 옷을 입은 사람 7명이 그 곁에 앉아있기에 글을 써서 물어보니, 대답하기를, 『일본 사람인데 나무를 찍어 원산과 부산으로 보내려고 한다.』고 하였습니다.」라고 하였습니다.」

고 했다. 이 사료를 보면, 1881년 당시에도 울릉도 수토는 시행되고 있었으며, 이 시기가 되면 이미 일본인들도 울릉도 입도하여 벌목을 했었음을 알 수 있다. 그리하여 고종은 李奎遠을 檢察使 로 임명하여 울릉도에 파견했다.

「울릉도에는 근래에 와서 다른 나라 사람들이 아무때나 왕래하면서 제멋대로 편리를 도모하는 폐단이 있다고 한다. 그리고 松竹島와 芋山島는 울릉도의 곁에 있는데 서로 떨어져 있는 거리가 얼마나 되는지 또 무슨 물건이 나는지 자세히 알 수 없다. 이번에 그대가 가게 된 것은 특별히 가려 차임한 것이니 각별히

검찰하라. 그리고 앞으로 邑을 세울 생각이니, 반드시 지도와 함께 별단에 자세히 적어 보고하라.…

　　울릉도는 본래 三陟營將과 越松萬戶가 돌아가면서 搜檢하던 곳인데 거의 다 소홀히 함을 면하지 못하였다. 그저 외부만 살펴보고 돌아왔기 때문에 이런 폐단이 있었다.」[72]

고 하교했다. 이를 보면, 수토제는 계속 시행되고 있었으나, 기강이 문란하여 소홀하게 형식적으로만 시행되고 있었음을 알 수 있다.

　　울릉도 검찰사 이규원은 서계와 별단을 통해 보고하기를, 울릉도에 내륙인과 일본인이 있었고, 일본인이 송도라는 표말을 세우고 벌목을 하고 있으니, 일본정부에 항의를 해야 하며, 향후 개척할 것을 건의했다. 이어 영의정 洪淳穆은 울릉도 개척에 대해 다음과 같이 주청했다.

　　「"지난번에 검찰사가 복명할 때 울릉도의 지도와 서계를 삼가 이미 보셨으리라 생각합니다. 이 섬은 바다 가운데 외딴 곳에 있는 하나의 미개척지로서, 듣자니 땅이 비옥하다고 합니다. 우선 백성들을 모집하여 개간하게 해서 5년 후에 조세를 물리면 절로 점차 취락을 이루게 될 것입니다. 그리고 兩南의 漕船들이 여기에 가서 재목을 취해다가 배를 만들도록 허락한다면 사람들이 번성하게 모여들 것이니, 이것은 지금 도모해 볼 만한 일입니다."고 하니 윤허하였다」[73]

고 하여, 울릉도의 개척이 결정되고, 이어 全錫圭를 鬱陵島長에 임명했다.

1883년 3월, 참의교섭통상사무 金玉均이 東南諸島開拓使에 임명되

---

72) 『고종실록』 고종 19년 4월 7일조.
73) 『고종실록』 고종 19년 8월 20일조.

고, 울릉도의 개척이 본격화되면서, 4월경에는 육지로부터 약 30명이 입도했는데, 7월 현재, 16호 54명이 울릉도에 거주하는 것으로 보고되었다. 그리고 9월에는 일본내무성에서 파송한 越後丸편으로 일본인 225명이 철수했다.

이어 1884년 3월에는 <統理軍國事務衙門>의 명으로 울릉도의 개척을 삼척영장이 직접 주관하도록 하고, 관직명은 '鬱陵島僉使 兼 三陟營將'으로 했다. 이어 6월에는 平海郡守도 울릉도 첨사를 겸하도록 했다. 월송포 만호가 수토관을 겸한 수토제의 전례를 따르도록 한 조치로 보인다.

이 단계에서는 조선인의 울릉도 입도가 계속적으로 이루어지고 있고, 또 개척과 개간이 상당히 진전되어 갔다. 또한 1892년 경부터는 일본인의 울릉도 잠입이 다시 시작되었다. 따라서 수토관의 의미가 별로 없지만, 1893년까지도 평해군수 조종성을 울릉도 수토관으로 파견했다. 그러나 1894년 12월, 총리대신 등의 건의로,

「"울릉도를 搜討하는 船格과 什物을 바치는 것을 영영 없애는 문제입니다. 그 섬은 지금 이미 개척되었는데 左水營에서 동쪽 바닷가 각읍에 배정하여 三陟·越松鎭에 이속하는 것은 심히 무의미한 일입니다. 수토하는 선격과 집물을 이제부터 영영 없애라고 경상도와 강원도에 분부하는 것이 좋겠습니다."라고 하니 승인하였다.」[74]

는 것을 보면, 이미 울릉도가 개척이 되었는데 경상우수영에서 수토에 필요한 물자를 바치도록 하는 것은 무의미하니, 앞으로는 영구히 폐지하자는 것이다. 이로서 1694년부터 실시되어 온 울릉도수토

---

74) 『고종실록』 고종 19년 12월 27일조.

제는 1894년 12월에 폐지되었고, 이듬해인 1895년 1월부터 월송만
호가 겸하던 島長을 없애고, 따로 주관하는 사람을 골라 임명하는 專
任島長을 두게 되었다.

1694년부터 1894년까지의 울릉도 수토 실시현황을 연구자별로
도표화하면 다음과 같다.

<수토사 일람표>75)76)77)78)79)80)

차수	김호동	배재홍	손승철	심현용	백인기	이원택
1	1694	1694	1694	1694	1694	
2	1699	1699	1699	1699	1699	
3	1702	1702	1702	1702	1702	
4	1711	1705	1705	1705	1705	
5	1735	1711	1711	1711	1711	
6	1769	1735	1735	1735	1714	
7	1794	1745	1746	1745	1719	
8	1801	1751	1765	1751	1725	
9	1804(?)	1765	1769	1765	1727	
10	1830(?)	1770	1772	1772	1731	
11	1846(?)	1772	1786	1776	1735	
12		1776	1794	1783	1738(?)	
13		1779	1799	1786	1741(?)	
14		1783	1801	1787	1745	
15		1786	1803	1794	1747	
16		1787	1804	1799	1749	
17		1794	1841	1801	1751	
18		1795	1882	1803	1753	
19		1797	1884	1805	1755(?)	
20		1799		1807	1757(?)	
21		1801		1809	1760	
22		1803		1811	1762	
23		1805		1813	1765	

24		1807		1819	1767	
25		1809		1823	1770	
26		1811		1829	1772	
27		1813		1831	1774	
28		1819		1841	1776	
29		1823		1843		
30		1829		1845		
31		1831		1847		
32		1841		1859		
33		1843		1866		
34		1845		1868		
35		1847		1881		
36		1859		1888		1857
37		1881				1867
38						1888
39						1889
40						1890
41						1891
42						1892
43						1893

이 표에 볼 수 있는 바와 같이, 김호동은 11차, 배재홍은 37차, 손승철은 19차, 심현용은 36차, 백인기는 28차(정조 즉위년 1776년까지)로 연구자별로 많은 차이가 있으며, 향후 보다 면밀한 연구가 필요하다.

75) 이원택, 2014,「조선후기 강원감영 울릉도 수토사료 해제 및 번역」『영토해양연구』Vol 8.

76) 백인기, 2013,「조선후기 울릉도 수토제도의 주기성과 그 의의 1」『이사부와 동해』6. 179-82쪽. 백인기는 이 논문에서 영조대까지만 분석하였다.

77) 심현용, 2013,「조선시대 울릉도 수토정책에 대한 고고학적 시·공간 검토」『영토해양연구』6. 178-9쪽. 심현용은 주39)에서 김호동, 손승철, 배재홍, 백인기의 표를 수정 보완하였다고 했다.

78) 손승철, 2011,『독도사전』249쪽.

79) 배재홍, 2011,「조선후기 울릉도 수토제 운용의 실상」『대구사학』103. 5-6쪽.

80) 김호동, 2007.『독도·울릉도의 역사』, 117-8쪽.

3) 수토군의 편성과 역할

수토군의 조직이나 편성, 역할에 관련된 사료로는 『朝鮮王朝實錄』, 『日省錄』, 장한상의 『鬱陵島事蹟』 등의 다음 6개의 사료가 참고가 된다.

① 張漢相, 『鬱陵島事蹟』(1694년 9월)

「갑술년 9월 모일, 강원도 三陟營將 張漢相은 치보 안에, 지난 9월 19일 巳時쯤, 삼척부의 남면 莊五里津 待風所에서 배를 출발시킨 연유에 대해 이미 치보한 적이 있습니다. 첨사가 別遣譯官 安愼徽와 함께 員役 여러사람과 沙格 모두 150명을 거느리고 와서, 騎船과 卜船 각 1척, 汲水船 4척에 배에 크기에 따라 나누어 타고서 같은 날 사시쯤 서풍을 타고 바다로 나갔습니다.…」

② 수토군 익사사건(1705년 6월) - 『숙종실록』

「울릉도를 수토하고 돌아올 때에 平海 등 군관 黃仁建 등 16명이 익사했는데, 임금이 휼전을 거행하라고 명하였다.」

③ 월송만호 김창윤 수토기 (1786년 6월) - 『일성록』

「27일, 오시에 4척의 배를 倭學 李裕文과 나누어 타고, 상하역관, 사공과 격군등 모두 80명이 일제히 출발하였습니다.」

④ 월송만호 한창국 수토기 (1794년 6월) - 『일성록』, 『정조실록』

「월송만호 첩정에 '4월 21일, 다행히도 순풍을 얻어서 식량과 반찬거리를 4척의 배에 나누어 싣고, 왜학 李福詳 및 상하원역과 격군 80명을 거느리고 같은 날 미시쯤에 출선하여 바다 한 가운데에 이르렀는데, 유시에 갑자기 폭풍이 일며 안개가 사방에 자욱이 끼고, 우뢰와 함께 장대비가 쏟아졌습니다」

⑤ 採蔘軍 징발의 기사.(1799년 3월) - 『정조실록』

「採蔘軍을 정해 보내는 것은 을묘년 1795년부터 시작되었다.

그리고 반드시 산골에서 생장하여 삼에 대해 잘 아는 자들을 강릉은 5명, 양양은 8명, 삼척은 10명, 평해는 4명, 울진은 3명씩 나누어 정해 보내는데, 이들은 모두 풍파에 익숙하지 않다고 핑계를 대고 간간히 빠지려는 자가 많다.

⑥ 수토제 폐지 기사 (1894년 12월) - 『고종실록』
「"울릉도를 搜討하는 船格과 什物을 바치는 것을 영영 없애는 문제입니다. 그 섬은 지금 이미 개척되었는데 左水營에서 동쪽 바닷가 각읍에 배정하여 三陟・越松鎭에 이속하는 것은 심히 무의미한 일입니다. 수토하는 선격과 집물을 이제부터 영영 없애라고 경상도와 강원도에 분부하는 것이 좋겠습니다."라고 하니 승인하였다.」

이상의 사료를 통해서 볼 때, 수토관은 삼척영장과 월송포 만호가 번갈아 했고, 수토군의 인원은 처음에는 150명이 되었으나, 1786년과 1794년 수토군이 모두 80명이었던 것으로 보아, 80명선으로 조정되었으며, 반드시 왜학 역관을 동행했다. 이것은 만일의 경우 일본인과의 조우에 대비한 것으로 보인다. 그리고 원역・격군등 인원구성과 필요한 집물은 강릉 양양 삼척 평해 울진 등 동해안에 접한 고을에서 차출했던 것으로 보이며, 강원감사가 주관했고, 개항기에는 경상우수영에서도 관계한 것으로 파악된다.

수토군의 역할에 관해서 보면, 왜인탐색, 지세파악, 토산물진상, 인삼채취 등을 꼽을 수 있다 . 1438년 울릉거민이 교형을 당한 이후, 조선후기에 들어서도 조선인의 울릉도 거주는 없었던 것으로 보인다. 수토기록 가운데 거민쇄출의 사례는 찾아 볼 수 없다. 따라서 왜인탐색과 지세파악이 가장 중요한 임무였다고 파악된다.

장한상의 복명기사는 주로 왜인이 다녀간 흔적에 관한 내용과 울릉도의 산천과 도리의 지도였으며, 왜인으로 하여금 그곳이 우리나라 땅임을 알도록 하는 데 있었다고 했다.

> 「당초 갑술년(1694) 무신 張漢相을 파견하여 울릉도의 지세를 살펴보게 하고, 왜인으로 하여금 그 곳이 우리 나라의 땅임을 알도록 하였다. 그리고 이내 2년 간격으로 邊將을 보내어 수토하기로 했는데, …」[81]

그런데 1699년 전회일과 1702년 이준명의 복명내용에는 울릉도의 지형·지세에 관한 내용과 함께 울릉도의 토산물의 진상에 관한 기사가 등장한다.

> 전회일 : 「본도의 地形을 올리고 겸하여 그곳의 토산인 皇竹·
> 香木·土石 등 수종의 물품」
> 이준명 : 「圖形과 紫檀香·靑竹·石間朱·魚皮 등의 물건」
> 김창윤 : 「可支魚皮·篁竹·紫檀香·石間朱·圖形」
> 한창국 : 「可支魚皮·篁竹·紫檀香·石間朱·圖形」

可支魚는 흔히 바다사자·바다표범·물개·강치로 불려지며,[82] 篁竹은 누런대나무로 단소의 재료로 많이 사용되는데, 烏竹보다 단단하고 무거운 소리를 낸다하여 선호한다. 紫檀香은 우리나라의 해안지방, 섬지방에 자생하는 상록성 침엽교목으로 나무껍질은 암갈색이

고 비늘모양이며 송곳모양의 잎은 오린가지에 난다. 생약으로는 사용하며 자단향이라 한다.[83] 또 향기가 좋아 향료로도 널리 사용하며, 지금도 울릉도 향나무는 천연기념물로 지정되어 있다. 石間朱는 石間砾인데, 산수화와 인물화의 살빛을 나타낼 때 사용하는 회화의 彩料이다. 천연산 석간주는 붉은 酸化鐵을 많이 포함한 赤茶色의 붉은 흙으로, 石灰岩·혈암(頁岩) 등이 분해된 곳에서 난다. 따라서 이러한 울릉도의 특산물은 육지 물품과는 달리 귀하게 여겨졌고, 왕실에서도 선호했던 물품이었음을 쉽게 짐작할 수 있겠다.

한편 토산물의 진상과는 달리, 1795년부터는 별도로 인삼채취의 임무가 부과되었다. 울릉도에서의 인삼채취에 관해서는 1769년 12월부터 기록에 나오며 허가없이 인삼을 채취한 강원감사를 파직한다던지, 인삼채취를 금하고 있다. 1799년 3월, 『정조실록』에 의하면,

> 「강릉등 다섯고을의 첩보에 의하면, "採蔘軍을 정해 보내는 것은 을묘년(1795)부터 시작되었다. 그리고 반드시 산골에서 생장하여 삼에 대해 잘 아는 자들을 강릉은 5명, 양양은 8명, 삼척은 10명, 평해는 4명, 울진은 3명씩 나누어 정해 보내는데, 이들은 모두 풍파에 익숙하지 않다고 핑계를 대고 간간히 빠지려는 자가 많다. 그러므로 채삼군을 가려뽑는 담당관이 중간에서 조종하며 뇌물을 요구하고 있다.」[84]

고 했다. 이 내용으로 보면, 수토군의 역할 중 채삼은 중요한 임무 중의 하나였고, 그 부담을 집물이나 격군의 차출과 마찬가지로 삼척을 포함한 인근 다섯 고을에서 충당했으며, 이를 피하려고 뇌물이

---

83) 성분으로는 심부에 정유로 알파-피넨, 리모넨, 세드롤등이 함유되어 있다. 약효로는 세드롤이 향료 보류제로 심재는 고혈압, 토사곽란에 사용한다.
84) 『정조실록』 정조 23년 3월 병자조.

오고 가는 등 민폐가 심했던 모양이다.

4. 울릉도의 수토현황

1) 수토군의 규모와 울릉도 항해

『울릉도』[85]와『울릉도사적』[86]에 기록된 수토군의 규모와 삼척에
서 울릉도까지의 항해일정은 다음과 같다.

　　　<울릉도>의 군관 최세철 항해
　　　"'제가 분부대로 지난 달 16일에 배에 올랐는데 두 척에 沙格
　을 갖추어 태우고 營下에서 바람을 기다리다가, 18일에는 本鎭
　앞 바다로 80리쯤 나아가 莊五里津 어귀에서 하루를 머물렀습니
　다. 그런 뒤 20일 酉時 쯤 다행히 순풍을 만나 두 척의 배에 돛
　을 동시에 달고 바다로 나아가 밤새 배를 몰았더니 다음날 해가
　뜨기 전에 하나의 섬 모양이 구름 사이로 완연히 보이는 것이었
　습니다.
　　　해가 뜬 뒤엔 물안개가 아득하여 섬의 형체를 볼 수 없었는
　데, 동쪽 방향으로 항해하다가 酉時 쯤 큰 파도가 배를 흔들어
　대는 바람에 거의 10여 리를 나아가지 못하였습니다. 이는 아마
　수지(水旨: 물마루)가 있어서 그런가 보다 생각하였습니다. 戌時
　쯤에 또다시 허공을 때리는 사나운 파도를 만났는데 이것도 물
　마루의 한줄기였습니다.
　　　또 하루를 보내고 22일 卯時 쯤에 하나의 커다란 산이 눈앞

---

85) 『울릉도』는 서계 박세당이 傳聞을 기록한 것으로 '신증여지승람의 울릉도 인용' '승려로부터의 傳
聞' '장한상군관의 예비조사' '장한상의 치보'로 구성되어 있다.

86) 『울릉도사적』은 장한상이 치보한 내용을 그의 외손이 옮겨 적은 내용이다. 『울릉도사적』은 1977년
국사편찬위원회에서 발굴되었고, 『울릉도』는 2001년 장서각에 기증됨으로 세 간에 알려졌고, 2007
년 유미림(한국해양수산개발원)에 의해 처음으로 완역이 되고 내용분석이 이루어졌으며, 이 연구를
통해 우산도가 독도라는 사실이 구체적으로 논증되었다. 이 글도 유미림의 성과를 바탕으로 작성되
었음을 밝힌다.(『「울릉도」와 「울릉도 사적」 역주 및 관련 기록의 비교연구』, 2007, 한국해양수산
개발원

에 보였는데 頃刻이면 도달할 수 있을 것으로 생각하였습니다. 그러나 풍랑이 너무 거세 돛대가 아무 소용이 없어 출입과 진퇴를 반복하는 사이에 자연히 지체되었습니다.

未時 쯤에 겨우 그 섬의 북쪽 해안에 도달할 수 있었습니다. 지세가 몹시 험해 정박할 곳을 찾기가 매우 어려웠으므로 바람이 약한 곳으로 나아가 잠시 동안 下船하였는데, 산의 바위가 우뚝 솟아 있고 아름드리나무들이 빽빽이 우거져 있어 위로는 하늘을 볼 수 없고 아래로는 발을 붙일 수가 없었습니다.'

『울릉도사적』

'첨사는 별견역관 安愼徽와 함께 員役 여러 사람 및 沙格 모두 150명을 거느리고, 배의 크기에 따라 騎船과 卜船 각 1척, 汲水船 4척에 나누어 타고서 같은 날 巳時쯤 서풍을 타고 바다로 나갔습니다. 戌時쯤 大洋 한복판에 이르렀는데, 파도의 기세가 험한 곳이 5리쯤 두어 군데 있었습니다. 이는 필시 水志(물마루)이니, 배들이 물결에 휩쓸려 일시에 흩어져 향방을 알 수가 없었습니다.

같은 달 20일 子時쯤 점차로 깊은 바다로 들어가는데, 검은 구름이 북쪽에서부터 하늘을 가리우고 번개가 번쩍이며 그 섬광이 파도 속까지 뚫고 들어가더니, 갑자기 광풍이 일면서 뒤이어 소나기가 쏟아지기 시작하였습니다. 성난 파도가 공중으로 솟구치자 타고 있던 배가 떴다 가라앉았다 하며 위험을 형상할 수 없을 정도였습니다. 배에 탄 사람들이 어쩔 줄 모르며 정신을 잃고 쓰러질 즈음 기선의 키[柁木]마저 부러져 배를 제어할 가망이 더욱 없었습니다. 간신히 櫓木을 船尾와 좌우에 똑바로 꽂아 그 힘에 의지하여 버텨보려 했지만 금세라도 전복될 것 같았습니다. 비바람이 점차 잦아들고 동이 터왔지만 섬은 북쪽에 있는데 물살은 동쪽으로 흐르고 있기에, 배 안에 있는 사람들이 이로 인해 정신을 차리고 있는 힘껏 저어 이리저리 흔들리면서 섬을 향해 갔습니다. 巳時쯤 어렵사리 섬의 남쪽 해안에 당도해 바위 모서리에 밧줄을 묶었습니다.

위의 사료에 의하면 군관 최세철은 8월 20일 酉時(오후 5시-7시)

에 삼척 장오리진[87)에서 출항하여 이튿날 새벽녘에 울릉도를 보았으나 풍랑이 거세어서 울릉도에 도착한 것은 그 이튿날, 22일 未時 (오후 1시-3시)였으므로, 거의 44시간 항해 끝에 북쪽해안에 도착하였다. 한편 장한상은 9월 19일 巳時(오전 9시-11시)에 역시 장오리진에서 출항하여 이튿날인 9월 20일 巳時에 섬의 남쪽 해안에 당도하였으므로 만 24시간 만 하루 만에 도착하였다.

물론 최세철 일행과 장한상일행의 도착지는 북쪽과 남쪽으로 차이가 있고, 울릉도 근해의 바다조건에 차이는 있지만 같은,『울릉도』의 기록에「…이미 갔다 온 사람들의 말을 들으니, 여름마다 바람이 순조로울 때 갔다 오는데 하루 낮, 하루 밤이면 도달할 수 있다고 하니, 地理志와 輿地勝覽에 '순풍이 불면 이틀 만에 도달할 수있다'는 말이 참으로 근거가 있습니다. … 이렇듯 해가 짧은 시기에는 결코 낮 동안에는 도달할 수가 없는데 밤에도 배를 몰다가 …도착할 곳을 지나치기라도 하면 표류하게 될까 염려스럽습니다.」라는 기록을 참조하면 하루낮 하루밤은 대략 하루를 의미하는 것이므로 장한상의 기록은 아주 정확하다고 볼 수 있다.

배의 규모와 인원수는 장한상의 경우는 6척에 150명이며, 최세철은 작은배 2척이라고 했으니, 인원은 대략 20명 정도가 아니었을까 추측된다.

2) 울릉도의 지형

울릉도의 지형에 관해서 보자.

---

87) 莊五里津 :『신증동국여지승람』권44, 강원도 삼척도호부에 의하면 '삼척부 남쪽 62리의 장오리포에 있는데, 동해방면의 선박이 정박하는 곳으로 척후가 있다'고 되어 있다. 현재의 삼척시 근덕면 장호리이다.

『울릉도』

「지세가 몹시 험해 정박할 곳을 찾기가 매우 어려웠으므로 바람이 약한 곳으로 나아가 잠시 동안 下船하였는데, 산의 바위가 우뚝 솟아 있고 아름드리나무들이 빽빽이 우거져 있어 위로는 하늘을 볼 수 없고 아래로는 발을 붙일 수가 없었습니다. 정박한 뒤에는 바람이 순조롭지 않아 항해하기가 어려웠습니다. 섬의 동북쪽에 작은 길이 있는데, 표석을 세워놓은 곳이 아홉 군데 있었고 서로의 거리가 100여 보쯤 되었습니다....

7~8일을 체류하는 동안에 섬을 돌면서 두루 살펴보니, 100여 리의 땅에 불과한데, 그 사이에 걸어 다닐 수 있는 평탄한 땅이 있긴 하지만 큰 나무가 삼대처럼 빽빽이 하늘을 찌르고 있어 끝내 발을 디딜 수가 없었습니다. 더러 몸을 숨겨 들어갈 만한 몇 馬場[88]의 땅도 있긴 하지만, 몇몇 人丁들이 의구심을 품고 감히 들어가지 못해 결국 산을 오르지 못하고 말았습니다.」

『울릉도사적』

「섬의 사방을 배를 타고 돌면서 살펴보니, 깎아지른 절벽이 공중에 우뚝하고 바위들이 층층이 壁立해 있는데, 간혹 돌 틈이 있기라도 하면 거기서 새나오는 물이 물줄기를 이루어 큰 가뭄에도 마르지 않을 듯하였고, 그 사이사이 작은 물줄기나 마른 계곡은 이루 다 기록할 수 없을 정도입니다.

섬 주위를 이틀 만에 다 돌아보니, 그 里數는 150~160리에 불과하고, 남쪽 해안에는 篁竹밭이 세 군데 있고, 동쪽, 서쪽, 북쪽 세 곳에도 황죽밭이 11군데 있었습니다. 그리고 동쪽으로 5리쯤 되는 곳에 작은 섬이 하나 있는데 그다지 높고 크지는 않으나 海長竹이 한 쪽에 무더기로 자라고 있었습니다.…

섬 안에는 산봉우리가 첩첩이 잇는데 산 중턱 이상은 다 돌산이고 그 아래쪽은 흙산입니다. 산세가 매우 험하고 골짜기가 깊으며, 하늘에 닿아 해를 가릴 정도의 아름드리 수목이 부지기수입니다. 몇 년째 비워둔 땅에 인적이 닿지 않아 칡덩굴이 엉

---

88) 馬場 : 5리나 10리 사이로, 대략 2-4㎞의 거리를 말하는데, 산을 오른다고 기술한 것을 보면 혹시 현재의 나리분지를 가리키는 것은 아닐까.

켜 있어 헤집고 올라가기 어려우니, 결국 인력으로 뚫고 지나갈 수 있는 길이 아닙니다.

…중봉에서 서쪽으로 바닷가까지는 30여 리, 동쪽으로는 20여 리, 남쪽으로 근40여 리, 북쪽으로는 30여 리이니, 섬을 빙 돌아 왕래하면서 사방을 바라보며 원근을 헤아려보니 이와 같았습니다.」

두 기록을 비교하면『울릉도』에서는 '산의 바위가 우뚝 솟아 있고, 아름드리 나무가 빽빽이 우거져 있고, 섬 주위는 100여리이며, 산위에 몇 마장의 평지도 있으나 두려워서 올라가보지 못했다.'고 기록되어 있고,『울릉도사적』에서는 「깎아지른 절벽과 바위들이 층층히 벽립해 있고, 돌틈에서 물이 나와 계곡을 이루고 있으며, 물이 풍부하다고 했고, 섬주위를 도는데 이틀이 걸리며 둘레가 150-160리이며, 황죽과 해장죽이 많다고 했다. 그리고 섬안의 산봉우리는 산중턱이상은 돌산이고 그 아래는 흙산이고 인적이 닿지 않는 곳이어서 인력으로 뚫고 지나갈 수가 없다고 했다. 그리고 섬의 크기는 중봉을 기준으로 할 때, 동서 50여리, 남북 70여리로 기술했다. 울릉군청 자료의 의하면 현재 둘레가 64㎞인 것을 비교하면『울릉도사적』의 150-160리는 정확한 자료임을 확인할 수 있다.

3) 울릉도의 산물

울릉도의 산물에 관해 보자.

「이른바 벌목해 둔 큰 대나무 (원문누락)가 왔다고 하기에 가져다가 살펴보니, 양남(兩南)에서 진상하는 (원문누락) 모양과 다름이 없었습니다. 그리고 이른바 죽여서 가지고 왔다는 가지어는 (원문누락) 발이 달려 있으니, 이는 海狗[물개], 班獺[점박이 물범]과 같은 종류인데 이름만 다른 것입니다. 平海, 通川 등지에 이런 종류가 많이 있다고 하니, 원래 희귀한 동물이 아닙니다. 모시풀과 미나리가 습한 저지대에 빽빽이 자라고 있다고하니, 과거에 사람들이 거주하던 터라는 것을 알 수 있습니다.」

『울릉도사적』
「이른바 수목이라는 것은 모두 冬栢, 紫檀, 側柏, 황벽(黃蘗), 금오동나무[金桐木], 엄나무[嚴木], 홰나무[槐木], 자작나무[橵木], 뽕나무[桑木], 느릅나무[楡木], 닥나무[楮], 산초나무[椒], 단풍나무[楓], 노송나무[檜木], 팽나무 [彭], 잣나무[栢] 따위인데, 그 중에서도 동백과 자단이 가장 많고, 소나무, 참나무[眞木], 개암나무 [榛], 상수리나무[橡] 등은 종내 한 그루도 없었습니다. 조류로는 까마귀와 갈매기, 동물로는 고양이와 쥐뿐이고, 이 밖에다른 날짐승과 길짐승 따위는 없었습니다. 이는 이미 사람이 살고 있지 않은데다 먹을 만한 나무열매도 없어서 그런 듯한데, 이 또한 매우 괴이합니다. 어류로는 可支魚만 있는데 연변의 돌무더기에 열 마리 혹은 백 마리씩 무리 지어 穴居하고 있으며, 큰 것은 망아지나 송아지만 하고 작은 것은 개나 돼지만 합니다. 간간이 생전복이 물속 바위에 붙어 있는데 몸체는 작고 맛이 없었습니다.」

울릉도의 대표적인 물산으로『울릉도』에는 대나무와 가지어를 기술했고, 가지어는 물개와 바다표범의 종류도 보았다. 그리고 습지대에는 모시풀과 미나리가 많이 자란다고 했다.『울릉도사적』에는 보다 구체적으로 동백나무 향나무 단풍나무 잣나무 등 여러 종류의 수옥을 나열했고, 갈매기와 고양이 쥐 등을 기술했으며 어류로는 가지어와 생전복을 특산물로 기록했다.

4) 울릉도의 집터흔적

울릉도에 사람이 살았던 흔적에 관해서 『울릉지』에는,

> 「다음날(23일) 바람이 약해진 뒤에 남쪽 해안으로 돌아서 정박하였습니다. (원문누락) 竹田 세 곳이 있었는데, 대나무를 베어 취한 흔적이 제법 있었고, 또한 몇 개의 (원문누락) 벤 것과 내버린 것들이 있었습니다. 그 중에 10여 개를 배에 실었습니다. (원문누락) 또한 큰 가마솥 [大釜] 2개와 밥 짓는 솥[食鼎] 2개가 있었는데 그 모양새가 우리나라에서 만든 것이 아니며, 배를 끄는 도르래 같은 기구도 있었는데 (원문누락) 우리나라 사람이 쓰던 것이 아닙니다.」

고 되어 있어, 인적은 확인하였지만, 우리나라 사람의 흔적은 아닌 것으로 기술하였다. 이에 반해 『울릉도사적』에는 아주 구체적인 서술이 있다. 즉,

> 「서쪽의 큰 골짜기에는 사람이 살던 터가 세 군데 있고, 북쪽의 긴 골짜기에도 사람이 살던 터가 두 군데 있으며, 동남쪽의 긴 골짜기에도 사람이 살던 터가 두 군데 있고, 서남쪽의 큰 골짜기에도 사람이 살던 터가 일곱 군데, 돌무덤이 19개가 있습니다…
> 섬 가운데에는 산봉우리들이 삐죽삐죽 서있고 골짜기와 구렁이 구불구불 감아 돌고 있어 넓게 탁 트인 곳이 없기는 하지만 그나마 개간을 할 수는 있습니다. 낮은 산의 평평한 곳에는 더러 사람이 살았던 집터와 돌무덤이 있습니다. 무덤가의 나무들은 아름드리나 되고 무너진 담장에는 돌이 쌓여 있을 뿐이니 어느 시대에 거주한 것인지 알 수 없고, 낙엽이 흙이 돼버렸을 정도이니 인적이 끊어진 지 몇 백 년인지도 알 수 없습니다.」

라고 기록되어 있는데,『울릉지』에서는 최세철의 항해 자체가 수토를 위한 사전조사였기 때문이 더 이상 적극적인 조사를 하지 않았던 것으로 보이며,『울릉도사적』에서는 최세철의 사전조사를 바탕으로 보다 구체적으로 집터와 돌무덤까지를 조사한 것으로 보인다. 돌무덤에 대한 언급은 현재 울릉군 남서고분군이나 북면 현포리의 고분군을 가리키는 것일 것이다.

5) 수토기간과 항해의 어려움

최세철의 울릉도 사전조사는 8월 20일 삼척에서 출항하여 9월 1일에 돌아왔으므로 총 10일간 거렸다. 10일중 왕복에 7일이 걸렸다고 했으니, 울릉도에는 3일간 머무른 셈이 된다. 그리고 장한상은 9월 19일에 출항하여 10월 6일에 돌아왔으므로, 항해에 총 16일간 울릉도에 머문 셈이 된다. 이들은 울릉도 조사만이 어려웠던 것이 아니라 귀항 길도 매우 힘이 들었다.『울릉도』에는,

> 「30일 丑時에 마침 동풍을 만나 다시 배를 띄워 하루 종일 무사히 항해하였습니다. 戌時 쯤에 잠깐 번개가 치더니 광풍이 비를 몰고 와 갑자기 파도가 거세졌으므로 배 한가운데서 돛대가 꺾여버렸고 후면의 板木은 부서져 나갔습니다. 배가 전복될 우환이 코앞에 닥쳤으므로 배안의 사람들이 필시 죽게 될 것으로 여겼었는데, 마침 熟麻로 만든 큰 동아줄과 鐵釘을 미리 준비했기 때문에 동아줄로 묶기도 하고 쇠못으로 고정시키기도 하여 간신히 위험한 상황을 벗어날 수 있었습니다. 그런데 이른바 '광풍'이라는 것은 본디 동풍이기 때문에 배가 나는 듯이 나아갈 수 있었습니다.
> 9월 초 1일 戌時 쯤에 다행히 돌아와 정박하였습니다. 왕복 거리를 합산하면 주야로 모두 7일이 걸렸는데 바다 가운데에는

배를 댈 만한 한 점의 작은 섬도 없었고, 이 밖에는 달리 고할 만한 일이 없습니다.」

『울릉도사적』
「이달 초 4일 未時쯤에 동풍이 이는 듯 하였습니다. 그러므로 배를 출발하여 西邊의 동구에 이르니 비가 부슬부슬 내리고 날 도 어둑해졌습니다. 그러나 10월 東風은 실로 얻기 쉽지 않은 바람이므로 이어 바다로 나아가 6척의 배가 일제히 출발하였습 니다. 子時 이전에는 횃불을 들어 서로 신호로 삼고 따라가다가 丑時 이후에는 큰 배 1척과 작은 배 2척은 앞쪽에 있고 나머지 3척은 뒤쳐졌는데, 일출 후에도 가는 방향을 알지 못하였으나 동풍은 그치지 않았습니다.
　　초 5일 亥時 끝 무렵에 곧바로 三陟浦口에 도착하였고 뒤쳐졌 던 작은 배 2척도 莊五里의 待風處로 돌아왔으며…」

라고 기록하여, 돌아 올 때는 『울릉지』에는 8월 30일 丑時(오전 1-3시)에 울릉도를 출항하여 동풍을 만나 9월 1일 戌時(오후 7-9시) 에 도착하였으므로 18시간 만에 도착했고, 『울릉도사적』에는 10월 4일 未時(오후 1-3시)에 출항하여, 5일 亥時(오후 9-11시)에 삼척에 도착하였으므로 32시간 정도 걸려서 울릉도에 갈 때보다는 시간이 적게 걸렸지만, 고생은 더 심했던 것 같다. 그래서 장한상은 『울릉도 사적』에서,

「겨울철 바람이 높이 이는 날, 험한 바다를 건너 150인이 목 숨을 보전할 수 있었던 것은 모두 나라의 陰德이므로 왕복하는 동안의 어렵고 괴로운 정상은 한두 가지가 아닐 뿐이지만 감히 세세히 진달하지 않겠습니다.
　　安愼徽는 본래 늙어 기력이 약한 사람으로 소갈병을 겪은 뒤 끝에 瘡病이 온 몸에 퍼졌는데, 배에 오른 후 20여 일 동안 濕腫 이 두 다리 사이에 번갈아 생겨나 길에 오르기 어려운 형편입니

다. 그러나 復命에는 기한이 있는지라 힘써 수레에 태워 조금씩 나아가라는 뜻으로 분부하여 보냈습니다.」

라고 끝을 맺는다. 일행의 어려움은 물론 배에 익숙하지 않았던 역관 안신휘가 고생했던 모습을 생생하게 기록하고 있다.

뿐만아니라 장한상 자신도 몹시 고생을 하였다고 수토의 괴로움을 기술하면서 다음과 같이 수토결과를 치보했다.

「이른바 可支魚는 때려잡아 가죽을 취했는데 그 가죽 대·중·소 3領과 5척 쯤 되는 황죽 4개, 자단향 2토막을 본도의 감영에 감봉하여 올려 보내 備局에 전달할 수 있도록 하였으며, 수토관의 椎木 左隻 1편과 본도의 圖形 1본 및 輿地勝覽 1권은 모두 군관으로 하여금 가져가 올려 보내도록 하였습니다.
斂使도 3일 밤낮을 시달린 나머지 정신이 혼매하여 수습할 수 없을 뿐만 아니라 도형 1본을 그려 내려 하였으나 이곳에는 畵師가 전혀 없습니다. 그러므로 부득이 일행 중 한 사람이 초본에 의거하여 여러 날을 그렸으나 끝내 畵虎에 이르러 이처럼 지체되고 말았으니, 황공함을 금할 길 없습니다. 연유를 아울러 치보합니다.」

즉 울릉도 산물인 가지어와 황죽, 자단향, 강원도 도형, 『여지승람』과 수토기록을 비변사에 보고했다. 그리고 울릉도 도형을 그리려 했지만 화원이 없어서 강원도 도형을 대신 올려 보낸 것 같다.

5. 독도확인과 왜에 대한 경계

1) 독도확인

장한상의 울릉도 수토기에는 울릉도에서 동해안의 대관령과 독도를 보았다는 다음과 같은 기록이 있다.

> 「비 개이고 구름 걷힌 날, 산에 들어가 중봉에 올라보니 남쪽
> 과 북쪽의 두 봉우리가 우뚝하게 마주하고 있었으니, 이것이 이
> 른바 三峯입니다. 서쪽으로는 구불구불한 大關嶺의 모습이 보이
> 고, 동쪽으로 바다를 바라보니 동남쪽에 섬 하나가 희미하게 있
> 는데 크기는 울릉도의 3분의 1이 안 되고, 거리는 300여 리에
> 지나지 않았습니다. 그리고 남쪽과 북쪽에는 망망대해가 펼쳐져
> 물빛과 하늘빛이 같았습니다.…
> 　섬의 산봉우리에 올라 저 나라 강역을 자세히 살펴보니, 아득
> 할 뿐 눈에 들어오는 섬이 없어 그 거리가 얼마나 되는지 모르
> 겠는데 울릉도의 지리적 형세는 아마도 저 나라와 우리나라 사
> 이에 있는 듯합니다.」

안용복은 울릉도의 중봉에서 동해안의 대관령이 보인다고 했고, 동남쪽으로 독도를 보았고, 그리고 남쪽과 북쪽에는 망망대해가 펼쳐져 있으며, 일본 강역에는 섬이 없다고 했다. 이러한 기술은 울릉도와 독도가 우리강역에 있으며, 일본의 강역에는 아무것도 보이지 않는다는 의미로 독도를 분명히 조선의 강역으로 인식했다는 의미이기도 하다.

2) 왜인 관련 흔적

앞에서 서술한 바와 같이, 장한상의 울릉도 수토는 기본적으로 안용복이 울릉도에 어업활동을 위해 갔다가 오키섬에 피랍되었다가 대마도를 경유하여 귀환한 직후에 섬의 형편을 살피기 위해 파견했던 것이다. 그래서 만약의 경우를 대비하여 왜어역관 안신휘를 대동하여 울릉도의 수토를 시행했던 것이고, 『울릉도』와 『울릉도사적』에

는 왜인관련 기술이 구체적으로 여러군데 언급되어 있다. 예를 들면,

『울릉도』
모시풀과 미나리가 습한 저지대에 빽빽이 자라고 있다고 하니, 과거에 사람들이 거주하던 터라는 것을 알 수 있습니다. 여기저기 걸려 있는 釜와 鼎은 아마도 倭人들이 가지어를 잡아와 삶아서 기름을 내다가 버리고 간 물건인 듯합니다. 또한 그것들이 녹이 슬고 이끼가 끼어 표면이 떨어져나갈 정도로 부식되었다고 하니 근년에 걸어 둔 것이 아닌 듯하며, 이로써 그들이 늘 오갔던 게 아니라는 것을 알 수 있습니다. 저의 염려가 이와 같아 황공한 마음으로 감히 진달합니다.…

동남쪽 洞口, 배가 정박한 곳에서부터 대밭에 이르는 길에는 큰 나무 껍질에 칼로 글자를 새겨놓은 흔적이 있습니다. 住兵衛, 又四郎, 彌吉 등 세 사람의 이름을 일본 글씨로 새겨놓았는데, 성과 본관이 없는 걸로 보아 일본인 가운데 신분이 낮은 자가 새겨놓은 것인 듯합니다. 또한 새겨진 흔적들이 완전히 아물어 자연스레 만들어진 듯한 모습이니 그 세월이 오래됨을 상상해 볼 수 있습니다. 그리고 부서지거나 온전한 솥단지들에는 녹이 슬고 이끼가 끼었으니, 근래에 설치한 것은 아닌 듯합니다.

또『울릉도사적』에는,
「배를 댈 곳으로는, 동쪽과 남쪽 사이 동구에 겨우 4, 5척 정도 댈 수는 있지만, 동남풍이 불면 그곳도 배를 간수해 둘 만한 곳은 못 됩니다. 이곳에 釜 3개와 鼎 2개가 있는데, 부 2개와 정 1개는 파손되었으며, 부와 정의 모양이 우리나라 양식이 아니었습니다. 鼎에는 발도 없고 뚜껑도 없으며 그 크기는 쌀 2말을 지을 수 있을 정도이고, 釜는 너비와 지름이 한 자 남짓이며 깊이는 두 자 정도로 물 5~6통을 담을 수 있는 정도입니다. 서쪽 큰 골짜기는 계곡물이 내를 이루었고 연변이 트여 있기로는 이곳이 제일입니다. 하지만 배를 대는 곳은 아닙니다. 또 쌀 한 말을 지을 수 있을 정도의 鼎 하나가 있는데, 이 역시 저들의 물건

입니다. 북쪽 포구에 있는 도르래[轆轤]도 우리나라 사람이 만
든 것이 아닙니다.」

「사방의 포구에는 표류해 온 파선된 배의 판목 조각이 도처
에 있는데 어떤 것에는 쇠로 된 못[鐵釘]이, 어떤 것에는 나무로
된 못[木釘]이 박혀 잇고 더러는 썩은 것도 있었으며, 동남쪽 해
안에 제일 많이 떠다녔습니다. 대밭 중에서는 동남쪽 산기슭의
세 곳이 가장 넓은데 어디든 겉보리 30여 石을 뿌릴 정도는 되
었습니다. 그리고 그 중 두 곳에 베어놓은 대나무가 상당히 많
았는데, 한 옆으로 베어둔 대나무가 무려 수천 竿이나 되며 그
중에는 오래 말린 것도 있고 간혹 덜 마른 것도 있었습니다. 동
남쪽 산기슭에서 골짜기를 따라 남쪽으로 가서 대밭에 이르기
까지 15리 쯤 되는 작은 길이 나 있는데, 이는 필시 대나무를
가지러 왕래하던 길일 것입니다.」

즉 『울릉도』에는 왜인들이 가지어를 잡아 기름을 삶던 솥이 있다
고 했고, 심지어는 큰 나무 껍질에 일본인들의 이름이 새겨져 있어
일본인들이 왕래하고 있음을 기술했고, 『울릉도사적』에는 가마와 솥
등이 동쪽과 남쪽 서쪽 등 여러곳에서 발견이 되는데, 모두 왜인들
이 쓰던 물건이며 북쪽 포구에서 도르레가 발견되는데 그것도 우리
나라 사람이 만든 것이 아니라고 했다. 또 사방의 포구에는 표류해
온 배들의 판목 조각이 떠다녔는데, 특히 동남쪽의 해안가에 많았고,
두어 곳에 베어 놓은 대나무가 상당히 많았는데, 한옆으로 베어 논
대나무가 수천간이나 되었으며, 대나무를 가지러 다닌 길이 나 있다
고도 했다.

6. 맺음말

　현재 한국학계에서는 언제부터인지 소위 '공도정책'이라는 용어를 통용함으로써 조선정부가 마치 섬을 포기하는 정책을 실시해왔던 것으로 편견을 갖게 하여, 울릉도와 독도가 조선의 영토가 아니었다는 결론을 유도해 갔다. 그리고 무인도였기 때문에 일본인의 울릉도 왕래도 정당했으며, 독도는 울릉도로 가기 위한 정박장으로 이용했고, 1661년의 '松島渡海免許'의 발급을 근거로 다케시마의 영유권을 확립했다고 한다. 그렇다면 1618년의 '竹島(울릉도)渡海免許' 발급은 어떻게 설명할 것인가. 도해면허를 발급했다고 그것이 영토라면 울릉도도 일본영토였다는 논리가 된다. 모두 어불성설이다.

　이글에서는 이러한 논리의 모순을 밝히기 위해, 먼저 소위 '공도정책'의 허구성을 논증했다. 물론 섬을 비워둔 것은 사실이다. 그러나 그 이유가 왜구의 약탈을 미연에 방지하기 위한 조처였고, 그 방법으로 거민을 쇄출 내지는 쇄환했지만, 그 이후 섬을 지속적으로 관리하는 정책과 제도를 시행했다. 섬을 지속적으로 관리하기 위해, 울릉도의 경우, 조선전기 1416년부터 '武陵等處按撫使'를 파견했고, 1436년부터는 '巡審敬差官'을 파견했다. 그리고 조선후기에는 안용복의 제1차 도일 직후인 1694년 9월, 장한상으로 하여금 울릉도를 搜討하게 하고, 1697년 3월, 안용복 2차 도일사건이 매듭지어지고, 일본인의 '竹島渡海禁止令'이 전해지자, 3년에 1번, 삼척영장과 월송포만호가 번갈아 가며 1894년까지 200년간 搜討制를 정례화 했다.

　수토는 흉년을 당해 정지하거나 연기하기도 했지만, 숙종, 영조, 정조대인 1700년대에는 지속적으로 실시했음을 실록의 기록을 통해 확인할 수 있다. 그러나 1800년대에 들면서 소위 세도정치에 의해

三政紊亂으로 정치기강이 해이해지면서 수토시행이 얼마나 정례적으로 실시되었는지는 수토기록이 없어 알 수가 없다. 그러나 1881년 울릉도검찰사 이규원의 복명기록에서 확인하듯이 수토제는 시행되었지만 소홀했고, 그저 외부만 살펴보고 돌아오는 정도였던 모양이다.

수토군의 규모나 편성에 관해 자세한 기록은 없지만, 대략 80명 정도로 구성했고, 반드시 倭學譯官을 대동했으며, 4척정도의 배가 출항했고, 格軍과 什物등은 삼척 인근의 강릉, 양양, 평해, 울진 등 5개 마을에서 나누어 부담했다. 또한 수토군의 임무는 무엇보다 왜인탐색과 울릉도 지세조사가 주 임무였고, 토산물의 진상이나 인삼채취의 임무도 부과되었다.

울릉도 수토제는 1881년 울릉도 검찰사 이규원의 복명이후, 울릉도 개척이 본격화되고 내륙인의 울릉도 입도와 거주가 정식으로 허용되면서, 1894년 12월, 수토제 폐지되기까지 지속되었다.

결론적으로 울릉도 수토제 실시는 조선정부가 1694년부터 1894년까지 200년간에 걸쳐 울릉도를 지속적으로 관리했음을 의미하는 확실한 증거이다. 현시점에서 울릉도 수토가 독도까지를 포괄적으로 수토했는지에 관해서는 좀 더 고증이 필요하다. 그러나 울릉도의 권역에 독도를 항상 포함시켰던 것을 생각한다면, 그리 크게 논란이 될 것으로 생각하지 않는다.

고종대 녹둔도(鹿屯島) 영유권 분쟁

부경대 신명호

1. 머리말

녹둔도(鹿屯島)는 두만강 하류 조산(造山) 부근에 있던 하천 도서(島嶼)로서 한국 역사상 한국의 고유 영토로는 『세종실록』 지리지에 처음 기록되었다. 녹둔도의 이름은 처음에는 여진의 발음을 따서 사차마(沙次亇) 또는 사차(沙次), 사혈(沙沈), 사혈마(沙沈麻, 沙沈磨) 등으로 불리다가 세종 때의 육진개척 이후에 녹둔도라고 하였다. 녹둔도의 섬 둘레는 2리(里) 정도이고 높이는 수면에서 10척 정도 작은 섬이었다. 녹둔도의 대표적인 토산물은 보리, 밀, 수수 및 각종 어류, 청백염(靑白鹽) 등이었다. 녹둔도는 1800년대 이후 강 상류의 모래가 유속(流速)에 밀려 내려와 녹둔도와 그 대안(對岸) 사이에 퇴적됨에 따라 북쪽으로 연륙(連陸)되어 갔다. 확실한 연륙 시기는 알 수 없으나, 적어도 1860년 북경조약(北京條約)의 결과로, 조선과 청나라 사이의 국경지역이었던 녹둔도가 조선, 청, 러시아 3국간의 국경지역으로 될 즈음에는 이미 연륙된 상황이었다.[89]

비록 녹둔도가 북쪽으로 연륙 되었다고는 해도, 녹둔도는 조선 초기 이래 조선의 영토로 간주되어 조선에서 관리하였다. 그러다가 조선후기 만주에 거주하던 여진족이 중국대륙으로 들어가면서 만주가 봉금(封禁) 지역으로 바뀌면서 녹둔도를 비롯한 두만강 도서에 주민의 거주가 제한되기 시작하였다. 이어서 1860년 10월 2일 청나라와

---

[89] 유영박(1991), 「녹둔도」, 『한국민족문화대백과사전』, 한국정신문화연구원.

러시아 사이에 맺어진 북경조약 결과 녹둔도는 조선과 러시아 사이에 분쟁지로 되었다. 중 러 사이에 맺어진 북경조약은 전문 15조로서 그 골자는 러시아가 연해주 지역을 차지한다는 내용이었다.

그런데 연해주는 고대 이래 한국사와 밀접한 관련이 있는 지역이었다. 이 지역의 영유권을 다투는 북경조약 체결 과정에서 청나라와 러시아는 조선 측과 상의를 하지 않았을 뿐만 아니라 협상 결과도 통보하지 않았다. 그 결과 조선은 알지도 못하는 사이에 러시아와 두만강을 경계로 국경을 마주하게 되었다.

러시아의 연해주 영유는 한국사뿐만 아니라 동아시아 역사에서도 매우 중요한 사건이었다. 조선이 러시아와 국경을 마주함으로써 이후 개항기의 근대화, 대한제국 선포, 러일전쟁, 만주와 연해주에서의 독립운동, 해방, 군정, 남북분단 등에서 러시아의 역할이 지대하게 되었다. 그러므로 근현대 한국사 및 한, 러 관계사와 당시의 동아시아 역사를 동아시아적 구도에서 파악하기 위해서는 조선과 러시아 사이의 국경 형성에 대한 검토가 필요하다. 또한 현재 벌어지고 있는 동아시아 각국 간의 국경 분쟁, 영해분쟁의 기원이 대부분 19세기 말에 출발했다는 점에서도 국경 형성에 대한 연구가 필요하다.

19세기 조선과 러시아의 국경 형성과 관련한 연구는 녹돈도 및 연해주를 중심으로 영토사,[90] 이민사[91] 등의 측면에서 이루어지기

---

90) 유영박(1976), 「녹둔도의 귀속문제」, 『학술원논문집』15
　　유영박(1977), 「녹둔도의 연륙과정과 국제분쟁의 미결유산」, 『진단학보』44
　　유영박(1978), 「녹둔도 문제위 국제화와 일본개입의 진의」, 『학술원논문집』17
　　양태진(1980), 「한로국경선상의 녹둔도」, 『한국학보』19
　　양태진(1981), 「한, 러 국경형성의 배경과 녹둔도 상실」, 『백사학보』26
　　박태근(1983), 「1860년 북경조약과 한, 러 국경의 성립」, 『영토문제연구』1, 고려대 민족문화연구소
　　유영박(1985), 「대청관계에서 본 녹둔도의 귀속문제」, 『영토문제연구』2
　　秋月望(1991), 「韓露國境の成立の朝鮮の對應」, 『국제학연구』8
91) 고승제(1971), 「연해주 이민의 사회사적 분석」, 『백사학보』111
　　고승제(1993), 「연해주 이민사 연구」, 『국사관논총』11

시작했다. 관련 연구가 진전되면서 초기에는 한국, 중국, 일본 자료를 주로 이용했으나 1990년대 이후에는 러시아 자료를 이용한 연구가 소개되거나 발표되기도 하였다.[92] 그러므로 19세기 말 조선과 러시아의 국경 형성에 관한 연구는 현재 시각이나 자료 이용에서 대단히 진척도어 있는 실정이다.

하지만 이전의 연구는 다음과 같은 문제점을 내포하는 것으로 생각된다. 먼저 조선과 러시아 사이의 국경 형성을 국가 대 국가 차원으로만 파악하여 지나치게 중앙정부의 대응과 중앙정부이 자료에 의존하였다는 점이다. 국경 형성은 물론 국가와 국가 사이의 문제이지만, 국경 형성 당시 조선 정부는 러시아와 국교를 수립하지 않은 상황이었다. 이런 상황에서 조선 정부는 러시아에 대한 외교대응에서 전통적인 외교관행을 적용하였다. 즉 조선과 일본 사이에 정착되었던 교린체제의 외교관행을 국교 수립 이전의 러시아에 적용하여 중앙정부가 아닌 지방정부 차원에서 모든 외교적, 실무적 대응을 책임지도록 하였던 것이다.

따라서 국교수립 이전의 조선과 러시아 사이의 외교적, 실무적 대응은 경흥부사가 관할하였다. 이런 면에서 당시의 조선과 러시아의 외교관계 연구에는 중앙정부의 입장과 중앙정부의 자료 못지않게

권희영(1993), 「한민족의 노령이주사 연구(1863-1917)」, 『국사관논총』41
이상근(1996), 『한인 노령이주사 연구』, 탐구당
이상근(2000), 「제정 러시아의 연해주 경영과 한인이주」, 『사학연구』60

92) 빅보리스 D(1990), 「러시아와 조선간의 경제, 외교관계의 수립」, 『동국사학』24
심비르체바 타치야나(1997), 「19세기 후반 조러간 국교 수립과정과 그 성격」, 서울대 국사학과 석사학위논문
심비르체바 타치야나(2002), 「1869-1870년간에 진행된 러시아와 조선 간의 경흥협상과 그 역사적 의의」, 『한러관계와 민족운동』, 국학자료원
박병용(2005), 「연해주를 둘러싼 한국과 러시아 영토문제-1650년에서 1990년까지」, 『북방사논총』4
심헌용(2005A), 「근대 조러 국경회정과 영토, 이주민 문제-영토주권과 역사주권을 중심으로-」, 『북방사논총』5
심헌용(2005B), 「러시아의 극동진출 전력과 국경을 둘러싼 조러 양국의 대응」, 『군사』56.

경흥에서 시행된 각종 대책 및 그와 관련된 자료가 널리 활용되어야
한다. 본 연구에서는 국교 수립 이전 조선과 러시아 사이의 국경 형
성에 대한 조선 정부의 인식과정, 경흥부사가 러시아를 상대로 시행
한 각종 대응정책과 그것의 연장선상에서 국교 수립 이후 중앙정부
에서 전개한 외교정책 등을 녹둔도를 중심으로 하는 국경과 해양영
토 분쟁이라는 측면에서 검토해 보고자 하였다.

2. 6진 개척과 녹둔도

태조 이성계는 1392년 7월 17일 개경 수창궁에서 왕위에 올랐다.
자신의 즉위가 조상님들의 음덕에 힘입었음을 천명하기 위해 태조
는 4대 조상을 왕으로 추존했다. 이에 따라 태조의 고조는 목왕, 증
조는 익왕, 조는 도왕, 부는 환왕으로 추존되었다. 태조는 신생왕조
를 창업했을 뿐만 아니라 4대 조상을 왕으로 추존했으니 당연히 조
상 묘소에 가서 인사를 드려야 했다. 하지만 4대 조상의 묘소는 함
경도의 두만강 하류에 위치한 경흥을 위시하여 원산 주변에 위치한
함흥 등에 멀리 떨어 져 있었다. 즉위 직후의 위험한 상황에서 태조
가 개경을 떠나 그 먼 곳까지 갈 수는 없었다.

태조는 자기 대신 아들을 보내기로 했다. 대상자는 정안군 이방원
이었다. 당시 정안군은 이복동생 방번, 방석과 더불어 세자 경쟁을
벌이고 있었다. 하지만 태조의 두 번째 왕비 신덕왕후 강씨는 정안
군보다는 자신의 아들 방번이나 방석을 세자로 만들고 싶어 했다.
정안군이 태조 옆에 있는 것이 불안해진 신덕왕후 강씨에게 즉위 후
의 태조가 4대 조상에게 제사를 드려야 한다는 명분은 더없이 좋은
기회였다. 그 명분을 이용해 태조 대신 정안군을 함경도에 보내고

그 틈에 세자를 확정하면 일석이조였다. 첫째로는 태조가 조상에게 제사를 드려야 한다는 명분을 충족시킬 수 있다는 점이었고, 둘째는 정안군이 개경을 비운 틈에 자기 아들을 세자로 확정할 수 있다는 점이었다.

이 결과 정안군은 1392년 8월 8일 조상 제사를 위해 함경도로 가게 되었다. 12일 후인 8월 20일에 신덕왕후 강씨의 둘째 아들 방석이 세자로 지명됨으로써 태조의 후계자 경쟁은 일단락되었다. 그 사이 정안군은 함흥을 거쳐 두만강 하류에 위치한 경흥으로 갔다. 함흥에서는 환왕, 도왕, 익왕 등의 묘소에 들러 제사를 지내고 주변 지형을 그림으로 그렸다. 아울러 묘소를 관리하기 위해 능지기 2명과 수릉호(守陵戶) 몇 호도 지정했다. 그때 정안군이 지정한 능지기와 수릉호는 국가 공무원이라기보다는 태조 이성계의 토지를 경작하는 소작인과 소작호일 가능성이 높다.

정안군은 두만강 하류에 위치한 경흥의 목왕 묘소에서도 동일하게 제사를 지내고 주변 지형을 그렸으며, 능지기와 수릉호를 지정했다. 두만강 하류에 자리한 경흥의 목왕 묘소에 능지기와 수릉호가 지정되었다는 사실은 이곳이 이제 조선왕실의 왕릉 영역임을 천명한 것이었으며, 나아가 그곳이 곧 조선의 영토임을 천명한 것이나 마찬가지였다. 함흥과 경흥에서 일을 마친 정안군은 묘소 주변을 그림으로 그려서 개경으로 돌아갔다. 분명 이 그림은 태조에게 전달되었을 것이다. 태조는 이 그림을 바탕으로 4대 조상의 묘소를 어떻게 하면 안전하게 관리할 수 있을지 고민했다.

그런데 당시 함흥은 이미 조선의 영토로 안전하게 귀속되었기에 별 문제가 없었지만 경흥은 사정이 달랐다. 두만강 하류에 자리한 경흥 주변은 여진족 천지였고 조선의 행정권이 거의 미치지 못했다.

조선건국 당시 조선의 행정권은 길주를 상한선으로 하고 있었기 때문이다. 경흥은 길주에서도 수 백 리 북쪽에 자리했기에 목왕 묘소를 안전하게 관리하기는 매우 어려운 실정이었다. 태조는 1393년(태조 2) 8월 2일에 자신의 핵심 측근 이지란을 동북면 도안무사로 삼아 함경도로 파견했다. 실록에 의하면 태조는 이지란에게 갑주(甲州)와 공주(孔州) 두 곳에 성을 쌓게 했다고 한다. 갑주는 현재의 갑산이고, 공주는 현재의 경흥으로서 이 두 곳에 성을 쌓게 했다고 하는 것은 태조가 조선의 북쪽 국경선을 강계-갑산-경흥을 잇는 선으로 확정하려 했음을 보여준다. 경흥을 북쪽 국경선으로 확정하려 한 이유는 그곳에 목왕의 묘소가 있었기 때문이었다.

한편 실록에 의하면 태조 4년(1395) 12월에 압록강 중류에 거주하던 여진족 수오적개(水吾狄介) 등이 귀순하여 왔다고 한다. 이 기사에 뒤이어 실록에서는 태조 즉위 후 압록강 유역의 상황을 "의주에서 여연(閭延)에 이르기까지의 압록강을 따라 천 리에 고을을 설치하고 수령을 두어서 압록강으로 국경을 삼았다."라고 기록하였다. 이로 보면 강계를 상한선으로 하던 압록강의 국경선은 태조 4년에 여연까지 북상했음을 알 수 있는데, 여연은 강계 북쪽에 자리하였으며 압록강의 상류에 해당했다. 이에 따라 조선의 북방 국경선은 기왕의 강계-갑산-경흥에서 새로 여연-갑산-경흥을 잇는 선으로 북상하게 되었다.

태조는 압록강 방면의 여진족이 어느 정도 안정되자 경흥 방면에 대한 방어도 강화하고자 하였다. 이에 태조는 1397년(태조 6) 12월 22일 측근 정도전을 동북면 도선순무순찰사로 삼아 함경도에 파견했다. 함경도의 행정조직을 정비하고 아울러 경흥의 목왕 묘소를 안전하게 관리할 방안을 마련하게 하기 위해서였다. 함경도에 도착한 정도전은 현지를 두루 조사한 후, 함경도의 행정조직과 목왕 묘소의 관리 방안을 마련해 보고했다. 그 때가 1398년(태조 7) 2월 3일이었다,

이 보고에 의하면 정도전은 함경도의 행정조직으로 크게 영흥도(永興道)와 길주도(吉州道)를 설치하자고 했는데, 영흥도는 안변부터 북청까지 관할하고, 길주도는 단천부터 경흥까지 관할하는 것으로 하였다. 이와 동시에 정도전은 경흥 이북에 경원부(慶源府)를 설치하고 부사 1명을 비롯하여 70여 명의 관료와 군사를 배치하자고 하였다.

정도전의 제안에서 눈에 띠는 것은 경흥의 목왕 묘소를 안전하게 관리하기 위한 방안으로 제시된 경원부이다. 경원부를 길주도에 소속시키지 않고 따로 떼어내 독립시킨 이유는 영흥의 목왕 묘소를 방어하기 위한 특수 군사기지로 만들고자 해서이다. 이는 정도전이 목왕 묘소를 안전하게 지키기 위해 고심한 결과라 할 수 있다. 아울러 경흥을 길주도의 관할 하에 둔 것 역시 길주도의 행정력과 군사력을 이용해 목왕 묘소를 안전하게 지키기 위한 방안이었다. 이렇게 보면 정도전은 경흥의 목왕 묘소를 안전하게 지키기 위해 북쪽에 특수 군사기지인 경원부를 설치하고, 남쪽에 일반 행정조직인 길주도를 설치했음을 알 수 있다. 이와 같은 정도전의 제안을 태조가 수용함으로써 1398년(태조 7) 2월 이후로 경흥의 목왕 묘소는 북쪽의 경원과 남쪽의 길주도에 의해 보호되었고, 조선의 북쪽 국경 역시 기왕의 여연-갑산-경흥에서 새로이 여연-갑산-경원으로 북상하게 되었다.

그런데 이런 상황을 여진족의 입장에서 생각해보면, 조선의 북쪽 국경선이 북상하는 만큼 생활터전이 축소될 수밖에 없는 상황이었다. 고려 말의 경우, 여진족은 철령 이북의 함경남도 지역 즉 쌍성총관부 지역까지 그들의 생활터전으로 삼고 있었다. 그런데 공민왕의 수복정책에 의해 쌍성총관부가 고려에 편입됨으로써 여진족은 함경

북도 지역으로 이동할 수밖에 없었다. 하지만 그것으로 끝이 아니었다. 태조 이성계의 활약에 의해 고려의 국경선은 점점 북상하여 마천령, 길주를 넘어 드디어는 경흥, 경원에까지 이르렀던 것이다.

원래 여진족은 부족 단위로 분열되어 만주 여기저기에 흩어져 살았다. 만지지역이 넓다 보니 조선시대 사람들은 여진족을 거주 지역에 따라 건주(建州)여진, 해서(海西)여진, 야인(野人)여진으로 구분하여 불렀다. 백두산 주변의 여진족이 건주 여진이었고, 요동 지역의 여진족이 해서 여진, 마지막으로 흑룡강 유역의 여진족이 야인 여진이었다.

이들 여진족 중에서도 건국 직후의 조선과 관련된 여진족은 백두산 주변의 건주여진이었다. 본래 건주여진은 송화강 하류에 거주하다가 고려 말 원나라의 나하추에게 밀려 목단강을 따라 남하한 여진족이었다. 그 중 한 갈래가 영고탑(寧古塔, 현재의 영안, 발해의 수도 상경), 돈화(敦化), 연길(延吉), 용정(龍井), 해란강(海蘭江)을 거쳐 두만강 하류의 회령 지역으로 이주하였다. 또 한 갈래는 목단강을 따라 계속 남하하다가 북류(北流) 송화강을 넘어 압록강 중류에 자리한 동가강(佟佳江, 고구려의 비류수, 현재 중국의 혼강) 유역으로 이주했는데, 조선시대 동가강은 파저강(婆猪江)이라고 불렀다. 파저강 유역에 정착한 여진족은 오랑캐족이라고 불렸으며, 두만강 회령 지역에 정착한 여진족은 오도리족이라고 불렸다. 백두산을 기준으로 보면 오랑캐족은 백두산 서쪽에 있어서 서여진이라고도 하였으며, 오도리족은 동쪽에 있어서 동여진이라고 불렸다.

한편 파저강 유역의 서여진 오랑캐가 태종 7년(1407, 영락제 5년) 명나라에 입조하자 영락 황제는 건주위의 설립을 허락하였다. 아울러 서여진 오랑캐 만호부의 대추장 아합출(阿哈出)을 건주위 지휘사로 임명하였다. 명나라는 이 건주위의 오랑캐를 통하여 동여진을 포함한 남만주 일대의 여진족들을 관리, 통제하고자 하였다.

두만강 회령 지역의 오도리족은 맹가첩목아(猛哥帖木兒)가 대추장이었다. 그는 조선이 개국하던 시기에 송화강 하류의 의란(依蘭) 부근에 거주하다가 영고탑, 돈화, 연길, 용정을 거쳐 두만강 하류의 회령 지역으로 이주하였다. 맹가첩목아는 조선이 건국되자 태조 이성계에게 복속하여 공물을 바쳤고, 태종 4년(1404)에 다시 입조하여 상호군에 임명되었다. 요컨대 조선건국 직후 건주여진은 파저강의 대추장 아합출을 중심으로 하는 오랑캐와 회령의 대추장 맹가첩목아를 중심으로 하는 오도리로 구분되어 있었다.

한편 조선 건국 이후, 태조 이성계의 북방경략이 본격화되자 함경도에 거주하던 여진족의 선택은 둘 중의 하나였다. 기왕에 살던 함경도 지역에 눌러 살면서 조선 백성으로 귀화하는 것이 첫 번째 선택이라면, 두 번째 선택은 조선의 국경선인 경원 너머로 이동하는 것이었다. 첫 번째 선택을 한 여진족이나 두 번째 선택을 한 여진족 모두 불만이었다. 첫 번째 선택은 세금이나 군역 등을 부담해야 했기에 불만이었다. 반면 두 번째 선택은 기왕에 살던 곳을 떠나야 할 뿐만 아니라 새로 이동한 곳에는 아합출이나 맹가첩목아 같은 대추장이 버티고 있어 불만이었다. 하지만 태조가 생존해 있었을 때, 함경도에 눌러 앉은 여진족이나 경원 너머로 이동한 여진족 모두 태조의 무위에 압도되어 제대로 불만을 표시하지 못했다. 그것은 회령의 맹가첩목아나 파저강의 아합출 역시 마찬가지였다. 하지만 태조가 세상을 떠난 후, 오랫동안 누적된 여진족의 불만이 터져 나오기 시작했다.

태조는 1408년(태종 8) 5월 24일 세상을 떠났다. 그로부터 불과 1

년여 만인 1410년(태종 8) 연초부터 회령 지역의 여진족들이 경원부를 공격하기 시작했다. 그 당시 회령 주변의 여진족에는 대추장 맹가첩목아 뿐만 아니라 함경도에서 옮겨 간 여진족 그리고 만주의 영고탑에서 새로 이주해 온 여진족 등 다양한 부류가 있었다. 특히 영고탑에서 새로 이주해온 여진족은 우디케(兀狄哈)라고 불렸고, 그들은 종성, 온성 지역은 물론 만주의 돈화와 연길 지역에도 흩어져 있었다. 특히 종성, 온성에 자리 잡은 우디케는 두만강 하류지역을 모두 차지하고자 했다. 당연히 경원과 경흥의 조선군과 충돌할 수밖에 없었다.

실록에 의하면 태종 10년(1407) 2월 3일에 우디케 출신 김문내와 갈다개 등이 오도리, 오랑캐 등과 연합하여 3백여 기마대를 동원해 경원부를 습격했다고 한다. 이 기록에서 주목되는 점은 당시 경원부 습격에 앞장 선 것은 우디케인데, 그 우디케에게 회령의 오도리족과 파저강의 오랑캐족이 동조했다는 사실이다. 그 이유가 기록에 남아 있지 않아 확인할 수는 없지만 이런 이유 때문에 동조했을 듯하다.

우선 새로 이주해온 우디케에 대한 불안감이 크게 작용했을 듯하다. 회령의 오도리족과 파저강의 오랑캐족 입장에서 보면 종성, 온성에 자리 잡은 우디케족의 향배가 초미의 관심사였을 것이 분명하다. 왜냐하면 만약 우디케족이 종성, 온성에 안착하지 못한다면 그들은 다시 이주할 것이 분명한데 파저강 쪽으로 이주한다면 그곳의 오랑캐족과 갈등을 빚을 것이 분명하고, 반대로 회령 쪽으로 이주한다면 그곳의 오도리족과 갈등을 빚을 것이기 때문이다. 그렇다고 우디케족을 공격해 북쪽으로 쫓아낼 수도 없었다. 그렇다면 우디케족을 도와 두만강 하류 지역에 정착하도록 돕는 것이 일거양득일 수 있었다.

만약 우디케족이 성공하여 두만강 하류 지역에 정착하면 그들이 조선의 북상을 막는 선봉역할을 할 것이기에 오도리족이나 오랑캐족에게 유리했다. 또한 우디케족이 실패한다면 모든 허물을 그들에게 돌릴 수 있으므로 오도리족이나 오랑캐족에게 역시 유리했다. 이런 계산에서 오도리족과 오랑캐족이 우디케족을 도와 경원부를 연합 공격했다고 이해된다.

태종 10년(1407) 2월 3일에 경원부를 공격한 여진족 연합군이 기마대 3백이라고 한 사실로 보아 우디케족 1백, 오도리족 1백, 오랑캐족 1백이 합동했을 듯하다. 반면 경원부를 방어하는 조선군은 겨우 1백 명이었다. 당시 경원부의 병마사 한흥보는 여진족의 기습을 받자 병력 1백을 거느리고 성 밖으로 출전하였다가 화살 세발을 맞고 성안으로 후퇴하였다. 그 와중에 아군 15명이 전사하였고, 말도 5필이 화살에 맞아 죽었다. 한흥보의 조선군이 후퇴하자 여진족은 주변의 조선마을을 약탈하고 돌아갔다. 설상가상 병마사 한흥보는 3일 만에 세상을 떠났고, 경원 주변의 조선 사람들은 대거 피난하여 조선 마을이 텅텅 비게 되었다.

한흥보의 패전은 경성에 주둔하던 동북면 병마도절제사 연사종을 통해 보고되었다. 태종은 이 보고에 깜짝 놀랐다. 전사가가 16명이나 되었을 뿐만 아니라 경원부가 갖고 있던 중요성 때문이었다. 경원부는 경흥의 목왕 묘소를 지키는 전방 기지인데, 그 경원부의 병마사가 전사했다는 것은 목왕 묘소가 위험하다는 뜻이나 마찬가지였다.

태종은 곧바로 3정승과 더불어 여진족 정벌을 논의하였다. 만약 보복공격을 하지 않는다면 여진족은 끊임없이 공격해 올 것이 분명했다. 그렇다고 보복공격을 하게 되면, 우디케족을 소탕하기 위해 종성과 온성은 물론 두만강 너머의 돈화와 연길까지도 출병해야 했다. 하지만 두만강 너머의 출병은 명나라와 외교 분쟁을 불러올 소지가 있었다.

6년 전인 태종 4년(1404) 4월에 명나라의 영락제는 철령 이북의 함흥에서부터 북청이남 지역의 여진족 족장 11명을 소환하려 한 적이 있었다. 이유는 그곳이 원나라 때 쌍성총관부로서 원나라 영토였고, 그래서 쌍성총관부를 명나라 영토라고 생각한 홍락제가 그곳의 여진족 족장을 소환하려 했던 것이다. 그런데 철령 이북을 명나라가 차지하려고 하는 바람에 고려 말에 우왕과 최영의 요동정벌이 있었고, 이것이 위화도 회군으로 이어진 역사적 경험이 있었다. 이에 따라 영락제는 철령 이북이 명나라 영토라고 노골적으로 말하는 대신 그 지역에 거주하는 여진족만 명나라 백성으로 간주하고 소환하고자 했던 것이다. 이 조치는 다분히 태종을 시험하는 것이었다. 만약 태종이 순순히 응하면 아예 철령 이북이 명나라 영토라고 다시 주장할 수도 있었다. 반대로 태종이 강력하게 저항한다면 상황을 보아가면 처리하고자 했을 것이다.

당연히 태종은 강력하게 항의했다. 태종은 영락제에게 사신을 보내 본래 고려의 영토는 윤관이 개척한 9성에 따라 공험진 이남이라고 주장하였다. 이런 주장은 공험진 이남에 거주하는 여진족은 당연히 조선 백성이고 그래서 명나라 황제가 소환할 수 없다는 뜻이 내포되어 있었다. 이런 항의에 영락제는 자신의 소환 명령을 취소하였다.

하지만 영락제의 소환 명령이 취소되었다고 해서 공험진 이남을 고려 영토로 인정한다는 뜻은 아니었다. 단지 철령 이북의 함흥에서부터 북청이남 지역의 여진족 족장 11명을 소환하지 않음으로써 그 지역이 조선의 영토이고 그 지역의 여진족 역시 조선의 백성이라는 사실을 인정했을 뿐이었다. 그렇지만 북청 이북 지역이 명나라 영토인지 아니면 공험진 이남이 조선 영토인지에 대해서는 명확한 언급을 하지 않았다. 이는 북청 이북과 공험진 이남에 대한 영유권 문제를 확정하지 않은 것이나 마찬가지였다. 이런 상황에서 태종이 두만강을 넘어 돈화 지역까지 출정한다면 자칫 명나라와 영유권 분쟁이 불거질 가능성이 높았다. 만약 영락제가 예전 홍무제의 전철을 따라 철령 이북을 명나라 영토라 주장하고, 반면 태종은 윤관의 9성에 따라 공험진 이남을 조선 영토라고 주장한다면 타협점을 찾기가 쉽지 않았다. 그렇게 될 경우 자칫 영유권 분쟁은 전쟁으로 비화할 수도 있었다.

이런 문제를 우려한 영의정 하륜과 좌의정 성석린은 우디케 정벌에 반대였다. 반면 우의정 조영무는 찬성이었다. 이렇게 3정승의 의견이 갈리자 태종은 우의정 조영무의 의견에 따라 우디케를 정벌하기로 결정하였다. 한편 태종은 만약의 사태에 대비하기 위해 경흥에 소재한 목왕의 묘소를 후방으로 옮기는 문제를 3정승과 논의하였는데, 모두 찬성이었다. 이에 따라 목왕의 묘소는 함흥으로 옮겨지게 되었다.

뒤이어 우디케 정벌군의 규모, 지휘관 등도 확정되었다. 정벌군은 길주 찰리사 조연을 총사령관으로 하고 신유정과 김중보를 부사령관으로 하였다. 병력은 1,150명을 동원하기로 하였다. 이외에 명나라와의 영토 분쟁을 미연에 방지하기 위해 영락제에게 우디케를 정벌해야 하는 사연을 자세히 적어 보냈다.

조연의 우디케 정벌군은 1410년(태종 10) 2월 29일 길주를 출발하여 3월 6일 회령에 도착했다. 그곳에서 적정을 확인한 조연은 3월 9일 온성 지역의 우디케 근거지를 습격했다. 습격은 대성공이었다.

160여 명을 참수하고 수십여 명을 포로로 잡았으며 집을 모조리 불 살랐다. 이 정벌로 우디케는 크게 타격을 받았다. 하지만 우디케가 완벽하게 소탕된 것은 아니었다. 두만강 너머 연길, 돈화의 우디케 는 온존했고 그들이 더 큰 분쟁을 일으켰다.

조연의 우디케 정벌은 살아남은 우디케족을 이판사판으로 만들었 을 뿐만 아니라 오도리족과 오랑캐족도 크게 동요하게 만들었다. 조 연의 정벌군에게 참수당한 160명은 살아남은 우디케족의 형제들이 었고, 그 형제의 복수를 하겠다고 우디케족은 목숨 내걸고 경원부를 공격하곤 했다. 오도리족과 오랑캐족 역시 우디케족과 혼인관계가 많았기에 참수된 160명과 직간접으로 관계가 있었다. 이런 원한뿐 만 아니라 조선 정벌군이 우디케족에 뒤이어 자신들을 정벌할지도 모른다는 공포심에 오도리족과 오랑캐족은 우디케족과 합세하여 경 원부를 공격했다. 그들의 목표는 궁극적으로 두만강 하류 지역을 모 조리 장악하는 것이었다.

우디케, 오도리 그리고 오랑캐의 연합군은 4월 초부터 줄기차게 경원부를 공격했다. 여진족과 경원부 조선군 사이의 최대 격전은 4 월 13일에 있었다. 이틀 전인 4월 11일에 여진 기마병 30여 기가 경 원부 주변의 아오지에 나타났다. 뒤이어 4월 12일에는 여진병력 50 여 명이 여화산(汝火山) 꼭대기에 올라가 경원부 성안을 내려다보며 돌아가지 않았다. 이에 4월 13일 새벽에 도천호 안을귀가 기병 50기 를 거느리고 출동하여 적정을 탐색했다. 오후 4시쯤 여진족 기마병 수십 기가 아오지동에 나타났다가 사라졌다는 첩보가 들어왔다. 이 를 소탕하기 위해 병마사 곽승우가 기마병 수백 기를 거느리고 아오 지동으로 출동했다. 그런데 여진족 기마병 두어 기가 갑자기 나타나 도발하다가 도망했다. 곽승우가 이를 뒤쫓아 아오지에 들어가자 갑자기 수백 명의 매복병이 나타나 공격했다. 기습을 당한 곽승우 군대는 크게 패했다. 전사자가 73명, 부상자가 52명이며, 곽승우 또한 화살에 맞았다. 중상을 입은 곽승우는 살아남은 30여 기와 더불어 간신히 성안으로 퇴각했다. 여진족은 주변의 조선 마을을 약탈해 29명을 죽이고 12명을 포로로 잡아 돌아갔다.

이 패전이 태종에게 보고된 때는 4월 18일이었다. 태종과 조정중신들은 경원부 방어대책과 목왕 묘소의 관리대책을 논의했다. 하지만 뾰족한 대책이 없었다. 당시 경원부를 공격한 여진 병력은 1천명 내외로 추산되었다. 이 숫자는 우디케의 생존자에 더하여 오도리족과 오랑캐족의 병력이 합쳐진 숫자라고 할 수 있다. 경원부에서 이들 1천명을 방어하려면 최소 1천명을 주둔시켜야 했다. 여기에 더하여 주변의 조선 마을을 안전하게 보호하려면 몇 천의 병력이 더 필요했다. 지금까지 경원부에 수백의 병력을 주둔시켰는데, 그 10배 이상을 주둔시켜야 한다는 계산이었다.

게다가 더 심각한 문제는 우디케족과 오도리족, 오랑캐족을 섬멸하기가 쉽지 않다는 사실이었다. 생존한 우디케족은 두만강 너머 돈화 주변의 깊은 산속으로 숨어들었고, 오도리족과 오랑캐족 역시 만약에 사태에 대비해 산속으로 피신했기 때문이다. 그들을 모조리 섬멸하려면 산속으로 쳐들어가야 하는데, 그들은 여차하면 만주의 영고탑이나 송화강으로 도주할 수 있었다. 그들을 추격하여 영고탑이나 송화강까지 가면 그들은 더 깊이 들어갈 것이 분명했고, 그러면 더 이상 추격할 수 없었다.

당시 조선에서 이렇게 막대한 군사비용을 들여 경원부를 방어하는 이유는 영토보다는 목왕 묘소 때문이었다. 그 묘소 때문에 여진족과 끊임없는 전쟁을 치르며 막대한 전쟁비용을 치러야 하는지에 대하여 반대 의견이 적지 않았다. 결국 태종은 경원부를 경성으로 옮기고, 목왕 묘소는 함흥으로 옮기게 함으로써 여진족과의 전쟁을 마무리하고자 했다. 태종 10년(1410) 5월에 경원부와 경흥의 조선 병사와 백성들은 모두 경성 북쪽으로 이동해 왔다. 두만강 유역을 모두 포기한 셈이었다.

이에 따라 조선의 북방 국경선은 기왕의 여연-갑산-경원에서 여연 -갑산-경성을 잇는 선으로 크게 후퇴했다. 두만강 하류지역을 차지한 우디케족과 오도리족은 한 동안 도발하지 않았다. 이렇게 조선과 동여진 사이에 한동안 평화가 지속되었다.

그런데 태조와 태종 연간 회령 지역에 거주하던 동여진의 맹가첩목아는 태종 10년(1410) 4월에 경원을 노략질하고는 다음해 4월 요동의 심양 지역으로 이주하였다. 보복공격을 당할까 두려웠기 때문이었다. 이후 10여 년간 맹가첩목아는 심양 지역에 거주하면서 명나라 황제에게 충성을 바쳤다. 명나라 황제는 그런 맹가첩목아를 건주좌위의 도지휘사로 임명하였고, 맹가첩목아는 독자적인 세력을 형성하게 되었다.

그러던 중 맹가첩목아는 명나라 황제의 몽고 정벌에 참전했다가 몽고군의 보복 공격을 받게 되었다. 불안해진 맹가첩목아는 다시 회령으로 돌아가고 싶어 했다. 명나라 황제는 맹가첩목아의 전공을 인정하여 원하는 대로 하라고 명령하였다. 이 명령을 근거로 동맹가첩목아는 다시 회령으로 돌아왔는데, 그 때가 세종 5년(1423) 6월이었다. 명나라 황제의 명령이라는 말에 세종은 별 이견 없이 맹가첩목아를 받아들였다. 당시 맹가첩목아가 거느린 부족원의 규모는 총 6,250명이나 되었다.

그런데 문제는 맹가첩목아가 자신의 부족만 데리고 온 것이 아니라 양목탑올(楊木塔兀)의 부족과 함께 왔다는 사실이었다. 양목탑올 역시 심양 지역에 거주하던 여진의 부족장이었는데, 요동지역의 명나라 주민 수백 명을 약탈하고 회령 지역으로 도주해 왔다. 양목탑올이 거느린 부족원의 규모는 맹가첩목아의 절반 정도로서 대략 3천 정도로 추산되었다. 세종은 맹가첩목아는 회령에 거주하게 하였지만, 양목탑올은 명나라에 죄를 지은 도적이라고 하여 받아들이지 않았다. 이에 양목탑올은 두만강 너머에 거주하며 수시로 약탈을 자행하곤 했다.

한편 명나라 황제는 양목탑올이 잡아간 명나라 포로를 송환하기 위해 여러 차례 사신을 파견했다. 하지만 양목탑올은 명나라 사신이 올 때마다 먼 곳으로 도주하고 아예 만나지도 않았다. 그러자 명나라 황제는 회령의 동맹가첩목아를 이용하고자 했다. 동맹첩목아가 양목탑올과 가까운 관계이므로 그에게 압력을 가해 양목탑올로 하여금 포로를 송환하도록 만들려 했던 것이다. 이에 따라 세종 13년 (1431) 7월, 명나라 황제는 맹가첩목아에게 사신을 보내면서 조선의 도움을 요청했다. 당시 명나라 사신은 150명의 관군을 대동했는데, 세종은 함길도 군사 20명을 징발하여 명나라 사신 일행을 호송하여 회령으로 가게 하였다.

그런데 이것은 차후 심각한 영토분쟁을 불러올 소지가 다분했다. 동맹가첩목아와 양목탑올 때문이었다. 예컨대 동맹가첩목아는 여진 족이었지만 현재 조선 영토인 회령에 거주했다. 반면 관직은 명나라의 관직이었다. 만약 이번에 동맹가첩목아가 명나라 황제의 명령에 따라 양목탑올로 하여금 포로를 송환하게 한다면 그의 국적 문제가 논란될 수 있었다. 명나라 관직을 받은 동맹가첩목아가 명나라 황제의 명령을 받고 움직인다면 그는 명나라 백성이라 할 수 있기 때문이다. 그렇다면 그가 거주하는 회령 지역은 명나라 영토라고 주장할 수도 있었다.

여기에 더하여 양목탑올이 황제의 명령에 따라 포로를 송환하고 명나라에 귀순한다면 그 또한 명나라 백성으로 간주될 수 있었다. 그렇다면 양목탑올이 거주하는 는 두만강 너머 지역 역시 명나라 영토로 간주될 수 있었다. 이렇게 되면 회령 지역과 두만강 너머뿐만 아니라 현재 여진족들이 다수 거주하는 경성 이북 지역이 모두 명나라 영토로 흡수될 가능성도 없지 않았다. 그런 위험을 방지하려면 조선의 영토가 어디까지인지 분명하게 밝혀야 할뿐만 아니라 현실적인 조치도 필요했다.

세종 13년(1431) 7월 19일, 세종은 승정원에 명령을 내려 윤관의 9성을 자세하게 조사해 보고하도록 했다. 혹시라도 두만강 지역을 둘러싸고 명나라와 영토분쟁이 벌어질 경우 대비하기 위해서였다. 세종은 윤관의 9성을 근거로 두만강 지역에 대한 연고권을 주장할 작정이었던 것이다.

이와 함께 세종은 군사적인 조치도 병행하였다. 경성 이북의 청진 지역에 성을 쌓기로 결정했던 것이다. 그곳에 성을 쌓아 청진부터 경성에 이르는 지역을 조선영토로 확보할 뿐만 아니라 장차 두만강 지역으로 북상하려는 생각에서였다. 하지만 이 같은 세종의 결정에 반대하는 여론도 적지 않았다. 자칫 이 조치가 동맹가첩목아와 양목탑올을 자극할 수 있다고 우려했기 때문이었다. 예컨대 회령에 거주하는 동맹가첩목아의 입장에서는 조선이 청진에 성을 쌓는 것은 장차 경원과 경흥을 회복하려는 조치로 이해할 수 있고, 그렇다면 그것을 저지하기 위해 선제공격을 가할 가능성이 농후했다.

두만강 너머의 양목탑올 역시 장차 조선이 자신을 토벌할 지도 모른다는 생각에서 동맹가첩목아와 합세하여 선제공격을 감행할 수 있었다. 동맹가첩목아와 양목탑올이 합세하면 인구가 1만 내외이므로 수천 명의 기마병을 동원할 수 있었다. 그 정도의 기마병을 막으려면 큰 전쟁을 각오해야 했다. 전쟁을 방지하려면 양목탑올의 근거지를 소탕해야 했는데, 그는 여차하면 목단강을 지나 저 멀리 송화강까지도 도주할 수 있었다. 그곳까지 추격하여 소탕한다는 것은 사실상 불가능한 일이었다. 따라서 반대하는 쪽의 관료들은 쓸데없이 청진에 성을 쌓아 동맹가첩목아와 양목탑올을 자극하지 말고, 경성을 굳건히 지키는 것이 상책이라고 주장하였던 것이다. 이에 따라 성을 쌓을지 여부를 놓고 갑론을박이 끊이지 않았다.

논쟁이 지속되자 세종은 자신이 가장 신임하는 영의정 황희를 직접 현장으로 파견해 상황을 확인하도록 했다. 청진 지역에 실제 성을 쌓을 수 있는지, 쌓는다면 어느 곳에 쌓아야 하는지 직접 현장을 확인하게 한 후에 결정하기 위해서였다. 영의정 황희 정도 되는 중량급 인사가 직접 확인하고 내는 의견이라면 다른 관료들도 수긍할 것이라 예상되기에 굳이 황희를 파견하였던 것이다.

황희는 세종 14년(1432) 3월 6일 함경도로 파견되었다. 그때 세종은 "내 마음으로는 경원을 청진 지역에 옮겨 큰 진을 만들고, 유능한 장수로 하여금 굳게 지키게 하며 백성들을 분산, 배치하여 농사를 짓게 하려 한다."고 파견 목적을 설명하면서 "내가 눈으로 볼 수 없으니 멀리서 헤아리기가 어렵다. 경을 보내어 살펴서 가부를 정한 뒤에 결단을 내리고자 한다."는 당부의 말을 전했다.

현장을 확인한 황희는 1432년 4월 12일 세종에게 보고서를 올렸는데, 청진 지역은 여진족이 오가는 요로이자 방어상의 요충지이므로 아예 현재 경성에 옮겨져 있는 경원부를 청진 지역으로 옮기고

성도 쌓자는 의견을 제시했다. 이것은 청진 지역에 성만 쌓으려 했던 세종의 생각보다 한 단계 진전한 것이었다. 왜냐하면 황희의 의견은 경원부를 청진 지역에 전진배치하자는 것으로, 이렇게 되면 언젠가 경원부를 원래의 경원부로 되돌리려는 사전포석이 되기 때문이었다. 사실 황희를 함경도에 파견한 세종의 본래 의도가 바로 이것이었다.

황희의 제안에 조정 관료들의 반응은 가지각색이었다. 이참에 아예 원래의 경원 지역으로 옮겨서 경원부를 복구하자는 의견부터 황희의 제안대로 청진으로 옮기자는 의견, 또 그냥 현재대로 있자고 하는 의견 등 다양했다. 의견 통일이 이루어지지 않자 세종은 병조로 하여금 논의하도록 했다. 병조에서는 여러 논의를 종합해 현재의 부령 지역에 영북진(寧北鎭)을 설치하자고 제안하였다. 이유는 크게 두 가지였다.

첫째는 청진에 성을 쌓는 문제에 대하여 조정 관료들의 의견은 크게 기왕의 두만강 유역으로 복구하자는 의견부터 현재의 경성에 그대로 두자는 의견으로 갈렸는데, 부령은 두만강 유역과 경성의 중간쯤에 해당하여 양측의 의견을 절충할 수 있다는 강점이 있었다.

둘째는 부령 지역의 군사적 중요성이었다. 당시 양목탑올은 현재 연변의 화룡(和龍) 지역에 머물러 있었다. 화룡에서 조선을 침략하는 길은 두만강을 넘어 무산, 부령, 경성으로 이어지는 길이 주요 통로로서 부령이 요충지였다. 이뿐만 아니라 회령에 거주하는 동맹가첩목아가 도발한다면 주요 침략로는 역시 부령, 경성이었다. 즉 당시 부령은 양목탑올이나 동맹가첩목아의 침략을 동시에 막을 수 있는 요충지 중의 요충지였던 것이다.

세종은 병조의 건의를 수용하여 부령에 영북진을 설치하기로 결정했다. 영북진에는 절제사가 배치되고 100명의 병력이 상시 주둔하기로 했다. 그때가 세종 14년(1432) 6월 14일이었다. 영북진이 설치됨에 따라 조선의 북방 경계선은 기왕의 경성에서 부령으로 크게 북상하게 되었다.

한편 동맹가첩목아는 명나라 사신이 150명의 관군에 더하여 조선군 20명까지 거느리고 회령에 와서 양목탑올이 잡아간 포로를 송환하라고 하자 적극 협조하겠다고 약속했다. 동맹가첩목아의 연락을 받은 양목탑올은 명나라 포로 중에서 82명만 내주었다. 물론 군사적 위협에 굴복한 것이었다. 명나라 사신은 우선 82명의 포로만 인솔하고 한양에 들렀다가 귀국했는데, 한양에 온 시점은 세종 13년(1431) 12월 2일이었다. 당시 양목탑올이 잡아간 명나라 포로는 200여 명이 넘었다. 그 중에서 82명이 송환되었지만 아직도 120-130여 명이 포로로 잡혀있었다. 명나라 사신은 나머지 포로도 양목탑올과 협상하여 송환하겠다는 동맹가첩목아의 약속을 받고 일단 귀국했던 것이다.

세종 15년(1433) 또다시 명나라 사신일행이 160명의 병력을 거느리고 회령에 갔다. 나머지 포로들을 송환하기 위해서였다. 8월 27일 회령에 도착한 사신 일행은 군영을 설치하고 동맹가첩목아의 도움을 받아 포로를 색출하기 시작했다 하지만 포로 색출은 쉽지 않았다. 양목탑올이 비협조적이었기 때문이다.

당시 동맹가첩목아와 양목탑올은 심각하게 의견대립을 벌였다. 동맹가첩목아는 명나라와 조선이 합세하여 포로를 색출하는 상황에서 자칫 잘못 저항하다가는 모조리 토벌당할 것이라며 적극적으로 협조해야 한다고 주장했다. 반면 양목탑올은 요동에서 어렵게 잡은 포로를 두만강까지 끌고 왔는데 그냥 내주면 너무 억울하다며 저항하야 한다고 주장했다. 양측 사이에 의견 조정이 이루어지지 않자, 동맹가첩목아는 독자적으로 포로들을 색출하고자 했다. 이에 앙심을 품은 양목탑올은 목단강 넘어 우디케족에게 가서 협조를 요청했다. 이렇게 해서 3백여 우디체 기마대를 얻은 양목탑올은 윤8월 15일 새벽에 명나라 사신 일행을 기습했다.

당시 명나라 사신일행은 날씨가 추워 풀이 마르고 말이 제대로 먹을 풀이 없자 말먹이를 찾아 마을로 이동 중이었다. 명나라 사신 일행이 기습을 당하자 동맹첩목아의 동생 범찰이 몇 명의 병력을 끌고 와 사신일행과 합세했다. 양목탑올과 명나라 사신 일행 사이에 치열한 전투가 벌어져 명나라 측에서 6명의 전사자가 발생했다. 양목탑올 쪽에서도 1명의 전사자가 나타나자 병력을 물려 후퇴했다.

명나라 사신일행과 양목탑올 사이에 전투까지 벌어지자 동맹첩목아는 확실하게 명나라 편에 서기로 했다. 그는 양목탑올의 마을을 공격하며 포로들을 색출했다. 양목탑올은 동맹첩목아를 배신자라 생각하고 복수하고자 했다. 양목탑올은 목단강 너머로 가서 다시 우디케 기마대를 규합했다. 그렇게 8백여 기마대가 규합되자 양목탑올은 10월 19일 회령의 동맹첩목아를 기습 공격했다. 양목탑올은 맹가첩목아를 비롯하여 그의 아들과 부하 등 남자는 모조리 죽이고 부녀자는 약탈한 후 두만강 너머로 사라졌다. 태조 때부터 세종 때까지 회령과 심양을 오가며 풍운을 일으키던 오도리족의 대추장 동맹첩목아는 이렇게 세상을 떠났다. 살아남은 여진족과 명나라 사신일행은 부령의 영북진으로 탈출해 도움을 요청했다.

이와 같은 보고를 받은 세종은 3정승 등 조정 중신들을 불러 사후 대책을 논의했다. 세종은 "회령은 본래 우리 영토이다. 이번에 생존한 여진족이 딴 곳으로 옮겨 가고, 다른 여진족이 회령으로 옮겨와

살게 되면, 우리의 변경을 잃어버릴 뿐만 아니라, 또 하나의 강적을 맞이하는 셈이 된다."라고 하면서 "이번 기회를 틈타 회령으로 영북진을 옮기고, 경원부도 종성으로 전진 배치하여 옛 영토를 회복하고자 하는데 어떤가?" 하고 물었다. 아울러 "두만강이 우리의 국경을 빙 둘러 싸서 흐르니, 하늘이 만든 험고(險固)로서 옛 사람이 큰 강으로 못을 삼는다고 한 뜻과 매우 합치한다. 나의 결의는 이미 섰으니, 경 등은 충분히 의논하여 보고하라."고 명령했다. 이런 언급으로 보면 세종은 두만강을 북방 국경선으로 확정하고자 결심하고 그 대책으로 회령과 종성에 군사기지를 설치하고자 했음을 알 수 있다. 세종은 이것은 이미 결심했으므로 이에 대한 가부는 논하지 말고, 회령과 종성에 설치할 군사기지에 대해 논의하라고 명령했던 것이다.

세종의 명령에 조정 중신들은 이견이 없었다. 조선이 건국된 이래 수십 년 동안 두만강 지역을 소란스럽게 하던 동여진이 내분으로 자멸한 것은 사실 하늘이 준 기회가 마찬가지였다. 그런 기회를 잡지 못한다면 두고두고 후회할 것이 분명했다. 게다가 조선에서 먼저 선수를 치지 않는다면 두만강 유역을 명나라에 뺏길 가능성도 높았다. 왜냐하면 명나라는 사신일행을 기습한 양목탑올을 토벌하겠다고 정벌군을 파견할 수도 있기 때문이었다. 그 정벌군이 두만강 유역에 와서 여진족을 소탕하고 명나라 영토라고 선포하면 조선으로서는 크게 낭패할 수밖에 없었다. 그렇게 당하지 않으려면 미리 두만강 유역을 선점할 필요가 있었던 것이다. 회령과 종성에 군사기지를 먼저 설치하자는 세종의 구상은 그래서 나온 것이었다.

세종은 조정중신과의 논의를 거쳐 부령에 있던 영북진을 회령으로 전진 배치하고, 경성에 옮겼던 경원부 역시 종성 지역에 전진 배치하기고 결정했다. 회령의 영북진과 종성의 경원부에는 각각 1천 1

백호를 사민시킴으로써 내실을 기하고자 하였다. 1천 1백호이면 각 호당 5명씩 계산해 5천명 내외가 되므로 회령과 종성은 충실한 고을로 거듭날 수 있었다. 이에 따라 조선의 북방 경계선은 기왕의 부령에서 또다시 회령-종성 지역 즉 두만강 지역을 경계로 하게 되었다.

세종은 함경도 지역의 여진족을 진압하고 새로 개척된 영토를 관할하도록 하기 위해 김종서와 이징옥을 파견했다. 영북진 절제사 이징옥은 세종 15년(1433) 11월 25일에 파견되었고, 함길도 감사 김종서는 12월 18일 파견되었다. 김종서와 이징옥은 몇 년 동안을 함길도 감사와 영북진 절제사로 재직하면 동여진 진압에 심혈을 기울였다.

먼저 기왕의 부령에 있던 목책을 무산(茂山) 지역으로 전진 배치함으로써 화룡 지역의 여진족들을 방어하고자 하였다. 아울러 무산 지역의 농토를 경작하는 조선백성들은 목책 안에 거주하게 함으로써 안전을 보장하고자 하였다. 다음으로 회령과 종성에는 석성을 축조하여 강력한 군사거점을 구축하고, 예전의 경원에 경원부를 복구하도록 하였다. 이후 두만강 유역이 안정되자 김종서는 온성과 경흥에도 군진을 설치했다. 이로써 무산, 회령, 종성, 온성, 경원, 경흥 등 두만강 유역은 완벽하게 조선의 영역 안으로 편입되었다.

한편 김종서 감사는 두만강 유역의 방어를 후방에서도 지원하기 위해 부령에 군진을 설치하였다. 이 결과 회령, 종성, 온성, 경원, 경흥에 더하여 부령까지 6진이 완성되었다. 6진의 완성은 조선의 북방 국경선이 두만강을 경계로 완성되었음을 의미하며, 여진족의 주 침략로가 완벽하게 차단되었음을 의미한다. 기왕에 여진족의 주 침략로는 용정-회령-부령-경성-길주-함흥을 잇는 길이 아니면 화룡-무산-부령-경성-길주-함흥을 잇는 길이었다. 6진의 설치는 이 길목을 완전하게 차단하는 것이었다. 만약 여진족이 용정-회령-부령-경성-길주-

함흥을 잇는 길로 침략해 오면 침략로의 길목에 자리한 회령-부령-경성-길주에서 방어할 뿐만 아니라 주변의 무산, 종성, 온성, 경원, 경흥에서도 지원받을 수 있었다. 또한 여진족이 화룡-무산-부령-경성-길주-함흥을 잇는 길로 침략해 오더라도 침략로의 길목에 자리한 무산-부령-경성-길주에서 방어하는 것은 물론 주변에 자리한 회령, 종성, 온성, 경원, 경흥에서 지원받을 수 있었던 것이다.

이렇게 조선 초기에 6진이 개척되면서 녹둔도 역시 조선의 영토로 편입되었고 군진과 둔진 등 군사적 방어체제도 마련되었다. 즉 세종 23년(1441) 1월에 진변보(鎭邊堡)를 녹둔도에 설치하였으며, 회령으로부터 경흥의 두만강이 바다에 들어가는 곳에 이르기까지 연강(沿江)에 모두 연대(煙臺)를 설치하였던 것이다.[93] 이와 더불어 거주하는 주민도 계속 늘어났으며 여진족이 녹둔도를 공격하는 일도 잦아졌다. 따라서 녹둔도 방어가 중요한 문제로 제기되었는데, 6진 개척 이래로 양반관료들은 녹둔도에 군진과 둔전을 설치해 여진족의 침략을 막는 대신 육지의 기마병을 이용하여 막고자 하였다. 예컨대 성종 17년(1486) 2월 22일에 어유소, 정문형, 오순 등 북도의 관찰사와 절도사를 지낸 사람들은 "조산의 군사와 백성들은 출입하기를 꺼려서 녹둔도에 머물러 방수하기를 원하지만, 여진인들이 수시로 출몰하고 또 홍수를 만나면 물에 떠내려갈까 두려우니, 그대로 거처하게 할 수 없습니다."라고 주장하였는데, 이는 곧 두만강 너머 여진족의 공격이 염려스럽다는 밀이나 마찬가지였다. 따라서 이들의 주장대로 한다면 녹둔도를 포기하고, 그 대신 조산에 기마병 등을 강화하여 여진족을 막을 수밖에 없었다.

---

93) 『세종실록』 권 92 23년(1441) 1월 29일조.

임진왜란 이전 두만강을 넘어온 여진족을 육지에서 방어하여 명장으로 이름난 신립 장군이나 이일 장군은 기본적으로 기마병을 이용한 전략을 사용하곤 했다. 그러므로 조선시대에는 녹둔도 둔전을 반대하고, 육지의 기병을 이용하여 여진족을 막아야 한다는 의견이 주류가 되었던 것이다. 이 결과 선조 때에 녹둔도 둔전은 폐지되었다. 이런 사정에서 임진왜란 이후에는 녹둔도가 점차 빈 주민이 거주하지 않는 빈 섬으로 변해갔다가, 19세기 들어서면서 다시 거주민들이 생겨나기 시작하였다.

3. 조, 러 국경 형성에 대한 조선 정부의 인식과정

19세기말 조선과 러시아가 국경을 접하게 된 직접적인 계기는 1860년의 북경조약이었다. 1860년 8월 8일, 청나라의 함풍제는 영국과 프랑스의 연합군에 의한 북경함락이 임박한 상황에서 열하로 몽진하였다. 8월 29일, 영국과 프랑스 연합군은 청나라의 항복을 받아 북경성에 무혈 입성하였다. 이런 중에 러시아의 중재에 따라 9월 11일에는 청나라와 영국 사이에 중, 영 북경조약이 체결디었고, 이어서 9월 12일에는 청나라와 프랑스 사이에 중, 프 북경조약이 체결되었다. 그리고 10월 2일에는 청나라와 러시아 사이에 전문 15조의 중, 러 북경조약이 체결되었다. 조선과 러시아가 국경을 접하게 된 근거는 북경조약 중에서도 제1조의 다음과 같은 내용이었다.

> "우수리 강 하구에서 남쪽으로 흥개호에 이르는 곳의 양국 간 국경선은 우수리 강과 송아찰하로 한다. 송아찰하의 水源으로수볍 양국 간의 국경선은 흥개호를 가로질러 곧바로 백릉하에 이른다. 백릉하 하구로부터는 산맥을 따라 호포도 하구에 이

른다. 다시 호포도 하구로부터는 혼춘하와 바다의 중간 령(嶺)을 따라 도문강(圖們江)口에 이른다. 양국 간의 국경선과 도문강이 만나는 지점은 해당 도문강의 하구로부터 거리가 20리를 넘지 못한다."

위에서 "호포도 하구로부터는 혼춘하와 바다의 중간 령(嶺)을 따라서 도문강구에 이른다."는 내용은 청나라와 러시아의 국경선이 혼춘하와 동해의 중간쯤에 있는 산맥을 따라 도문강구까지 이른다는 뜻이다. 청나라는 두만강을 도문강이라 하였으므로 결국 두만강을 경계로 조선과 러시아가 국경을 접하게 되었던 것이다.

조선 정부는 철종 11년(1860_ 12월 2일 비변사에서 접수한 재자관 김경수의 수본을 통하여 청나라 함풍제의 몽진, 북경 함락, 그리고 북경 조약 등 일련의 상황들을 알 수 있었다. 김경수는 청나라의 예부에 전달할 자문을 가지고 10월 1일에 북경에 도착했는데, 이후 46일 동안 북경에 머물면서 일련의 상황들을 자세하게 조사한 후 11월 17일에 북경을 출발해 귀국길에 올랐다. 그리고 12월 9일에 김경수의 보고서, 즉 수본이 비변사에 도착했던 것이다.

그런데 김경수의 수본에는 중, 러 북경조약에 대한 내용이 포함되지 않았다. 김경수가 북경을 출발한 날자가 11월 17일이고, 중 러 북경조약이 체결된 날자가 10월 2일이므로 김경수가 중 러 북경조약 자체를 몰랐을 것 같지는 않다. 계다 중, 러 북경조약이 비밀리에 진행된 것도 아니므로 김경수가 중 러 북경조약을 인식하고 조사했을 가능성은 높다. 그런데도 그의 수본에는 중, 러 북경조약에 관한 내용이 완전히 빠져있었다.

그렇게 된 이유는 크게 두 가지로 생각해볼 수 있다. 첫째는 청나라에서 중 러 북경조약에 관한 내용이 조선에 알려지는 것을 통제했을 가능성이다. 또 하나는 중 러 북경조약에서 조선과 관련된 부분은 '도문강'인데 김경수는 도문강 너머의 일은 조선과 직결되지 않는다고 판단해 무시하고 중 영 북경조약과 중 프 북경조약을 조사하는 데 집중했을 수도 잇다.

당시 청나라를 세계 제일의 강대국으로 인식하던 조선 당국자들에게 청나라가 서양 침략군에서 수도를 함락당하고 심지어 황제는 수도를 버리고 피난까지 했다는 첩보는 큰 충격이었다. 당장 청나라가 망할지 아닐지 정확한 사태 파악이 필요했다. 더불어 북경 급변 사태에 대응할 대책도 필요했다. 비변사는 철종에게 위문사신을 파견하자는 대책을 건의했다.

철종에게도 북경 급변 사태는 큰 충격이었다. 12월 10일 오전 8시쯤, 철종은 조정 중신들을 창덕궁 희정당으로 불러 급변 사태를 논의했다. 보통의 경우, 회의에서 철종은 별로 말이 없었다. 하지만 이날 철종은 많은 말들을 쏟아냈다. 먼저 철종은 이렇게 운을 떼었다. "어제 급보를 읽어 보았다. 중국의 급변 사태가 너무너무 걱정된다." 뒤이어 철종은 좌의정 조두순에게 이렇게 말하였다.

> "중국처럼 큰 나라도 적을 막지 못했다니 그 적이 얼마나 강한지 알 수 있다. 북경은 우리와 순치(脣齒) 같은 관계이다. 서양인들이 중국과 강화한 것은 교역만 하자는 것이 아니라, 삼강오륜을 없앨만한 술법으로써 천하를 오염시키고자 하려는 것이라 한다. 그렇다면 우리도 그 피해를 벗어나기 어렵다. 게다가 그들은 배로 일순간에 천리를 달리는 자들이 아닌가? 반드시 대책을 강구해야 하겠는데, 경의 뜻은 어떤가?"

좌의정 조두순은 이렇게 응답하였다. "대책은 내수(內修) 후에 외어(外禦)일 뿐입니다. 내수는 첫째 재력이고, 둘째 병력인데, 이는 하루아침에 되지 않으므로, 1-2년 시간을 갖고 서서히 추진해야 합니다. 봄가을의 군사훈련은 원래 정상인데, 우리나라 인심은 깜짝깜짝 잘 놀라므로 매년 임시로 정지했습니다. 지금은 소소한 문제로 정지할 수 없습니다. 옛 책에 이르기를 '연병적속(練兵積粟)'이라 하였으니, 지금이 바로 그럴 때입니다." 위의 대화에 나타나듯 북경 급변사태에 철종이나 조정중신들 모두가 위기의식을 느낀 것은 확실하다. 하지만 대응이 문제였다. 좌의정 조두순이 제시한 대응은 '내수외어'라는 말에 함축되어 있는데, 이는 안으로 정치를 잘하고 밖으로 외적을 막는다는 뜻이다. 원론적으로 합당한 대응이라 할 수 있지만 그 내용이 문제였다. 조두순이 제시한 내수외어는 근대적 대응이 아니라 오래 전부터 내려오던 전통적 대응이었다. 예컨대 조두순은 '봄가을의 군사훈련'을 언급했는데, 이는 전통적인 군사훈련이었다.

게다가 '내수외어'가 새삼스레 강조된 것도 아니었다. 조선의 당국자들은 청과 영국 사이에 전쟁이 벌어졌고, 그 전쟁에서 청나라가 패했다는 사실을 이미 20년 전의 아편전쟁 때부터 알고 있었다. 전쟁 소식이 있을 때마다 조선 당국자들은 사태 파악을 위한 사신을 급파했다. 그 결과 비록 청나라는 전쟁에서 패했지만 영토를 잃지 않았다는 사실 즉 청나라가 멸망하지 않았다는 사실을 알았고, 그 사실에 안도하며 전통적인 내수외어를 주장했다. 청나라가 멸망하지 않는 한 조선은 문제없다는 안도감이 당국자들 사이에 팽배했던 것이다.

이번에도 마찬가지였다. 북경 함락과 황제 몽진이라는 첩보에 비변사에서 내놓은 대책 역시 열하 문안사를 급파하자는 것이었다. 다만 이번 사태는 이전과 달리 좀 더 심각하게 여겨졌으므로 인선에

신경을 썼다. 그 결과 연암 박지원의 손자이자 실학파의 거두로 이름 높은 박규수가 열하 문안사의 부사에 선발되었다.

80여 년 전, 연암 박지원은 건륭제의 칠순 축하 사절단의 일원으로 북경과 열하에 다녀왔다. 그때 박지원은 예리한 안목으로 청나라의 현실을 직시하며 조선 양반들의 허위의식과 고집불통을 통감하였다. 박지원의 안목에 포착된 조선양반의 허위의식과 고집불통이 양반전, 허생전 등에서 풍자적으로 묘사되었는데, 연암은 이런 작품들을 모아 불후의 명작『열하일기』를 출간했다. 박지원의 손자 박규수 역시 그의 조부처럼 예리한 안목을 가진 인물로 소문났다. 만약 박규수가 열하 문안사로 다녀오면 제2의『열하일기』가 탄생할 것으로 기대되었다. 그렇다면 청나라의 실태는 물론 조선 내부의 허위의식과 고집불통이 보다 선명하게 드러남으로써 새로운 대안이 가능할 수 있었다.

철종 12년(1861) 1월 18일, 박규수는 사행 길에 올라 2월 24일 북경에 도착했다. 관행대로 예부에 도착 보고를 하고, 선물을 바친 후 열하로 문안을 가겠다고 요청했다. 하지만 함풍제는 굳이 올 필요 없다 거절하면서 수많은 비단과 보물을 선물로 주었다. 당시 청나라에 위문사신을 보낸 국가는 오직 조선뿐이었다. 그런 조선의 정성에 함풍제는 깊이 감동했지만 열하의 참혹한 모습을 보이고 싶지는 않았다. 그래서 오지 못하게 하면서 대신 많은 선물을 주었던 것이다.

북경에서 두 달 정도 정세를 살핀 박규수 등은 5월 초 출발해, 6월 19일 철종에게 귀국보고를 했다. 그때 철종은 북경의 급변 사태가 어떻게 귀결되었는지 궁금해 하였다. 열하 문안사를 대표하여 정사 조휘림이 이렇게 대답하였다.

"반란군이 창궐한지 10년이 넘었고, 간혹 정부군에게 패했어도 여전히 건재합니다. 하지만 정부군의 총독이 굳게 방어하여 반란군이 감히 약탈하지는 못합니다. 양이(洋夷)는 제멋대로 돌아다니는데, 관문에서 검문하지도 않고, 세금을 물리지도 않지만, 침략하거나 소란을 일으키는 일은 없습니다. 그래서 북경 시민들이 처음에는 의심하고 두려워했지만, 곧 익숙해져 마을과 시장 모두 예전처럼 평화롭습니다."

위에서 조휘림이 말한 반란군은 태평천국의 난민들을 지칭하는데, 그들이 더 이상 창궐하지 않고, 양이들도 소란을 일으키지 않아, 북경의 마을과 시장 모두 예전처럼 평온하다는 보고는 결국 급변 사태가 잘 수습되었다는 뜻이었고, 청나라는 망하지 않는다는 뜻이었다. 요컨대 청나라가 안전하므로 조선도 안전하다는 말이었고, 그래서 별다른 대책을 세우지 않아도 된다는 말이었다. 이런 조휘림의 보고에 박규수는 별다른 이론을 달지 않았다. 박규수의 상황인식 역시 비슷했기 때문이다. 이런 안이한 상황 인식은 그대로 철종과 조정 중신들에게 전달되었고, 조선 정부는 별다른 대책을 세우지 않았다.

이 같은 상황 인식은 보이는 것만 보고 또 보고 싶은 것만 본 결과라 할 수 있다. 당시 북경은 겉으로 과거의 평온을 되찾고 있었다. 하지만 그 같은 북경의 평온은 북경만의 평온일 뿐 그것이 조선이나 일본 등 동북아의 평온을 보장할 수는 없었다. 이제 중국은 과거의 중국처럼 동북아의 안전을 담보할 수 있는 강대국이 아니라 자기 내부의 문제도 해결하기 벅차하는 노쇠한 제국이었다.

만약 박규수를 비롯한 열하 문안사가 보다 더 예리한 안목과 문제의식을 가졌다면 그들은 현실 너머의 보이지 않는 것들을 보고 물었을 것이다. 예컨대 세계 최강이라 불리는 청나라의 중앙군이 왜 영국과 프랑스 군대에게 패하였는가? 북경 함락이라는 급변 사태를 수습한 공친왕이란 어떤 인물인가? 열하로 몽진한 함풍제의 향후 거취는 어떻게 될 것인가? 북경을 점령한 영국과 프랑스 등 서구열강은 장차 동북아에서 어떤 정책을 추진할 것이며 이에 대응하여 조선은 어떻게 해야 하는가 등등을 묻고 그에 대한 해답을 찾았을 것이다.

특히 세계 최강이라 불리는 청나라 중앙군이 왜 영국과 프랑스 군에게 패했는지에 대한 질문과 해답은 '지피지기 백전백승'이라는 병법의 기초 상식이기도 했다. 하지만 박규수 등의 열하 문안사는 이런 기본적인 질문도 하지 않았다. 아직 현실인식과 상황인식이 절박하지 않은 결과였다. 당시 박규수로 대표되는 실학자들의 현실인식과 상황인식이 이 정도였으므로 다른 양반들의 수준은 미루어 짐작할 수 있다.

동북아 역사를 통틀어 1860년의 북경 함락은 전대미문의 대사건이었다. 과거 중국의 수도를 점령했던 군대는 외국 침략군이든 국내 반란군이든 보병이나 기마병 같은 육군이었고 황인종이었다. 하지만 1860년의 침략군은 저 멀리 유럽에서 배를 타고 온 백인종이라는 점에서 전대미문이었다. 게다가 근대 무기와 근대 장비로 무장했다는 점에서도 전대미문이었다.

반면 청나라의 방어군은 기마병을 위주로 하는 전통 군대였다. 1860년의 북경 함락 때, 청나라 군은 몽고 출신의 49세 장군 승격림심(僧格林沈)이 지휘하였다. 그는 몽고와 만주에서 차출된 7천 기마대를 거느리고 태평천국 반란군을 진압하면서 당대 최고의 명장으로 떠올랐다. 당시 승격림심의 기마대는 청나라 최강이자, 동북아 최강이었다. 함풍제는 이런 승격림심이라면 영국과 프랑스 침략군을 충분히 격퇴할 것으로 믿고 북경 방어를 맡겼다.

그러자 승격림심은 두 가지 전략을 세웠다. 첫째는 영국과 프랑스 군이 아예 상륙하지 못하게 하는 작전이었다. 배를 타고 오는 영국과 프랑스 군이 북경을 함락시키려면 우선 천진 항에 상륙해야 했다. 승격림심은 천진 항 입구에 500문이나 되는 대포를 설치했다. 영국과 프랑스 함대가 천진 항 앞바다에 나타나면 대포로 격침시킬 작전이었다. 천진 항의 포대에는 약 1만 명의 병력을 분산, 배치했다.

　　둘째는 영국과 프랑스 군이 상륙한다면 그 직후 격멸한다는 작전이었다. 이를 위해 승격림심은 자신이 거느린 7천 기마대를 천진 항 포대의 뒤편에 배치했다. 이렇게 천진 항에 배치된 1만 보병과 7천 기마대가 당시 청나라 중앙군의 핵심전력이었다.

　　한편 북경 점령을 위해 영국은 1만의 병력을 동원했고 프랑스는 7천의 병력을 동원했다. 영국과 프랑스 군은 보병, 포병, 해병대 등으로 구성되었다. 영국과 프랑스 군은 약 1백여 척의 군함을 타고 광동, 상해를 거쳐 천진으로 들어왔다. 당시 청나라의 전통 수군은 영국과 프랑스의 근대 해군 앞에 무용지물이었다. 제해권을 장악한 영국과 프랑스 해군은 중국 바다를 제집 안방처럼 휩쓸고 다녔지만, 중국 수군은 속수무책이었다. 해군력에서 절대적으로 열세였기에 청나라의 승격림심은 상륙 저지 작전을 쓸 수밖에 없었다.

　　1860년 6월 15일, 영국과 프랑스 군은 기습적으로 천진 항 포대를 점령했다. 허를 찔린 승격림심은 천진에서 결전을 벌일 작정이었지만 함풍제의 만류로 퇴각하여 북경과 30리 정도 떨어진 통주에 주둔하였다. 이곳에 지원군이 도착함으로써 총 2만 7천여 병력이 집결되었는데, 이 중에 기마병이 1만 2천이었고, 보병이 1만 5천이었다. 이 2만 7천여 병력이 청나라의 최후 보루였다.

　　한편 천진 항을 점령한 영국과 프랑스 군은 서서히 북경으로 접근했다. 마침내 8월 7일 오전, 팔리교(八里橋)에서 최후의 결전이 벌어졌다. 팔리교에서 북경까지는 겨우 30리 밖에 떨어져 있지 않으므로 이곳이 최후의 방어선이었다. 팔리교 방어에 나선 2만 7천의 청나라 군대 중에서 1만 2천의 기마대는 몽고 기마대를 중심으로 하였다. 몽고 기마대는 예로부터 세계에 용맹을 떨치던 기마대였다.

반면 영국과 프랑스 병력은 각각 4천으로 합 8천명이었다. 숫자로 치면 청나라의 3분의 1도 되지 않는 병력이었지만, 이들은 근대 무기로 무장한 근대 보병이었다. 이런 면에서 팔리교에서 청나라 군대와 영국, 프랑스 군대가 결전을 벌인 것은 전통시대 최강의 군대와 근대 최강의 군대가 마주친 전투라 할 수 있다.

승격림심은 기마대의 장점을 살려 집단 돌격으로 승패를 결정지으려 했다. 과거라면 이런 작전이 통했을 것이다. 하지만 근대 무기로 무장한 군대에게는 통하지 않았다. 대포와 라이플 소총으로 무장한 영국과 프랑스 군의 집단 사격에 기마대는 추풍낙엽처럼 죽어나갔다. 몇 시간의 전투 끝에 1만 2천의 기마대 중 1만여 명이 전사하고 겨우 2천여 명만 살아남았다. 1만 보병 중에서도 2천여 명이 전사함으로써, 청나라의 병력 손실은 1만 2천에 달했다. 이로써 청나라의 중앙 군사력은 거의 소멸되고 말았다.

반면 영국군은 2명이 전사하고, 프랑스군은 3명이 전사하여 총 5명이 전사했다. 팔리교 전투는 말이 전쟁이지 일방적인 살육이었던 것이다. 이 충격으로 함풍제는 8월 8일 북경을 버리고 열하로 몽진했고, 그 뒤를 이어 8월 20일 영국과 프랑스 군이 북경을 무혈점령하기에 이르렀다. 북경은 영국과 프랑스 군에게 유린되었다. 황제의 권위를 상징하던 황실 별장 원명원은 약탈당했고, 청나라의 운명은 바람 앞의 촛불 같았다.

이 같은 급변 사태를 수습한 인물은 공친왕이었다. 당시 29살의 공친왕은 이복형 함풍제보다 2살 아래로 황족 중 가장 용맹하고 지혜로운 인물로 손꼽혔다. 『청사고』에 의하면, 공친왕과 함풍제는 어려서 함께 무술을 연마했다고 한다. 그때 공친왕은 창법(槍法) 28세와 도법(刀法) 18세를 창안하기까지 한 무술 고수였다. 공친왕의 창법과 도법을 본 도광제는 체화협력(棣華協力), 보악선위(寶鍔宣威)라는 이름을 붙여주기까지 했다. 체화협력이란 아름답게 핀 산 앵두나무 꽃처럼 형제간에 우애하며 협력하라는 뜻인데, 공친왕의 뛰어난 무술로 형 함풍제를 잘 도우라는 의미였다. 보악선위는 공친왕의 뛰어난 칼 솜씨로 천하에 무위를 떨치라는 뜻이었다.

또 어느 날인가 도광제가 아들들을 데리고 사냥할 때 공친왕은 가장 많은 짐승을 사냥했지만, 함풍제는 아예 화살 하나도 쏘지 않았다. 그 이유를 묻자 함풍제는 '차마 짐승들을 죽일 수 없었습니다.'라고 대답했다. 이런 사실로 보면 공친왕은 용맹무쌍한 유목민의 피가 흐르는 전사였다고 하겠는데, 거기에 더하여 총명한 두뇌까지 소유한 것으로 알려졌다. 반면 함풍제는 어질고 여린 마음의 소유자였다. 함풍제는 황제가 된 후, 용맹하고 총명한 공친왕을 견제했다. 그러다가 북경 함락과 열하 몽진이라는 비상사태에 어쩔 수 없이 공친왕에게 도움을 요청했다.

공친왕은 청나라의 멸망을 막기 위해 영국과 프랑스의 요구사항을 모두 수용하였다. 당시 영국과 프랑스가 북경을 무력 점령한 이유는 자유무역과 기독교 선교 그리고 외교관의 북경 상주였다. 이런 요구를 함풍제는 전례가 없다며 거절했는데, 그 갈등이 마침내 무력 충돌로 비화했던 것이다. 북경 점령 이후, 영국과 프랑스는 기왕의 요구 이외에 또 전쟁 배상금 1천 6백만 냥을 추가로 요구했다. 이런 요구를 공친왕이 이견 없이 수용한 결과 9월 26일에 영국과 프랑스 군은 북경에서 철수했다.

1860년 당시 청나라의 인구는 약 4억에 이르렀던 반면 영국과 프랑스는 각각 4천만으로 합 8천만에 불과했다. 인구로만 보면 반에 반도 안 되는 영국과 프랑스에 무참하게 패배하고 수도까지 함락 당한 중국인들의 자존심은 여지없이 깨졌다. 영국과 프랑스 군이 북경에서 철수하자, 중국인들은 왜 이런 사태가 벌어졌는지, 또 어떻게 하면 이런 사태의 재발을 막을 수 있는지 격렬하게 고민하고 토론했다.

결론은 명확했다. 함풍제와 그 측근들이 무능하고 군사력이 열악해서 이런 사태가 벌어졌고, 이런 사태를 해결한 공친왕은 유능한 사람이었다. 당연하게도 무능한 측근들을 숙청하고 군사력을 근대화해야 나라가 살 수 있다는 여론이 비등했다. 이때 무능한 측근들을 숙청한다는 것은 곧 유능한 공친왕이 그 자리를 대신해야 한다는 의미이기도 했다. 그런 면에서 측근 숙청과 군사력 근대화라는 여론은 곧 권력투쟁과 노선투쟁을 의미하기도 했다.

함풍제는 즉위 후 숙순(肅順)이라는 황족을 신임하여 중임을 맡겼다. 1860년의 열하 몽진도 이 숙순의 주도로 이루어졌다. 북경 함락과 열하 몽진에 따른 모든 비난은 자연스럽게 숙순에게 돌아갔다.

북경 사태가 일단락 된 후, 중국인들은 함풍제의 즉각적인 환궁을 요구했다. 환궁하면 북경 함락과 열하 몽진의 책임을 물어 숙순 등 측근들을 숙청하라는 여론이 들끓을 것이 분명했다. 이것이 문제였다. 북경 함락과 열하 몽진의 궁극적인 책임은 함풍제에게 있었기 때문이다. 그렇다면 환궁 후에 함풍제 자기 자신이 쫓겨날 가능성도 없지 않았다. 용맹하고 총명한 공친왕이 여론의 지지를 업고 있기에 충분히 가능한 일이었다.

이런 두려움 속에서 함풍제와 숙순 등은 환궁하지 않으려 했다. 공친왕이 열하로 오겠다고 하는 것도 막았다. 함풍제는 처음에 환궁 시기를 내년 봄으로 미루었지만 정작 새해 봄이 오고 또 여름이 지나도 환궁하지 못했다. 몸에 병이 들었던 것이다. 함풍제는 병으로 신음하다가 1861년 7월 16일 열하 산장에서 세상을 떠났다.

세상을 떠나기 하루 전, 함풍제는 겨우 6살에 불과한 동치제를 황태자로 결정하면서 숙순 등 측근 8명을 '찬양정무대신(贊襄政務大臣)'으로 삼았다. 한편 함풍제는 황후에게 '어상(御賞)'이라는 도장을 남기고, 아울러 황태자에게 '동도당(同道堂)'이라는 도장을 남겼다. 8명의 찬양정무왕대신이 결재한 공문은 어상과 동도당이 날인 된 후에 효력이 발휘되도록 했다. 어상은 공문서의 위쪽에 찍게 하였고 동도당은 아래쪽에 찍게 하였다. 8명의 찬양정무대신에게 공동 섭정을 맡기면서 동시에 황후와 황태자에게 최종 결정권을 맡긴 것이었다. 6살 밖에 되지 않은 황태자를 대신하는 섭정들의 권력을 분산하고 견제하기 위한 조치였다.

당시 함풍제의 황후는 훗날의 동태후로서 25살에 불과이었고, 동치제의 생모인 서태후는 27살이었다. 반면 찬양정무대신으로 임명된 숙순은 46살이었다. 함풍제 사후 열하에서 실제로 궁중 정치를 좌지우지한 인물은 46살의 숙순이었다.

여론의 지탄을 받는 숙순은 동치제를 방패막이로 권력을 유지하려 했다. 그러면서 북경의 공친왕을 비롯한 비판자들을 숙청하려 했다. 공친왕과 숙순 사이에 격렬한 권력 투쟁이 전개되던 중, 어사 동원순이 태후의 수렴청정을 요구하는 상소문을 올렸다. 이 상소문은 숙순에게 결정적으로 불리하게 작용했다. 수렴청정을 요구했다는 것은 결국 숙순 등의 찬양정무대신을 믿지 못하겠다는 뜻이었고, 또

동태후와 서태후가 숙순 등을 버리게 만들었기 때문이다. 양 서태후는 수렴청정을 하는 것이 훨씬 유리했기에 기꺼이 숙순을 버리고자 했다. 당연히 양 태후는 수렴청정을 찬성한 반면 숙순 등의 찬양정무대신은 반대했다. 이런 상황에서 서태후는 북경에 머물던 공친왕을 열하로 불러들여 밀약을 맺었다.

공친왕은 함풍 황제가 열하에서 승하하자 그곳으로 가서 문상하겠다고 했다. 그러자 숙순 등의 찬양정무대신은 어차피 함풍제의 장례는 북경에서 치러야 하므로 올 필요 없다고 했다. 혹시라도 공친왕이 서태후와 연결될까 두려웠기 때문이었다. 그러나 신하의 도리상 열하로 가서 문상하겠다는 공친왕의 주장이 더 설득력이 있었다. 7월 22일, 공친왕의 열하 문상이 허락되었는데, 배후에 서태후의 공작이 있었다. 서태후가 심복 환관 안덕해를 보내 공친왕을 불렀던 것이다.

서태후는 공친왕과의 회견에서 숙순 등명의 찬양정무대신이 정치를 제멋대로 한다고 성토했다. 그들은 역적이니 숙청해야 한다는 뜻이었다. 공친왕은 동의했다. 이런 사실에서 공친왕은 무술만 뛰어난 것이 아니라 정치적 야심도 대단한 인물임을 알 수 있다. 결국 숙순 등의 찬양정무대신은 서태후와 공친왕의 협공을 받고 역적으로 체포되어 처형되었다. 그때가 1861년 9월이었다. 10월 1일에 공친왕은 의정왕(議政王)이 되었고, 10월 9일에는 황태자가 자금성의 태화전에서 공식적으로 황제 즉 동치제에 즉위했다. 이어서 11월 1일부터 서태후와 동태후의 수렴청정이 시작되었다.

이처럼 청나라를 중심으로 한 동북아 국제질서가 급변하는 데도 조선의 사절단은 그런 급변을 제대로 파악하지 못했다. 이런 국제정보의 불완전으로 말미암아 조선 정부는 중, 러 북경조약에 의해 조선과 러시아가 두만강을 경계로 국경을 접하게 되는 국제환견의 변화를 초기에 감지해 내지 못했다. 뿐만 아니라 조선 정부는 중 러 북경조약의 결과를 알고 난 후에도 특별한 대책을 세우지 않았다. 그것은 다음의 사실에서 명확하게 드러난다.

중, 러 북경조약에 따라 우수리 강에서 흥개호를 거쳐 도문강에 이르는 선을 국경으로 정한 청나라와 러시아는 흥개호로부터 도문강까지의 국경선을 확정하기 위해 1861년 5월 21일에 이른바 '흥개호계약'을 체결했다. 계약이 주요 내용은 국경선을 명확히 하기 위해 우수리 강구에서부터 도문강까지 8개의 목패를 세운다는 것이었다. 이에 따라 청나라와 러시아 관리들이 목패를 세우기 시작하여 8월 1일에는 경흥 대안에 마지막 토(土)자 목패를 세우게 되었다.

그런데 청나라와 러시아 관리들이 토자 목패를 세우는 광경이 조선측에 의해 관측되었다. 이에 대하여 당시의 경흥부사였던 이석영의 첩정에 구체적으로 묘사되어 있다. 첩정에 따라 당시의 상황을 재구성해 보면 다음과 같다.

7월 30일, 경흥부사 이석영은 망덕산 봉수장 김대흥에게서 두만강 너머 숲에 말을 탄 호인(胡人)들이 나타나 천막을 친다는 보고를 받았다. 망덕산은 경흥의 북동쪽 방향 두만강가에 있는 산으로 이곳의 봉수는 북족의 다롱합 봉수와 남쪽의 남봉 봉수에 호응하였다. 보고를 받은 이석영은 직접 망덕산에 올라 두만강 건너의 상황을 하루종일 확인한 후 북병사 윤수봉에게 곧바로 첩정하였는데, 첩정한 이유를 "저 땅에 저들이 왕래하는 것은 혹 괴이할 것도 없어 일이 첩보 하기에 적당하지 않지만 여러 사람이 하루종일 보았어도 청나라 사람의 형색이 조금도 없으니 이는 아마도 이양선의 사람들인 듯합니다. … 변경을 엄중히 하고 수비를 굳게 하는 도리에서 심상하게 보아 넘길 수 없으므로 이에 사실들을 모아 첩보합니다."라고 하였다. 날이 저물자 이석영은 봉수꾼들에게 철저히 감시할 것을 당부하고 되돌아갔다.

다음날이 8월 1일, 이석영은 다시 망덕산에 올라 두만강 너머의 상황을 확인하였는데, "5명이 강가로 와서 큰 소리로 통사(通辭)가 있는지" 물었다. 이석영은 그들을 어제의 이양선 사람들이 아닌 청나라 사람이라 생각하고, "이곳에는 처음부터 통사가 없다"고 응답했다. 그러자 그 중에서 한 사람이 백지를 내보이며 "나는 훈춘 사람이니 염려 말라"고 하였다. 이석영은 강을 건너려고 해도 배가 없고 또 월경은 법으로 금지되어 오라고 할 수도 없었으므로 아무 대답도 하지 않았다. 그러자 그들은 뗏목을 만들어 한 명이 타고 강을 건너왔다. 이에 이석영이 망덕산을 내려와 병사들을 시켜 그가 상륙하지 못하도록 하자, 그는 종이 한 장을 전해 주었다. 그것은 청나라와 러시아의 국경 획정에 관한 문서였다. 이에 이석영은 그에게 관련 사실을 묻고 아울러 국경 획정에 관한 문서를 베낀 후 8월 2일에 종성의 북병영에 주둔하고 있던 북병사 윤수봉에게 첩정하였던 것이다.

북병사 윤수봉은 8월 2일 늦게 또는 8월 3일 쯤에 이석영의 첩정을 받았을 것이다. 당시 의주에서 승정원에 보고하는 장계가 도착하는 시일이 대체로 5일 이내였던 점을 감안하면 종성에서 승정원에 보고한 윤수봉의 장계는 늦어도 5-6일쯤 후인 8월 7일이나 8일쯤에는 승정원에 도착했을 것으로 이해된다.

그런데 특이한 사실은 당시의 주요 공식기록에 윤수봉의 장계가 전혀 기록되지 않았다는 점이다. 뿐만 아니라 비변사 당상관들은 윤수봉의 장계 문제를 가지고 철종에게 대책회의를 요청하지도 않았다. 『비변사등록』에 의하면 8월 5일부터 10일 사이에 비변사에서 철종에게 보고한 내용은 충청도 예사의 홍수, 경상도 안동의 가옥 압사 사건, 평안도 가산의 홍수 피해 등이었다. 철종이나 비변사 당상관들에게 윤수봉의 장계는 홍수 피해보다도 덜 긴요한 문제 또는 공식적인 논의 자체가 필요 없는 문제로 인식되었던 것이라 하겠다.

현재의 관점에서 본다면 역사상 처음으로 조선이 유럽 국가 러시아와 국경을 접하게 되었다는 사실을 확인하는 순간 조선 조정에 한바탕 소란이 있었을 것으로 예상되지만 전혀 그렇지 않았던 것이다. 당시 조선의 당국자들에게 조선과 러시아의 국경 형성은 중앙정부가 나서서까지 소란을 떨만한 일이 아니었다. 중국적 세계질서에 익숙한 조선 정부는 러시아와 근대적 외교관계를 맺겠다는 개념 자체가 없었던 것이다.

조선 정부의 당국자들은 기왕의 중국적 세계질서 체제 내에서 러시아에 대한 대응을 구상했다. 그것은 중앙정부 차원이 아닌 지방정부 차원에서 러시아와의 외교적, 실무적 업무를 책임지는 방식이었다. 이 방식은 동래부사가 일본과의 외교적, 실무적 업무를 책임지던 방식의 연장선이라고 할 수 있다. 이런 상황이었으므로 경흥부사도 러시아와의 관계에서 전혀 새로운 대응책을 구상하기보다는 기왕의 제도를 답습하고 강화할 수밖에 없었다. 그것은 결국 기왕의 변금(邊禁)을 강화하고 월경을 방지하는 것이었다.

1861년에 조선이 러시아와 두만강을 경계로 국경을 마주하게 되었을 때에도 경흥부사의 기본적인 임무는 犯越을 방지하는 것이고 달리 변한 것이 없었다. 1861년 7월 30일에 경흥부사 이석영이 두만강 너머에 러시아인들이 출몰한 것을 확인하고도 "저 당에 저들이 왕래하는 것은 혹 괴이할 것도 없어 일이 첩보하기에 적당하지 않지만"이라고 언급한 것은 외적이 두만강을 넘어 공격하려는 징후가 뚜렷하지 않는 한 두만강 너머에서 그들이 무슨 일을 하건 그것은 중앙에 보고할 가치도 없다는 인식이라고 하겠다. 이 같은 인식은 철종과 비변사 관료들도 마찬가지였을 것으로 생각된다. 이석영의 첩정이 중앙 정부의 공식기록에 수록되지도 않고 그 문제로 조정회의도 열리지 않았던 이유는 근대적 외교관계에 대한 무지뿐만 아니라 첩정의 내용이 심상하다는 판단에서였을 가능성이 크다. 북병사 윤수봉의 장계에 대하여 철종이 어떤 비답을 내렸는지는 확인되지 않는다. 기록이 없기 때문이다. 아마 철종도 비변사 당상관들과 마찬가지로 윤수봉의 장계를 심상한 내용이라고 판단하고 심상한 비답을 내렸을 가능성이 높다. 심상한 비답이란 변금을 엄히 하라는 당부였을 것이다.

그러므로 북병사 윤ㅅ후봉이나 경흥부사 이석영은 러시아와의 국경 형성이라는 상황 변화에도 획기적인 조치를 취할 수는 없었다. 단지 범월인들에 대한 처벌을 강화하고 러시아의 동태를 살피기 위한 파수 활동을 강화하는 것이 그들이 할 수 있는 전부였다. 그것은 러시아와 국경을 접한 후 빈발하는 러시아의 통상요구, 범월 사건에 대한 경흥부사의 다음과 같은 대응에서 잘 나타난다.

러시아는 두만강을 경계로 조선과 국경을 마주한 지 3년 후부터 조선의 경흥부사에게 통상을 요구하기 시작했다. 고종 1년(1864) 2월 13일 유시(酉時) 쯤, 경흥부사 윤협은 망덕산 봉수장 한창국에게서 두만강 건너편에 이양인이 나타났다는 보고를 받았다. 윤협이 병방군관 김용에게 후망(候望)을 신칙하라고 지시하던 중 저들이 얼음을 타고 강에 떠서 우리나라 사람들을 부르는 듯하다는 보고를 받았다. 윤협은 일이 변정(邊情)에 관계되므로 즉시 달려가 보니 얼음 위에 사람 5명과 말 1필이 있었는데 그쪽에서 종이를 한 장 던졌다. 내용은 통상을 논의하자는 것이었는데, 윤협은 "감사에게 보고하고"

이어 "국왕에게 장계한 후" 또는 "청나라에 통보한 후"에나 의논할 수 있는 일이고 지방관이 마음대로 써줄 수 없다고 회답하였다. 그러자 러시아인들은 그대로 돌아갔는데 윤협은 강가의 파수를 엄중히 하도록 당부하였다.

이처럼 윤협이 통상을 요구하는 러시아인들에게 "감사에게 보고하고", "국왕에게 장계한 후" "청나라에 통보한 뒤"에나 의논할 수 있다고 대답한 것이 당시 조선 정부의 공식적인 대응책이었다. 윤협이 "감사에게 보고하고"라 한 것은 경흥부사인 윤협이 함경감사에게 보고해야 한다는 의미이고, "국왕에게 장계한 후"라는 것은 함경감사가 국왕에게 보고한다는 것이며, "청나라에 보고한 후"라는 것은 조선 정부에서 청나라에 외교사절을 보내 대러시아 대응문제를 논의하겠다는 것이다. 이것은 조선이 러시아와 공식적인 외교관계를 맺지 않은 상태에서 당연한 대응이라고 할 수 있으며, 청나라를 중심으로 한 중국적 세계질서를 그대로 유지한다는 것이었다. 이 같은 조선정부의 공식입장은 조선과 러시아 사이에 국교가 수립되는 1884년까지 일관되었다.

이와 함께 조선정부에서는 특히 범월을 방지하고자 부심하였다. 예컨대 윤협은 러시아인들이 돌아가자마자 파수를 강화하였다. 또한 윤협의 첩정을 받은 함경감사 이유원은 러시아인들이 강을 건너와 통상을 요구하는 것은 중간에 개입한 조선인이 함부로 범월하면서 통상을 조장하기 때문이라 판단하고 그들을 체포해 일벌백계하도록 명령하였다. 아울러 이유원은 러시아인들이 준 원본을 비변사에 올려 보내는 한편 강가의 파수를 엄중히 하도록 명령하였다.

고종 1년 3월 2일, 당시 수렴청정을 하던 대왕대비 조씨는 이유원의 장계를 보고받고 함경감사와 북병사가 변금을 제대로 수행하지 못했다고 하여 월봉(越俸) 처벌을 내리는 한편 중간에 개입한 조선인을 색출하여 체포하라고 명령하였다. 이어서 2개월 10여일 후인 5월 15일에 함경감사 이유원은 김홍순, 최수학 등을 체포하고 수사한 결과를 보고하였다. 이에 대하여 고종은 변금의 해이를 질책하면서 범인들을 어떻게 처벌할지 비변사로 하여금 논의해 보고하게 하였다. 이에 대하여 비변사에서는 다음과 같이 보고하여 왕의 허가를 받았다.

> "변금이 이 지경으로 무너져 버렸으니 변금의 법의(法意)를 생각하면 너무나 놀랍고 한탄스럽습니다. 그들이 이미 사실을 모두 털어놓았으니 국경을 넘은 죄인 김홍순, 최수학은 두만강가에서 효수하여 군민에게 경계가 되도록 하고 그 사이에 알선하며 교통한 김문흡에 대하여는 각기 해당 진영에서 기한을 정해 체포하게 한 뒤 계문하도록 하고, 그 나머지 은장(銀匠) 및 방찰향장(防察鄕將)은 도신으로 하여금 등급을 나누어 참작해서 조처하게 하는 한편, 도신과 수신은 현고(現告)를 올리는 대로 형률에 의거하여 죄를 심리하여 처리하게 하소서"

이에 따라 김홍순과 최수학은 6월 10일에 경흥부의 두만강가에서 수많은 군민들이 보는 가운데 효수되었다. 이 사건은 러시아와 국경을 접하게 된 후 조선 정부의 대러시아 정책을 함축적으로 보여준다. 그것은 곧 변금을 강화하고 러시아와의 국교 수립과 통상을 모두 거부하는 것이었다. 그러나 조선과 러시아가 두만강을 경계로 접하게 되면서 변금을 아무리 강화해도 월경 자체를 막을 수는 없었다. 그것은 1860년 이후 함경도 지역에 기근이 만연하면서 생활고에 몰린 백성들이 목숨을 걸고 월강을 감행했을 뿐만 아니라 러시아 측에서도 조선 농민들의 유입을 장려하였기 때문이었다. 이에 조선 정부에서는 경흥 연안의 변금을 더더욱 강화하는 정책을 폈다.

4. 녹둔도를 둘러싼 조, 러, 청 사이의 분쟁

조선과 러시아가 실제로 국경을 접한 1861년 이래로 조선 정부의 기본 입장은 중앙정부 차원에서는 러시아와 공식적으로 접촉하지 않는다는 것이었다. 그러므로 1861년 이후 러시아에서 시도한 수차례의 통상 요구도 중앙정부가 아니라 지방관, 즉 경흥부사가 처리해야 했다. 월경민들의 소환과 같은 문제도 경흥부사가 처리해야 했다. 실제로 경흥부사는 중앙정부를 대신하여 1869-1870년에 월경민들의 소환에 관한 이른바 경흥협상을 끌어내기도 하였다.

그러나 경흥부사는 러시아의 통상요구가 있을 때마다 중앙정부의 허락이 없다는 이유를 들어 거절했다. 이런 일이 반복되자 러시아는 청나라를 통하여 통상 및 국경 문제를 해결하고자 하였다. 고종 19년(1882) 5월 주청 러시아 특명전권공사 붓조는 청나라의 서리직예총독 장수성에게 제의하기를, 조선과 러시아가 이미 국경을 접한 지 오래되었으므로 조선과 러시아가 통상 문제와 국경 문제를 논의할 수 있도록 주선해달라고 하였다. 이에 장수성은 중앙정부와 협의한 후, 당시 영선사로 청나라에 와 있던 윤태준이 귀국하는 편에 부탁하여 영의정 이최응에게 러시아와의 통상 및 국경 문제를 주선해 달라는 비밀서한을 보냈다. 당시 청나라는 1876년 강화도 조약 이후 일제가 조선에 대한 영향력을 확대하자 이이제이 정책으로 일본의 영향력을 약화시키기 위해 1882년 4월 조선과 미국 사이에 수호조약을 맺도록 권고하였다. 러시아의 주청 공사 붓조가 청나라의 주선을 통해 조선과 통상 및 국경 문제를 해결하고자 시도한 것은 당시의 이 같은 국제정세가 중요했다고 할 수 있다.

장수성의 비밀서한을 받은 이최응은 고종에게 보고하였는데, 고종과 조정중신들의 논의 결과는 거절이었다. 그런데 이최응의 명의로 장수성에게 보낸 회답에는 "이미 조선과 러시아는 두만강의 한 쪽 모퉁이에서 경계를 접하고 있으니 후일에 조약성립을 기다려 재차 양국에서 파원(派員)하여 해당 강구에 이르러 녹도(鹿島) 북쪽에 이르러 계패(界牌)를 세우고"라는 언급이 있었다. 이것은 당시 조선이 당장 러시아와 국교를 수립하지는 않는다고 하더라도 조만간 수립할 것이라는 암시였다. 조선이 러시아와의 국교 수립을 뒤로 미룬 이유는 국교 수립에 더욱 철저하게 대비하기 위한 준비 때문이었다고 생각된다.

그런데 이최응의 명의로 장수성에게 전달된 회답에 의하면 조선 정부는 러시아와의 국경 문제와 관련하여 "녹두 북쪽에 계패를 세우고"라는 언급을 하였는데, 이는 러시아와의 국경 문제와 관련한 조선 정부의 입장을 처음으로 밝힌 것이었다. 조선 정부는 러시아와 국교가 수립되면 국경은 당연히 녹둔도 북족이어야 한다는 입장이었던 것이다. 국교 수립 때에 녹둔도를 되찾으려면 사전에 녹둔도를 포함한 연해주 방면의 상황파악이 필요했다.

고종 19년(1882) 9월, 고종은 연해주 지역으로 김광훈과 신성욱 두 명의 첩자를 파견해 정보를 수집하게 했다. 9월 25일에 경흥의 두만강을 건너 연해주로 잠입한 김경훈과 신선욱은 녹둔도를 비롯한 연해주 지역에서 군사, 지리 정보를 수집한 후 11월 5일 경흥의 아오지로 귀환한 후 『강좌여지기(江左輿地記)』라는 보고서를 올렸다. 따라서 고종은 11월 중순이나 하순에 『강좌여지기』를 입수했을 것이다.

고종 20년(1883) 1월, 고종은 어윤중을 서북경략사로 파견해 함경도 지역 주민들의 민원, 범월 문제, 간도 문제, 녹둔도 문제, 청과의 통상문제 등을 조사하게 하였다. 1월 28일 어윤중의 하직인사를 받는 자리에서 고종은 '녹둔도는 본래 우리나라 땅이라고 하는데, 이번 행로에서 바로 잡을 수 있겠는가?'[94]라고 특별히 녹둔도 문제에 관심을 기울였다. 고종이 녹둔도를 언급하면서 '본래 우리나라 땅이라고 하는데'라고 언급한 것은 고종이 녹둔도에 대하여 확실한 정보를 갖고 있었음을 보여주는데, 그 정보원은 『강좌여지지』였을 것으로 이해된다.

하직 자리에서 녹둔도에 대하여 고종의 질문을 받은 어윤중은 '녹둔도는 중국의 훈춘 경계와 접하는데, 그 사이에 두만강이 있습니다. 이것은 쉽게 귀정(歸正)할 수 있는 일이 아닙니다.'라고 하여 단기간에 해결하기는 어렵다는 의견을 나타냈다. 어윤중이 이렇게 대합한 이유는 녹둔도는 청나라와의 관계가 아니라 러시아와의 관계에서 논의되어야 하므로 쉽지 않다는 의미였을 것으로 이해된다.

고종의 명을 받고 서북면으로 떠났던 어윤중은 우선 청나라 관리와 만나 녹둔도의 반환 가능성을 타진했다. 하지만 청나라 관리들은 녹둔도가 이미 '러시아에 기속되었다.'는 이유를 들어 개입 자체를 거부했다. 이에 어윤중은 직접 경흥으로 가서 녹둔도를 조사하고 경흥부사를 통하여 러시아에 녹둔도 반환 문제를 제기하기에 이르렀다.

어윤중이 청나라 관리들과는 자신이 직접 녹둔도 문제를 제기하면서, 러시아 측과는 자신이 직접 녹둔도 문제를 제기하지 않은 이유는 러시아와 국교가 수립되어 있지 않았기 때문이었다. 어윤중은 기왕의 방식대로 경흥부사를 통하여 러시아와 접촉하도록 했던 것이다. 어윤중의 지시에 따라 경흥부사는 러시아 측 국경수비대장에게 녹둔도 반환 요청을 하였다. 이와 관련하여 러시아 측의 자료에는 다음과 같은 내용이 있다.

---

94) "上曰 鹿屯島 本是我國地形云 則今番之行 可以歸正否" (『종정년표』3, 고종 20년(1883) 정월조).

"우리 조선의 중앙관료는 본래 조선에 속했던 녹둔지라는 지역을 조선에 양도할 가능성에 대해 청측 관리와 논의한 바 있습니다. 그러나 그는 우리의 제안을 거부했습니다. 그 근거로 중국과 러시아 간 국경선 분계 과정에서 상기한 지역이 러시아에 귀속되었기 때문이라고 하였습니다. 한 국가의 땅이 자국의 잘못도 없이 제3국으로 넘어갔으면 당연히 그 땅을 돌려주는 것이 올바른 일이 아니겠습니까? 모든 국가는 이런 문제를 해결하기 위한 법률과 분쟁 법원이 있을 것입니다. 따라서 국경수비대장께서 우리의 제안을 검토해 보시고 귀국의 정부와 상의한 다음에 상기 지역을 우리 국가에 돌려주시길 요청합니다. 녹둔지 마을은 과거에도 우리 국가에 속해 있었고 현재에도 우리 지역이어야만 하기 때문입니다. 귀하께서 이 문제를 잘 해결해 주실 수 있다면 양국 간 우호관계는 더욱 긴밀해질 수 있으리라고 믿습니다."

그러나 조선의 녹둔도 반환 요청에 대하여 러시아는 '논쟁의 여지 없이 러시아에 속하는 지역'이라는 입장에서 경흥부사에게 회답하지도 않았다. 결국 어윤중은 녹둔도 반환 협상과 관련하여서는 아무런 소득도 없이 돌아올 수밖에 없었다. 1883년 10월 4일, 어윤중은 서북경략의 결과를 고종에게 복명했다. 그 자리에서 고종은 간도 문제를 질문하고 이어서 녹둔도에 대하여도 '녹둔도의 지형은 또한 어떠한가?'라고 질문하였다. 이는 고종이 간도와 함께 녹둔도에도 지대한 관심을 가지고 있었음을 보여준다. 고종의 질문에 어윤중은 '이곳은 본래 우리나라 땅입니다. 신이 조산(造山)에 도착하여 지형을 살펴보니 섬 동쪽이 유사(流砂)에 막혀 저쪽 지역과 연결되었습니다. 그렇지만 섬 속에 사는 백성들은 모두 우리나라 백성이고 다른 종족은 없습니다.'라고 대답하였다.

자료상으로는 고종과 어윤중이 녹둔도에 대하여 더 이상 논의한 내용이 보이지 않는다. 어쨌든 어윤중의 시도에서 명확해진 사실은 조선과 러시아 사이에 국교가 수립되지 않은 상황에서 녹둔도 반환 문제는 더 이상 진전되기 어렵다는 점이었다. 청나라는 녹둔도가 러시아에 속한 문제라고 발을 빼는 상황이었고, 조선의 경흥부사 수준으로는 녹둔도 문제를 국가 차원으로 확대하기 어려웠다. 따라서 조선 정부는 고종 21년(1884) 조선과 러시아의 국교 수립 이후에나 국가 차원에서 녹둔도 문제를 제기하기 시작했다. 1884년 윤5월 15일 조선과 러시아 사이에 수호조약이 체결됨으로써 양국 간에 국교가 수립되었다. 국교 수립 후 한양에 부임한 러시아 공사 베베르는 고종 22년(1885) 11월 김윤식에게 '육로통상'에 관한 문제를 문의하였다. 그때 김윤식은 '청나라와 러시아의 감계 때를 기다렸다가 그때 조선도 사람을 보내 회감(會勘) 한 후 다시 언급하자.'고 하였다.

김윤식이 언급한 '청나라와 러시아의 감계'란 1861년에 체결된 흥개호 계약에 대한 재조정을 의미하였다. 1861년 5월 21일에 체결된 흥개호 계약에 의해 세워진 나무 계패가 20여 년의 세월이 지남에 따라 훼손되기도 하였을 뿐만 아니라 북경조약에서 양국 간의 경계를 '도문강의 하구로부터 거리가 20리를 넘지 못한다.'고 하였는데, 1861년에 세워진 계패는 20리를 훨씬 넘었다. 또한 흥개호계약의 결과 청나라는 만주지역에서 태평양으로 진출할 수 있는 통로를 완전히 상실하여 내륙에 갇히게 되었는데, 청나라 측에서는 뒤늦게나마 이 같은 문제점을 인식하였던 것이다. 청나라의 적극적인 요청에 의해 청나라와 러시아 사이에 감계 회담을 다시 열기로 한 것인데, 조선에서도 이 회담에 참여하여 러시아와의 국경 문제를 매듭지은 후에 '육로통상' 문제를 논의하겠다는 것이었다.

당시 조선에서 러시아와의 국경 문제를 조, 러 양국 간의 회담이 아닌 청나라까지 참여한 삼국 회담에서 담판하려 한 이유는 조선과 러시아 간의 국경문제가 사실상 삼국 문제였을 뿐만 아니라 녹둔도를 비롯한 연해주도 넓게 보면 간도 문제와 직결되었기 때문이었다. 조선 정부는 1883년부터 청나라와 간도 귀속 문제로 승강이를 벌이고 있었다. 게다가 조선 정부는 러시아와의 국교 수립 이전에 청나라와 러시아에 녹둔도 문제를 제안했다가 양국으로부터 묵살당한 경험도 있었다. 조선 정부가 간도 문제와 녹둔도 문제로 청나라와 러시아를 각각 상대하다가는 양쪽으로부터 묵살될 가능성이 높았다. 따라서 조선 정부에서는 청나라와 러시아가 감계 회담을 할 때, 그 자리에 참여하여 두 가지 현안을 일거에 해결하는 것이 가장 확실한 방법이었다고 할 수 있다. 그런 배경에서 조선 정부는 러시아와의 '육로통상'이라고 하는 외교 문제를 '국경 문제'와 연계하여 처리하고자 했던 것이다.

고종 24년(1885) 9얼 30일부터 조선과 청나라 사이에는 간도 회담이 진행되었다. 이어서 1886년 4월 23일부터 청나라와 러시아 사이에 감계 회담이 시작되었다. 그러나 결과적으로 조선은 청나라와 러시아 사이의 감계 회담에 참여하지 못했다. 청나라는 간도 회담을 유리하게 이끌기 위해, 러시아는 녹둔도를 계속 강점하기 위해 조선의 회담 참여를 봉쇄했다고 이해된다. 영통 문제에 관한 한 조선 정부는 청나라와 러시아 양국으로부터 철저하게 소외되고 말았던 것이다.

훈춘 계약으로 알려진 1886년의 청나라와 러시아 사이의 감계 회담에서 양국은 이른바 '도문강의 하구'를 둘러싸고 치열한 논란을 빚었다. 북경조약에서 양국 간의 국경을 '도문강의 하구 20리를 넘지 못한다.'고 하여 그 하구를 어떻게 해석하느냐에 따라 국경선이 크게 달라질 수 있었기 때문이다.

청나라에서는 해탄진처(海灘盡處)를 하구라 주장하고, 러시아에서는 해탄내(海灘內) 이십리를 하구라 주장하였다. 청나라가 주장하는 해탄은 모래사장이므로 해탄진처는 모래사장이 끝나는 곳이 하구이고, 그곳으로부터 20리 이내는 청나라 영토라는 논리가 된다. 이렇게 되면 두만강과 바다가 만나는 모래사장으로부터 바다 방향으로 20리까지를 청나라가 차지할 수 있고, 그래서 두만강을 통해 동해로 진출할 수 있게 된다.

반면 러시아가 주장하는 해탄내 이십 리는 두만강과 바다가 만나는 모래사장으로부터 육지 쪽으로 20리 안이 하구이고 다시 그곳으로부터 20리 안까지는 러시아 영토라는 논리가 된다. 이렇게 되면 청나라는 만주 방면에서 태평양으로 진출할 수 있는 통로를 완전히 봉쇄되는 결과가 된다. 따라서 이른바 훈춘 계약에서 벌어진 양국의 국경 논쟁은 청나라의 태평양 진출을 봉쇄하느냐 마느냐에 집중되어 있었음을 의미한다. 결과적으로 보면 훈춘 계약에서는 러시아 측의 주장이 관철되어 청나라는 태평양으로의 진출이 봉쇄되었다. 이후 청나라는 태평양으로의 진출을 위해, 또 러시아의 남하를 저지하기 위해 조선 동해의 도서 또는 항구를 점유하려 시도하기도 하였다. 뿐만 아니라 러시아의 남하를 우려한 영국은 1885년 3월에 거문도를 점령했는데, 이것도 궁극적으로는 러시아의 연해주 점유와 직결된 문제였다.

5. 맺음말

세종대왕의 4군 6진 개척 결과 『세종실록』 지리지에 조선의 영토로 처음 이름을 올린 녹둔도는 조선시대 내내 조선 영토로 간주되었고, 또 실제로 조선정부에서 관리하였다. 다만 조선후기 들어 녹둔도의 군사적 조치가 취소되고 뒤이어 여진족이 중국대륙을 석권하고 만주를 비우면서 녹둔도는 주민이 살지 못하는 섬으로 변해갔다. 이에 더하여 1800년대 이후 강 상류의 모래가 유속에 밀려 내려와 녹둔도와 그 대안(對岸) 사이에 퇴적됨에 따라 북쪽으로 연륙되다가 1860년 경에는 완전하게 북쪽으로 연륙되기에 이르렀다. 이런 상황에서 1860년 북경조약이 체결되면서 녹둔도는 조선과 러시아 및 청나라 사이에 분쟁지로 되었다.

러시아와 청나라는 녹둔도 주변을 자신의 영토로 편입하기 위하여 북경조약의 '해탄진처'라는 구절을 놓고 치열한 논쟁을 벌였다. 청나라에서는 해탄진처를 하구라 주장하고, 러시아에서는 해탄내 이십사리를 하구라 주장하였다. 이처럼 청나라와 러시아가 녹둔도와 두만강 하구를 놓고 치열한 논쟁을 벌일 때 조선은 아예 회담에 참여하지도 못했으며 관련 정보도 잘 알지 못했다. 이 결과 조선은 제대로 댄 목소리를 내보지도 못하고 녹둔도를 상실하게 되었다. 이는 근본적으로 조선의 국력이 약했기 때문이며 나아가 국제정보에 소홀했기 때문이다.

이런 점에서 1860년의 중, 러 북경조약을 계기로 두만강을 경계로 조선과 러시아 그리고 청나라의 동양 3국이 국경을 접한 후 발생한 녹둔도 분쟁과 국경 분쟁은 근본적으로 도서 분쟁이며 영해분쟁으로서의 성격을 갖는다고 하겠으며, 그 분쟁에서 조선은 제목소리를 내지 못해 녹둔도를 상실했다고 평가할 수 있다.

참고문헌

고승제(1971), 「연해주 이민의 사회사적 분석」, 『백사학보』 111

유영박(1976), 「녹둔도의 귀속문제」, 『학술원논문집』 15

유영박(1977), 「녹둔도의 연륙과정과 국제분쟁의 미결유산」, 『진단학보』 44

유영박(1978), 「녹둔도 문제위 국제화와 일본개입의 진의」, 『학술원논문집』 17

양태진(1980), 「한로국경선상의 녹둔도」, 『한국학보』 19

양태진(1981), 「한, 러 국경형성의 배경과 녹둔도 상실」, 『백사학보』 26

박태근(1983), 「1860년 북경조약과 한, 러 국경의 성립」, 『영토문제연구』 1, 고려대 민족문화연구소

유영박(1985), 「대청관계에서 본 녹둔도의 귀속문제」, 『영토문제연구』 2

빅보리스 D(1990), 「러시아와 조선간의 경제, 외교관계의 수립」, 『동국사학』 24

秋月望(1991), 「韓露國境の成立の朝鮮の對應」, 『국제학연구』 8

유영박(1991), 「녹둔도」, 『한국민족문화대백과사전』, 한국정신문화연구원.

고승제(1993), 「연해주 이민사 연구」, 『국사관논총』 11

권희영(1993), 「한민족의 노령이주사 연구(1863-1917)」, 『국사관논총』 41

이상근(1996), 『한인 노령이주사 연구』, 탐구당

심비르체바 타치아나(1997), 「19세기 후반 조러간 국교 수립과정과 그 성격」, 서울대 국사학과 석사학위논문

이상근(2000), 「제정 러시아의 연해주 경영과 한인이주」, 『사학연구』 60

심비르체바 타치아나(2002), 「1869-1870년간에 진행된 러시아와 조선 간의 경흥 협상과 그 역사적 의의」『한러관계와 민족운동』, 국학자료원

박명용(2005), 「연해주를 둘러싼 한국과 러시아 영토문제-1650년에서 1990년까지」, 『북방사논총』 4

심헌용(2005A), 「근대 조러 국경획정과 영토, 이주민 문제-영토주권과 역사주권을 중심으로-」, 『북방사논총』 5

심헌용(2005B), 「러시아의 극동진출 전력과 국경을 둘러싼 조러 양국의 대응」, 『군사』 56.

■■■ 제2부

동북아 해양자료와 해양영토 II

제주도 표착 '유구왕자' 피살 사건

杨 秀 芝[*]

서 론

전통적으로 조선과 유구 사이는 우호적인 교린 관계였다. 양국은 사신을 교환하기도 했고, 자국에 표류한 상대국 백성을 해로로 혹은 중국을 통해 송환해 주곤 하였다. 그 과정에서 양국은 문물을 교환하기도 하였다. 15세기의 표류기를 통해 볼 때 유구 왕국은 조선인에게 이상향과 같은 곳이었다. 허균의 홍길동전에 등장하는 율도국이 다름 아닌 유구, 즉 현재의 오키나와 섬이라는 주장도 이러한 배경과 무관하지 않다. 조선과 유구의 관계는 그처럼 우호적, 평화적, 인도적이었다.

* 홍익대학교 외국어학부 교수.

그런 양국의 인식이 일본의 개입으로 점차 변해갔다. 1530년 이후 조선은 표착한 유구인을 일본인에게 의뢰하여 송환할 경우 그들의 생명을 보장할 수 없게 됨에 따라 중국을 통해 송환하기 시작했다. 이후 조선과 유구 사신 사이의 접촉은 명나라를 경유하여 진행할 수 있었다. 즉 양국 사신은 북경에서 예물과 자문(咨文)을 교환하였다.

그러나 청국이 등장한 이후 조선과 유구는 청의 책봉국이 되었다. 그러나 명대처럼 북경에서 교린 관계를 지속하지는 못하였다. 청과 조선, 청과 유구의 조공책봉 관계만 존재했다. 양국의 직접적인 사신 왕래와 자문 교환은 사라진 것이다.

이처럼 청대에는 조선과 유구 사이에 사신 방문도 없었고, 북경에서 사절을 통해 공식적으로 회담하는 경우도 없었다. 엄격히 말하면 청대에 와서 양국의 관계는 국가간의 외교가 아니라 비공식적 교류 차원으로 전락한 셈이다.

그러나 표류인을 송환하는 인도주의적 교류는 명·청 교체기의 격변 속에서는 물론, 일본과 조선, 일본과 유구의 관계가 변화하는 가운데서도 중지되지 않았다. 유구가 최후로 조선인 표류인을 송환한 것은 1868년,[1] 조선 정부의 유구인 표류인 송환은 유구가 일본의 오키나와현(沖繩縣)으로 바뀐 이후인 1891년에도 여전히 지속되어, '유구인 표류인'의 뜻에 따라 중국을 통해 송환하였다.[2]

대체로 조선과 유구는 표류인 송환에 정성을 다하였다. 양국은 상대국 표류인에게 의복과 음식을 제공하여 그들이 동사하거나 아사

---

1) 이훈, 「인적 교류를 통해서 본 조선 유구관계-被虜人·漂流民을 중심으로」(손승철, 하우봉, 이훈 외, 『조선과 유구』(도서출판 아르케, 1999), 223쪽의 <표4>참조.

2) 『備邊司謄錄』, 고종 28년 7월 17일 「那霸府大村浦人船隻破傷(중략)願由陸路還歸 依其言治送」.

하는 일이 없도록 구호한 뒤 송환하였다. 이중 유구에서 조선인 표류인을 중국까지 호송하는 데는 1년 내외가 소요되었다.[3] 양국 관계 후기에 일본을 상대로 공동의 방어망이나 정보망을 구축할 필요가 없어지고, 무역과 물자의 왕래가 사라진 이후에도 양측은 표류인 송환에 수고를 아끼지 않았다. 이 점은 국제 환경과 국내 정국의 변화 속에서도 표류인을 통해 양국의 인도적, 우호적 전통을 유지하려는 집정자들의 의지를 잘 보여준다.

이처럼 조선과 유구는 표류인 송환을 계기로 민간교류를 지속할 수 있었다. 그러나 특이한 점은 17세기 후반부터 19세기 중엽 사이에 조선 측에 말 못할 고민이 있었다는 점이다. 당시 해외에 표류했다가 귀환한 제주도민의 문정기(問情記)에 따르면, 중국·유구·안남·일본 등에 표착한 제주도인들은 자신들의 출신지를 숨기고자 하였다. 그들은 나주·무안·전주 등 전라도의 어느 지역을 고향이라고 둘러대기에 급급했다. 그 시기에 양국은 표류인 송환 관계만 남은 상황이었다. 때문에 조선인 표류인을 유구 측이 잘 예우해 줄 것이 틀림없었다. 그럼에도 제주도인들이 자신의 출신지를 은폐하려한 이유는 무엇일까. 게다가 승정원일기에는 영조가 실종된 제주도인들이 유구에 표착하지 않았는지 매우 걱정했다는 기록이 등장한다. 그렇다면 제주인들은 물론, 조선의 국왕 영조는 왜 제주도인들의 유구 표착을 걱정했을까.

필자가 주목한 것은 광해군 당시 제주도에서 발생한 표류민 피살 사건이다. 이 사건은 광해군 3년(1611) 제주도에 표착한 표류인 일행을 당시 제주도 목사와 판관이 몰살시키고 그들의 배에 싣고 있던

---

3) 『承政院日記』, 英祖 17년 2월 14일. 20명 표류민의 경우「留一年後 始同乘福建朝貢船」.

귀중품을 약탈한 사건을 말한다. '동방예의지국' 조선에서 발생한 일 치고는 야만적이고도 치욕적인 사건으로 기록될 일이었다.

과연 이 사건의 내막은 어떠한 것인가. '유구사신'이란 누구이며, 왜 비극을 맞았는가. 이 사건은 어떻게 내외에 알려졌고 그 여파는 어떠했나. 사료 제약으로 전모를 밝힐 단계는 아니지만, 이 글에서 는 다음 몇 가지에 초점을 두고자 한다. (1) 조선 후기 조선·유구의 표류민 송환 양태, (2) 1611년 제주의 '유구왕자'피살사건의 경위, (3) '유구왕자' 피살사건이 남긴 후유증과 조선 국왕의 고민 등이다. '유구왕자' 피살 사건의 실상을 밝히고 조선 후기 양국 관계의 일단 을 살펴보는데 도움이 되고자 한다.

Ⅰ. 임진왜란 이후 조선·유구의 관계

임진왜란 전에 유구는 명에 왜의 조선 침략에 관한 정보를 알렸 다. 이후 명의 만력 황제는 유구와 섬라 등에 명하여 군사를 일으켜 왜를 치라고 하였다. 말하자면 명은 유구와 공동의 방어정보망을 구 성하면서, 왜의 조선 침략에 공동 대응을 모색한 셈이었다.[4] 비록 그 후 명의 공동대응 구상은 실현되지 않았지만, 적어도 임진왜란 전에 유구는 왜의 조선 침략 계획을 알려왔고, 전후에는 도요토미 히데요시(豊臣秀吉)의 사망 소식을 조선에 전해 왔다. 조선도 정보의 필요성 때문에 유구와는 계속 국왕간의 자문을 왕래하였다.

1609년 사츠마(薩摩)가 유구를 침범했을 때, 유구의 구원요청이 중국에 제 때 닿지 못하면서 유구는 제대로 대항하지 못한 채 신속

---

4) 『宣祖實錄』 32년 12월 25일.

히 제압당했다. 조선 조정은 광해군(光海君) 2년(1610) 4월에 일본에 포로로 잡혀갔다가 돌아 온 사람들로부터 사츠마가 유구를 침략했으며, 유구의 왕이 포로가 되었고 사츠마가 유구의 전 지역을 측량했다는 소식을 들은 바가 있었다. 그러나 조선 조정은 이 소식을 믿지 않았다.[5] 같은 해 연말 포로로 잡혀갔다 쓰시마에서 돌아온 승려 육혜(六惠) 역시 조선 조정에 그가 사츠마에 있을 때 들었던 소식을 전하였다. 즉 유구 왕과 그의 형제가 에도(江戶)로 보내졌고, 도중에 왕의 동생이 사망하고 왕은 에도에 잡혀있다는 내용이었다.[6] 2년 후 8명의 유구 백성이 조선에 표류해 왔다.[7] 실록에는 기록이 없지만, 조선은 분명히 이들을 통해, 나아가 명에 보낸 조공사신을 통해 유구가 사츠마에게 복속한 사실들을 이미 확인하였을 것이다.

유구의 왕 상녕(尚寧)은 1611년 풀려나 귀국한 후 명에 조공사절을 보내어 저간의 경과를 보고하였고, 조선에도 자문(咨文)을 전하여 유구 왕이 3년 동안 연금되어 있다가 귀국했다는 소식을 알렸다.[8] 그런데 명의 조정은 왜에 항복한 유구를 경계하여 10년에 1번 조공할 것을 지시하였다. 이런 명의 태도는 조선에 어떤 영향을 주었을까. 1609년 사츠마가 유구를 침략한 후 1634년까지 조선은 북경(北京)의 예부를 통해 유구 측에 자문을 전하고 선물을 교환하였다. 표면적으로는 유구에 대한 태도에 아무 변화가 없는 것처럼 보였다.

인조(仁祖, 1623~1649)의 정치적 입장은 광해군과 달랐지만, 유구에 대한 태도는 큰 변화가 없었다. 조천사절(朝天使節)들은 인조

---

5) 『光海君日記』 2년 4월 20일.

6) 『光海君日記』 2년 12월 26일.

7) 『光海君日記』 4년 9월 9일.

8) 『歷代寶案』集1, 卷41.

때 두 차례 북경에서 유구 사절을 관찰했다는 보고를 올렸다. 하나는 인조 5년 "유구국의 사신이 행장이 넉넉하지 못하고, 요구하는 뇌물도 들어주지 못하여, 조회(朝會)하는 날에는 말도 타지 못하고, 관대차림으로 걸어가게 되니 대부분 원망하는 기색을 띠고 있다"는 보고였고,9) 다른 하나는 10년 후인 1638년 중국에서 돌아오는 사신들이 유구가 일본에 승복하였음을 다시 확인해주었다는 보고였다.10) 그러나 중국의 정세는 이 시기에 급격한 변화를 겪고 있었으니, 당시의 명은 만주 여진으로부터 심각한 위협에 직면하고 있었다. 명은 일본, 유구, 안남(安南), 서양 등에게 군사를 요청하여 만주 여진을 함께 토벌하자고11) 하였으니, 다시 한 번 명을 중심으로 하는 공동 방위체계가 구상되고 있었던 셈이다. 그러나 조선은 이미 병자년에 청과 동맹을 맺은 상황이었으며, 사실상 명에 조공을 하러 오는 길이 막힌 상황이었다. 조선과 유구의 공문 왕래나 중국을 통한 표류민 송환은 명말 시기에 이미 불가능해졌다.

조선과 유구의 사절이 조공을 통해 북경에서 만나 공문과 선물을 교환하고 감사의 뜻을 전했던 것은 인조 12년(1634)이 마지막이었다.12) 유구가 1609년 사츠마의 침략을 받은 이후 조선인이 유구로 표류해갈 경우 일단 사츠마로 보내지고, 사츠마에서 나가사키(長崎)로, 다시 나가사키에서 쓰시마로 보내져 조선으로 송환되었다. 1662년, 1663년, 1669년 세 차례에 걸쳐 이처럼 일본을 거쳐 표류민이 송환된 기록이 있다.13) 이후 양국 사이의 외교, 조빙관계는 만주족

---

9) 『仁祖實錄』 5年 5月 18日.

10) 『仁祖實錄』 16年1月29日.

11) 『仁祖實錄』 16年3月6日.

12) 『歷代寶案』集1 卷41, 『歷代寶案』에 수록된 崇禎 9년과 11년의 咨文 내용이 같으며, 숭정 9년부터 서신 왕래가 끊겼다.

이 중국을 통일하여 청이 성립된 이후 변화하였다. 조선과 유구는 청대에 기본적으로 중국을 통해서만 표류민을 송환하는 관계가 되었다. 유구가 이미 사츠마의 관할 아래 들어간 현종(顯宗) 시기(1659-1674)에는 조선의 표류민이 사츠마, 나가사키, 쓰시마를 거쳐 송환되었음을 알 수 있다.[14] 조선은 유구에 사의를 표시하는 자문(諮咨)을 전할 필요가 없었다.

그 후 강희(康熙) 23년(1684) 대만이 수복되고 바다가 안정을 찾으면서 청조는 해금(海禁) 조치를 풀고 일반 백성들의 해상무역을 허용했다. 청조는 이 조치에 따라 표류 사건이 증가할 것을 예상하고 미리 해안에 접한 각국의 국왕에게 공문을 보내 최선을 다해 표류민을 보살피고 송환할 것을 요구하였다.[15] 유구는 이 기회를 이용하여 사츠마에 자신들이 직접 청과 조선의 표류민을 송환하게 할 것을 부탁하였고, 결국 사츠마가 일본 막부의 허락을 받아 이를 허용하였다.

유구의 이러한 조치는 조선의 표류민이 유구와 일본, 유구와 사츠마의 관계를 누설하지 못하게 하여 청과 조공책봉관계를 유지하려는 복안이기도 했지만,[16] 다른 한편으로는 독립왕국의 자태를 보여주어 조선과 과거의 관계를 유지하기 위함이기도 했다고 생각된다. 이리하여 유구에서 조선 표류민이 송환되는 경로에는 다시 변화가 일어났다. 강희 36년(1697) 전라도 출신의 18명 조선인이 유구로 표류하였을 때, 유구는 중국으로 가는 접공선(接貢船)을 이용하여 그들을 복주(福州)까지 송환하였고,[17] 다시 복주의 관원이 사람을 보내어

---

13) 『朝鮮琉球關係史料集成』(손승철 외 편저, 국사편찬위원회) 第一篇 韓國史料 10, 『漂人領來謄錄』에 일본이 1662·1663·1669년에 전라도민을 송환한 기록이 있다.

14) 『顯宗實錄』 3년 7월28일·4년7월5일·10년10월3일.

15) 『歷代寶案』集2, 卷1. 康熙36년10월27일.

16) 이훈, 위의 논문, 225쪽.

그들을 북경의 예부로 송환하였고, 다시 예부가 조선에 이 사실을 알렸다. 이후 200년(1697년-1891년) 간 약 20차례[18]에 걸쳐 유구로 표류해 간 조선인은 이와 같은 방식 -청조를 통한 방식- 으로 조선에 송환되었다.

그렇다면 조선은, 유구가 일본을 통해 조선의 표류민을 송환하였던 시기(1609-1684년)에 어떠한 방식으로 조선에 표류해온 유구인들을 처리하였을까? 중종 25(1530)년부터 조선은 원래 일본을 통해 유구 표류민을 송환하는 관례를 북경을 통해 돌려보내는 방식으로 바꾸었다. 비록 기록은 많지 않으나 선조(宣祖) 22년과 23년에 유구인을 중원(中原)으로 보낸 기록이 있어,[19] 이 때까지는 송환 경로를 바꾸지 않았음을 알 수 있다. 왜란 이후 광해군 4년(1612)에 한 차례 사례가 있는데, 당시 조선은 예부와 병부, 진강(鎭江), 요동(遼東) 등지에 공문을 보내고 과거의 사례를 검토하여, 명조에 상주문을 올리는 한편 공문과 함께 표류민을 본국으로 송환했다.[20] 그러나 명이 유구에게 10년에 한 차례 조공을 올릴 것을 명하였으므로 조선은 천계(天啓) 7년(1627)에야 유구 국왕의 자문(咨文)을 받아볼 수 있었다.

이후 청대에 와서도 조선은 일관되게 북경을 통해 유구 표류민을 송환하였다.[21] 그러나 강희 28년(1689년) 청조에서 해금이 이미 풀렸으니 앞으로 조선에 무역선이나 표류선이 올 경우 배에 문제가 없다면 직접 돌려보내고, 배가 망가진 경우만 북경을 통해 송환하라는

---

17) 위의 주 14)를 참조.

17) 위의 주 14)를 참조.

18) 이훈, 위의 논문, 표4. 221-223쪽.

19) 『宣祖實錄』 22년 7월 23일, 『宣祖修正實錄』 23년 1월 1일.

20) 『光海君日記』 4년 9월 12일,14일.

21) 조선정부는 1609-1861년 사이에 14회에 걸쳐 유구 표류민을 송환하였던 것으로 분석된다.(이훈, 위의 논문, 229쪽).

통고가 내려왔다.[22] 조선은 이 규정을 표류해 온 유구인에게 적용하여 표류민의 뜻에 따라 그들을 송환하였다. 이들 중 원하는 사람은 원래 타고 온 배를 타고 해로를 통해 직접 돌아가게 하였으나, 대다수의 난민은 다시 재난을 만날 것을 우려하여 육지로 돌아가기를 희망하였다.

1696년 일본 막부는 유구가 남만선(南蠻船)과 의심스러운 선박(기독교와 관련있는) 이외의 표류민은 직접 복주로 송환하도록 허락했다. 이후 유구는 숙종(肅宗) 23년(1697) 처음으로 18명의 조선인을 청의 예부를 통해 조선으로 송환하였다. 조선은 강희제와 황태후에게 표전(表箋)을 올리고 방물(方物)을 전하여 표류민을 송환한 것에 대해 감사의 뜻을 표하였다. 1700년 청 예부는 표류민의 송환은 황제가 조선 백성을 아끼고 걱정하는 인자함의 표현이니, 앞으로 이에 대한 감사의 뜻으로 방물을 올리지 말 것을 조선에 지시하였다.[23] 이로써 조선이 청에게 표류민 송환에 대해 감사의 뜻을 표시하는 방식이 완성되었다. 이것은 유구가 사츠마로부터 허가를 받아 직접 조선 표류민을 복주로 보내 송환시킨 첫 번째 사례였으나, 유구는 이러한 감사 표시의 대상에 포함되지 않았으며, 당시의 조선은 유구측에 어떠한 반응도 보이지 않았다.

그러나 19년 이후 숙종 42(1716)년 유구가 다시 9명의 진도 출신 조선 표류민을 청을 통해 조선에 송환하였을 때, 유구인들은 표류민에게 자신들이 지난 번 송환하였던 이들이 무사히 본국에 돌아갔는지 여부를 알지 못하며, 송환 이후 소식이 없어 답답하다고 털어놓았다. 숙종 43년(1717) 조선 조정은 이번 표류민 송환 사건에 대해

---

22) 『同文彙考』 卷70 漂民 禮部知會船完停解船皷解京咨.

23) 『朝鮮琉球關係史料集成』 중 『同文彙考』 禮部知會發回謝漂人出送方物嗣后永停咨.

만력제(萬曆帝) 시기처럼 자문을 보내는 방안을 검토하였으나, 결국 숙종은 예조판서(禮曹判書) 송상기(宋相琦)의 주장에 따라 자문을 보내지 않기로 결정하였다. 송상기는 조선과 유구의 관계는 과거와 다르며, 자문을 보낼 경우 조선이 '사교(私交)의 죄'를 범하게 될 것을 우려하였다.[24] 조선은 북경을 통해 유구에서 송환된 표류민을 수용하였지만 공문을 통한 왕래는 하지 않았던 것이다. 이와 같은 결정은 과거의 우호적인 전통을 파괴할 뿐만 아니라 유구가 애초에 표류민을 송환하면서 품었던 기대를 저버리는 것이었다. 양국 정부는 서로 의견을 전달할 구실을 잃어버렸고, 관계가 점차 소원해졌다. 숙종 43년의 자문을 보내지 않기로 한 결정은 조선 말기까지 이어졌고, 하나의 고정된 방식이 되었다.

송환은 수용하나 자문을 보내지 않는 이 방식은 이후 양국 관계가 점차 소원해지는 데 결정적인 영향을 미쳤다고 할 수 있다.

II. 1611년 제주표착 '유구왕자' 피살사건

1611년 8월, 안남에서 일본으로 가던 한 상선이 제주도로 표류하였다. 제주목사(牧使) 이기빈(李箕賓)과 판관(判官) 문희현(文希賢)은 처음에는 연일 접대를 하고 극진히 예우했다. 그러나 이들은 표류한 선박 안에 값비싼 황색 명주실과 수백 수천 계(計)에 달하는 명주마노(明珠瑪瑙)를 보고 욕심이 생기면서 군졸을 동원하여 선박에 타고 있던 선원을 전부 몰살하였다. 그리고는 살인과 약탈의 흔적을 은폐하고자 왜구 도적이 일으킨 전쟁으로 위장하였고, 결국 선박을 태워

---

24) 『肅宗實錄』 43년 1월 2일.

버리고 왜구를 잡았노라 선언했으며, 이 덕분에 국가의 포상을 받기도 했다. 그러나 이후 사람들이 곧 표류해온 선박이 매우 높고 컸으며, 선박 안에 10여 개의 돛이 있는 것을 근거로 왜구의 선박이 아니라고 논박하였다.[25] 그러나 조선 조정은 배에 타고 있던 인원의 국적과 신분을 진지하게 조사하지 않았으며, 피살된 사람들의 본국에 어떠한 통보도 시도하지 않았다.

광해군 4년의 실록에는 이 배에 남경인과 안남인이 타고 있었다고 기록되어 있으며, 광해군 5년의 기록에는 중국인과 일본인, 유구인이 타고 있었다고 되어있다. 그렇다면 배에는 중국인, 일본인, 안남인, 유구인이 모두 있었던 것일까? 아니면 중국인, 일본인, 안남인만 있고 유구인은 없었던 것일까? 살인을 하고 물건을 약탈한 제주 관병은 배에 타고 있던 인원의 신분을 분명히 명히 명했다. 광해군(1608-1623) 실록의 기록에 따르면, 배에는 20대의 '유구사신'이 있었는데, 피살 직전에 비통한 절명시(絕命詩)를 한 수 지었던 것으로 미루어 그의 신분이 비교적 높았음을 짐작할 수 있다. 이 때문에 광해군 10년에서 14년 사이, 유구의 군대가 바다 섬에 숨어 복수를 준비한다는 소문이 한양에까지 들려왔다.[26]

인조 원년(1623), 인목대비(仁穆大妃)는 광해군의 실정에 대해 중국에 보내는 상주문에 "광해군은 변방의 신하를 시켜 유구의 '세자'를 참살하였다"는 문구를 집어넣었다. 그러나 결국 대신(大臣)은 이 시기에 이미 피살자가 세자인지를 증명할 방법이 없었으며, 이 사건은 긴요하지 않다는 이유로 거절하였다.[27] 하지만, 10여 년이 지난

---

25) 『光海君日記』4년 2월 10일, 5년 1월 28일.

26) 『光海君日記』10년 8월 22일·24일, 14년 5월 10일.

27) 『仁祖實錄』 원년 4월 14일 「慈殿下敎于政院 令於奏文中 添入數款語 其一 琉球國世子漂到我境 使

이후 '사신'이 '유구의 세자'로 변화된 점은 당시 제주도에서 발생한 살인약탈 사건이 제대로 조사처리가 되지는 않았음을 시사한다. 이는 선박 안에 왜구가 있었다 하더라도 억울하게 죽은 다른 국가의 사람이 있었으며, 선원 전부를 살해한 것은 보안을 지키고 처벌을 받지 않으려는 의도였음을 분명히 보여준다. 그럼에도 이 사건을 신중하게 다루지 않은 것은 광해군이 이미 유구가 사츠마에 항복했다는 사실을 알고 있었으며, 그래서 유구와의 관계를 예전처럼 중요하게 여기지는 않았음을 보여준다.

결국, 배에서 피살당한 유구인의 신분은 인조 시대에 와서 사신에서 세자로 바뀐 것이었다. 그렇다면 세자가 피살당한 일이었으니, 그야말로 엄청난 충격이 아닌가. 그래서 제주도민들은 자신들이 표류하다가 제주도인이라는 신분이 밝혀지면 참혹한 보복을 당하지 않을까 걱정하게 된 것이 아닐까 생각된다.

1611년 제주에서 살해와 약탈을 당한 이들은 적어도 3개국 이상의 사람들이 모여 형성된 해상단체였다. 17세기 초 쇄국정책을 펴기 전까지 일본은 안남과 좋은 무역관계를 유지하고 있었다. 중국인은 일본과의 무역이 금지되었으나 그 대신 밀무역이 성행하였고, 명의 선박과 루손(Luzon)에서 돌아오는 일본 선박이 나가사키에 모였다. 선원피살사건이 나가사키에 알려졌다면 곧바로 동남아까지 퍼져나갔을 것이다. 그러나 1611년에서 1687년까지 세 차례이나 유구에서 일본을 통해 조선 표류민을 송환하였다는 기록이 있었음에도 불구하고, 자료 중에는 유구인이 자신의 국민이 살해당했음을 알고 있거나 세자를 위한 복수를 하고자 한다는 기록이 없으며, 마찬가지로

邊臣潛啓 領相李元翼 禮判李廷龜 大提學申欽 卽日請對 元翼曰 慈殿下敎 多有過當之語 故欲爲稟裁矣 元翼曰(中略) 琉球事 其爲世子與否 自此難知 且無輕重於此事 似不當擧論」.

다른 국가의 사람들이 이 사건에 반응을 보였다는 기록도 없다. 이는 아마 이 시기가 명말청초(明末淸初)였기 때문에 중국 주변 해역이 안정되지 못하였고, 표류민이 발생하여도 송환되는 확률이 낮았기 때문인 것으로 보인다. 물론 아직은 관련 자료가 발견되지 않았을 가능성도 있다.

그런데 17세기 중엽, 또 다시 외국인 상선이 제주도로 표류하였다. 이것이 바로 네덜란드인 하멜과 그의 일행 36명이 표류해 온 사건이다. 이 사건 이후 발생한 제주도민의 해외 표류 기록에는 1611년 사건의 후유증이 드러난다.

1653년 제주도로 표류해 온 하멜과 그의 동료들은 조선의 생활을 견딜 수 없어 대신 민유중(閔維重)과 효종(孝宗)에게 돌려보내 줄 것을 요청하였으며, 청조에서 온 사신에게도 도움을 요청하였으나[28] 모두 소용이 없었다. 결국, 하멜을 비롯한 8인이 1666년 9월 배를 탈 기회를 잡아 나가사키로 도주하였다.

일본은 1612년 기독교 금지령을 내리고, 이후 1623년에 영국, 1626년 스페인의 선박에 대해 항구에 오는 것을 금지하였다. 네덜란드인만이 기독교 문제에 개입하지 않았기 때문에 일본인의 신뢰를 받았고, 해상들과 네덜란드인들은 이를 계기로 새로운 무역관계를 맺게 되었다. 동아시아를 항해하는 선박은 모두 일본, 중국, 네덜란드와 관계가 있었기 때문이다. 하멜 일행은 일본에서 3개월여를 머물렀고, 그들이 조선에서 14년간 지낸 경험담은 재빨리 일본인과 나가사키를 왕래하는 중국상인 및 네덜란드인 사이에 퍼져나갔다.

---

28) 『하멜 표류기』 참조.

이후 일본 당국이 조선에 체류 중인 다른 8명의 네덜란드인 송환을 요구하였다. 네덜란드는 그들의 속군(屬郡)이며 표류 당시 그들이 조공을 바치러 오는 길이었는데, 조선이 표류 선박을 발견할 시 즉시 통보할 것을 규정한 과거의 약정을 위반하였으며, 오히려 선상의 30만 냥에 달하는 재화를 갈취하고 표류민을 구류하고 있다는 것이 일본 당국의 논리였다.[29] 조선은 양국 간의 마찰을 피하고자 쓰시마인을 통해 네덜란드 표류민을 송환하였다. 사실 조선은 원래 효종(1649-1659)의 북벌정책 때문에 새총과 대포를 잘 아는 네덜란드인을 훈련도감에 보내었고, 이후 그들이 조선의 기밀을 유출할 것이 두려워 억류하였던 것이다.

한편 하멜이 1668년 암스테르담에 도착하고, 그의 표류기가 곧바로 출판되어 프랑스어(1670), 독일어(1671), 영어(1704)로 번역되자 그 책은 유럽인이 조선을 이해하는 지침서가 되었다. 1653년 제주도로 표류해온 네덜란드인은 서방에서 동방으로 넘어온 무역조직이었다. 제주도인들은 그들을 박대한 대가로 매우 빠른 속도로 자신들의 악명을 해외에 떨치게 되었던 것이다.

III. 사건의 후유증과 피살자의 신원에 대한 오해

1. 해외로 표류한 제주도민의 신분 은닉

조선 후기 조선인이 유구로 표류했다가 송환된 기록은 총 34차례이다.[30] 나가사키와 쓰시마를 통해 송환된 경우를 제외하면 다른 표

---

29) 『顯宗實錄』 7년 10월 庚午.

류민들은 모두 북경을 통해 송환되었으며, 귀국한 후 모두 문정기를 남겼다. 17세기 말에서 19세기 후반까지 몇몇 문정기에는 제주의 표류민이 유구 등 동남아 국가나 지역으로 표류한 후 자신이 제주출신이라는 이유로 살해당할 것을 우려했으며, 이 때문에 자신의 제주원적을 감추고 전라도나 다른 지역출신이라 속였다는 기록이 나온다. 이하는 17세기에서 18세기까지의 사례이다.

<17-18세기 해외로 표류한 제주도민의 신분 은닉>

시기	제주도민	표류 장소	위장 신분
1687	김태황 일행 24인	안남	전라도 흥덕현
1699	군관, 색리(色吏), 격군(格軍) 54명	일본 야꾸시마섬(屋久島)	전라도 나주
1702	제주인 42명	일본 사츠마(薩摩)	전라도 무안
1730	김백삼 등 30명	대만	전라도 나주
1741	강세찬 등 21명	유구 토쿠노섬(德之島)	전라도 나주
1770	주동성 등 8명	중국 장산섬(長山島)	전라도 강진현
1775	고제신 등 7명	중국 절강(浙江)	전라도 나주
1796	이방익 등 8명	대만 팽호(澎湖)	전라도 전주

① 우선 1687년 김태황 일행 24인이 안남국의 회안부(會安府)로 표류해갔을 때 이들은 그 곳의 관부에 자신을 조선 전라도 흥덕현 사람으로 소개했다.[31] ② 1699년 일본 야꾸시마섬으로 표류해 간 제주 군관, 색리, 격군 54명은 "왜인이 제주사람을 만나면 때리고 죽

---

30) 이훈, 위의 논문, 221-223쪽.
31) 김봉옥·김지홍 편, 「김대황 표해 일록」(『옛 제주인의 표해록』, 전국문화원연합 제주도지회, 2001).

일 것이기" 때문에 나주 사람으로 위장했다.32) ③ 1702년 43명의 제주도민 역시 마찬가지의 이유로 일본인들에게 자신을 전라도 무안 사람으로 소개했다.33) 이후 ④ 1730년 김백삼 등 30명의 제주인이 대만으로 표류해갔을 때, 그들은 "다른 나라 사람들이 살해사건 때문에 제주인을 가장 미워한다"는 소문을 들었기에 배에서 호패(號牌)를 태워버리고 출신지(原籍)를 나주로 고쳐 말했다.34) ⑤ 1741년 강세찬 등 21명의 표류민이 바다에서 표류하며 낙담하고 있을 때 '자신들을 살해할지도 모르는' 유구로 표류할까봐 걱정하며 갖고 있던 호패를 바다로 던져버렸다.35) ⑥ 1770년 장산도로 표류해 간 주동성 등 8명의 제주인 역시 "제주라는 두 글자는 대국(大國)에서 금기이다"고 말하며 자신을 전라도 강진현 주민으로 위장하였다.36) ⑦ 1775년 고제신 등 7명 역시 절강에 표류해갔을 때 "제주라는 글자는 대국에서 금기이므로" 나주 사람으로 신분을 위장했다고 송환 당시 밝혔다.37) ⑧ 1796년 제주도민 이방익이 팽호로 표류해 갔을 때도 자신을 전라도 전주부 사람이라 위장하였다.38)

조선과 유구의 관계가 좋지 않다는 소문은 조선뿐만 청국에도 알려져 있었다. 청조의 책봉부사 신분으로 유구에 다녀온 이정원(李鼎元) 역시 이 소식을 들었다. 1801년 사은사(謝恩使)를 따라 북경에

32) 『邊例集要』上卷 3 己卯 5月 條.
33) 上揭書, 壬午 7月 條.
34) 『備邊司謄錄』, 英祖 6년 6월 10일 濟州漂海回還人問情別單.
35) 『備邊司謄錄』, 英祖 17년 2월 16일 濟州漂海回還人問情別單.
36) 『備邊司謄錄』, 英祖 46년 6월 21일 濟州漂海回還人問情別單.
37) 위와 같음.
38) 앞의 『옛 제주인의 표해록』「이방익 남유록」.

와서 책을 샀던 유득공(柳得恭) 은 유구와 조선의 관계에 대해 위의 이정원으로부터 바로 그런 질문을 받았다.[39]

위에서 서술한 표류민의 서술을 통해 우리는 17세기 말부터 18세기 말까지 (사실상 19세기후반까지) 제주의 표류민들은 유구에 표류하여 살해당할 것을 두려워했을 뿐만 아니라, 중국이나 일본 혹은 기타 동남아지역으로 표류했을 때도 자신이 제주도 출신이라는 이유로 불이익을 당할 것을 걱정했다. 이 때문에 자신의 제주 원적(原籍)을 전라도의 다른 지역으로 바꾸어 얘기하고, 심지어는 '제(濟)'자가 적힌 자신의 호패를 바다에 던져 버렸다는 것을 알 수 있다.[40]

2. 조선 군주의 걱정과 대책

제주도민은 외국으로 표류했을 때 생명의 위협을 받을까 걱정하였고, 그 점은 국왕도 마찬가지였다. 특히 국왕은 진상품을 보내려 떠났다가 실종된 사람들에 대해 무척 걱정하였다. 영조 34년에 당숙(唐橚)을 국왕에게 진상하러 떠났다는 사람들이 한양에 도착하지 않자 영조는 운송하는 사람들이 도중에 폭풍우를 만나 유구로 표류하여 살해당하거나 다치지 않았을까 걱정하였다.[41] 영조는 만년에 여러 차례 유신(儒臣)에게 「명사유구국전(明史琉球國傳)」, 「일본안남유구국권(日本・安南・琉球國卷)」과 「유구국사(琉球國史)」기록을 읽을 것을 분부하였다. 정조 역시 관원들에게 『유구국지략(琉球國志略)』을 읽고자 하니 구해오도록 지시 하였다. 영조와 정조는 살아 돌아온

---

39) 柳得恭, 「燕臺錄」, 『燕行錄全集』60.

40) 『備邊司謄錄』, 英祖 51년 12월 25일 濟州漂海回還人問情別單.

41) 『承政院日記』, 英祖 34년 2월 8일.

표류민을 특별히 접견하고, 그들을 위로하고 보상을 하였으며, 유구에 대한 소식이 있으면 관심을 기울이고 최대한 기록하고자 하였다

조선은 태종(太宗) 이래로 북경에 다녀온 사신은 귀국 후 10일 내에 반드시 중국 견문 보고를 올리도록 규정하였다. 이 때문에 조선의 사신들은 많든 적든 북경에서 유구 사절을 관찰한 기록을 남겼다. 흥미로운 것은 조선후기 효종부터 헌종(憲宗)까지 유구에 대한 견문 기록 중 상당수가 정조시기에 집중되어 있는 점이다.

이것은 귀국한 표류민이 유구에 대해 자세한 정보를 제공할 수 없었던 것과도 관련이 있을 수 있다. 영조 17년(1741)의 표류민 문정기에 따르면, 유구는 표류민을 대나무 밭에 가두어 놓았으며 후에야 그들을 호송하여 왕성으로 데려갔다. 호송은 모두 밤에 이루어졌으며, 또한 교외 강변에 안치하여 표류민은 성 안의 상황을 알 수 있는 방법이 없었다. 20명의 표류민은 4년여를 외국에서 떠돌았으나(그중 유구에 1년 머물렀다), 귀국 후 보고한 내용은 매우 제한적이었다.[42] 정조 5년(1781) 2월 전라도의 남녀 및 아이들 12명이 1만여리 떨어진 곳으로 표류해가 3년 후에야 유구와 중국을 거쳐 고향으로 돌아왔다. 비변사 낭청(備邊司 郎廳)이 상세하게 문정(問情)한 후 문정별단을 작성하였으나, 사헌부(司憲府)로부터 탄핵을 받았다. 이유인즉 "이번 표류민은 만리를 거쳐왔으니 물어볼 것이 많고, 알 수 있는 것이 하나 둘이 아닐 것이다. 그런데 비변사가 저렇게 대충 조사했다니 참으로 한심한 일."(今番漂到人經屢萬里, 凡所可以問, 可以知之事, 不一而足, 名以備邊之司, 如彼玩愒, 殊極寒心)이라는 것이었다. 이에 사헌부에서는 각 해당 낭청과 유사당상(有司堂上)을 엄히 추고하

---

42) 『承政院日記』, 英祖 17년 2월 14일.

도록 상주하였고, 정조는 이런 건의를 받아들였다.[43] 유구의 은폐주의 때문에 표류민이 귀국한 후 작성한 문정기가 조정의 유구 정보에 대한 수요에 미치지 못하였고, 그 때문에 문정한 관원을 징계하려 한 것 아닌가 생각된다.

위의 내용으로 미루어 표류민으로부터 상세한 유구 물정을 얻기란 어려워 보이며, 현지 상황에 대한 조사나 서적의 대조는 더욱 기대하기 어려웠음을 알 수 있다. 그러므로 유구 소식은 북경에 간 사절로부터만 들을 수 있었다. 그래서 이후 영조는 22, 26, 28, 31년에 귀국한 사절에게 북경의 유구 사신 소식을 물었다.

유구는 청대에 2년에 1차 조공을 하였고, 조선 사신은 그 때 마다 유구 사절과 함께 정조조참례(正朝朝參禮) 활동에 함께 참석하였다. 정조도 영조의 뜻을 이어 표류민의 문정기와 북경에 간 사절의 견문록에 특별한 관심을 기울였다. 정조는 재위 24년 중 16년과 20년을 제외하고 2년부터 24년까지 2년마다 사신의 견문기록에 짧은 내용이라도 유구에 대한 것을 남기도록 했다. 정조와 대신들이 유구에 특별히 관심을 보였음을 증명한다.

영조 4년(1728) 유구는 9명의 제주도민을 청국을 통해 송환했다. 당시 조선 조정은 숙종 43년(1717)의 전례 때문에 유구에 아무런 답변도 하지 않았다. 만년의 영조는 제주도 표류민의 안전을 걱정하면서도 유구에 대해서는 미안함을 느낀다고 하였다. 그렇다면 무엇에 대해 미안했다는 것일까. 이에 대해서는 아무런 설명이 없다. 아마도 1611년의 제주도살인사건과 관련이 있고, 또한 숙종 43년(1717) 유구에 자문(咨文)을 보내지 않기로 한 결정과 관련이 있는 것 같다.

---

43) 『備邊司謄錄』, 正祖 5년 2월 15일.

이 결정 때문에 조선 조정은 이후 감사의 표시를 하지 않았고, 미안함의 표시 또한 전하지 못했기 때문이다.

3. 피살자의 신원에 대한 오해

위와 같이 제주도민은 유구와 다른 동남아국가, 심지어 중국에 표착할 경우에도 죽음을 당하지 않을까 두려워했고, 조선 국왕도 이에 대해 걱정한 것은 사실이다. 그럼에도 불구하고 실제로 유구에 표착한 조선인들은 유구인들이 자신들에게 적대시했다는 기록을 하나도 남기지 않았다. 왜 그랬을까. 유구인들은 애초에 조선인들을 적대시하지 않았다. 제주인들이 살해한 것은 사실 유구의 사신(혹은 왕자)이 아니었던 것이다. 아래의 표류기에서 그에 관한 단서를 찾아 낼 수 있다.

(1) 1687년 김태황의 표해록

1687년 안남에 표류했다가 돌아 온 김태황의 표해록에는 이런 기록이 있다. 제주도에서 일본으로 표류했다가 살아 돌아온 이들의 이야기가 있는데, 그들이 들은 바에 따르면 이러했다. '동남아 각국의 사람들은 "제주도 사람들이 가장 사납다. 각국을 왕래하는 상선이 땔감이나 물이 없어, 혹은 선구(船具)를 잃어버려 해안가에 접근하면 제주도 사람들은 군사를 보내 땔감과 물을 주지 않고 해안가에 오지도 못하게 했다. 이 때문에 우리는 (제주도 사람들에게) 원한을 품고 있으며, 그 지역 사람들을 만나면 죽여도 시원치 않다!"고 말했다.'고 한다.

요컨대 제주도에서는 군사를 보내 각국 상선을 제주도에 접근하지 못하게 막고, 땔감과 물을 주지 않는 등 도움을 주지 않았고, 이 때문에 각국 사람들은 제주도민을 만나면 반드시 살해해 복수하려 한다는 것이다. 즉 제주도에 표착한 외국 난선에 대한 구조와 호의가 안 보이기 때문이었다.

사실 외국의 표류 선박을 호의적으로 대하지 않은 것은 제주도인들 자신의 의도는 아니었다. 이것은 그 당시 조선 조정의 규례(定式)였다. 조선 조정은 선박이 손상을 입었더라도 완전히 망가지지 않은 한 그들의 선박을 먼저 살펴보고 문제가 있으면 기물을 고쳐주고 돌려보내라고 지시한 바 있다. 튼튼하고 이상이 없는 선박에 대해서는 비교적 먼 곳에서 표류하고 있다면 동태를 관찰만 하고, 해안가에서 멀지 않은 곳에서 표류한다면, 그 선박과 사람이 어떠한지를 관찰하고 해안가로 접근하게 하지 말 것도 명하였다. 만약 해안가에 다가온 선박에 대해서는 어느 나라에서 왔는지 묻고 공문을 검토한 후 보내도록 지시하였던 것이다.[44]

1688년에는 통제사(統制使) 이세선(李世選)이 표류해온 선박을 지켜주고 난선을 영내에 정박하도록 허락했기 때문에 정부는 위에 언급한 조정의 규정을 다시 천명해야 했으며, 또한 양남감사(兩南監司)와 통제사, 수사 등이 이를 쫓아 행한 것을 알고 있었다.[45]

김태황의 표해록에는 제주도민이 사납고 난선과 난민을 돕지 않았다고 했을 뿐, 제주도에서 발생한 유구사신의 살해에 대한 내용은 없다. 그러나 또 같은 사건에 대한 다른 제주 표류민 고영상(高英商)의 서술을 보면,[46] 당시 안남의 관리들은 분명히 표류민에게 그들의

---

44) 앞의 『옛 제주인의 표해록』 중 「김태황 표해 일록」.
45) 『備邊司謄錄』, 肅宗 14년 8월 22일.

태자가 이전에 조선인에 의해 살해당했기에 반드시 복수할 것이라고 말했다. 그러나 다행이 그들은 한 귀부인의 권고로 무사히 돌아올 수 있었다는 것이다. 각기 다른 시기에 작성된(고영상의 표해록은 1727년에 완성되었다) 동일 사건에 관한 두 표류민의 증언은 제주도인들이 외국인에게 미움을 받은 이유를 잘 제시하고 있다. 하나는 외국의 표류민을 박대했기 때문이고, 다른 하나는 살해와 약탈 때문이다. 게다가 살해당한 이 중 하나가 안남의 태자였음을 말해주고 있다.

배안에 안남왕자가 타고 있었다는 증거는 또 하나 있었다. 즉 1771년 작성된 장한철의 표류기이다.

(2) 장한철(張漢喆)의 표류기

장한철 표류기의 줄거리는 아래와 같다. 1770년, 제주 향시(鄕試)에서 수석을 차지한 장한철은 서울로 가 시험을 보고자 다른 일행 29명과 함께 제주에서 출발하는 배를 탔다. 그러나 도중에 폭풍우를 만나 우선 호산도(虎山島)로 표류해 해적으로부터 약탈을 당했고, 이후 안남 선박에 의해 구조되었으나 다시 쫓겨나 청산도로 표류하였다.

표류기에 보면 표류한 지 오래되지 않아 장한철은 같은 배를 탄 사람들에게 "유구의 태자가 제주에 표류해왔을 때 당시 목사가 아무 죄 없는 그들을 공격하고 그를 살해하고 배에 불을 지르고 물건을 약탈하였으니, 이후 유구인들이 제주인을 보면 반드시 복수하고자 하지 않겠는가?"라고 말하며 육지에 다다르지 못한 같은 배 사람들을 위로하였다고 하였다. 이후 그들은 구사일생 격으로 아주 큰 배

---

46) 鄭東愈의 『晝永編』一 참조.

를 만나 구조를 받았다. 이 배에는 안남인과 明末에 안남으로 이주해 간 중국인이 타고 있었으며, 이들은 무역을 위해 일본으로 가는 길이었다. 이들은 조선의 난민을 불쌍히 여겨 그들을 우선 일본으로 데려가고, 이후 조선으로 돌아갈 수 있게 해주겠다고 하였다.

그러나 그 배에 탄 지 4일 째 되는 날, 표류민들은 그들의 눈앞에 한라산이 보이자 기뻐하여 어쩔 줄 몰라했다. 그러자 배 안의 사람들은 그들이 제주도민임을 알게 되었다. 곧 안남인과 중국인들은 마치 싸우는 것처럼 요란을 떨며 얘기를 나누었고, 안남인은 고성을 지르며 눈을 부릅뜨고 울부짖었다. 저녁 무렵이 되자 중국인은 장한철 일행에게 다음과 같이 말했다.

> "이전에 탐라의 왕이 안남의 세자를 죽였다. 지금 안남인은 당신들이 탐라인임을 안 이상 다 죽여 복수하겠다고 한다. 우리가 겨우 설득하여 그들이 당신들을 죽이지는 않기로 했으나, 원수들과 같은 배를 타고 갈 수는 없다고 한다. 그러니 우리는 여기서 당신들을 내리게 할 수밖에 없다."

이렇게 하여 29명의 표류민은 순식간에 '천당에서 지옥으로 떨어지듯' 대양에서 다시 떠돌게 되었다. 하루 뒤인 정월 초 엿새 날 청산도 해안가 근처로 표류했을 때 배는 거의 부서진 상태였다. 여러 명이 혹한의 밤을 틈타 배에서 뛰어내려 헤엄쳐가고자 했으나 19명은 물속에서 죽었고, 두 명은 해안가 절벽을 타고 오르던 중 발을 헛디뎌 떨어지는 바람에 만신창이가 되었다. 결국, 장한철을 비롯한 8명이 살아 돌아왔으나, 고향에 돌아온 후 5개월 사이에 4명이 또 숨졌다.[47]

---

47) 앞의 『옛 제주인의 표해록』중 「장한철 표해록」.

위의 장한철의 표류기는 사람들이 무엇을 오해했는지 잘 보여주고 있다. 즉 1611년에 제주도에서 살해당한 사람은 유구 태자가 아니라 안남의 태자였던 것이다. 결국 안남의 뱃사람들은 자신들의 태자를 살해한 제주도 사람을 원수로 여겼고, 그래서 21명의 제주도인이 바다에서 목숨을 잃는 참사를 빚게 되었음을 알 수 있다.

이에 반해 조선인들에 대해 복수를 천명했다는 유구인들에 관한 기록이나, 유구인이 조선인을 무례하게 대했다는 기록 등은 없는 것으로 보아, 제주인들 스스로가 유구의 왕자를 살해하였다는 생각, 그래서 유구인들이 자신들을 복수할 것이라는 생각 등은 어디까지나 제주인들의 일방적인 걱정이었던 것이다. 정동유(鄭東愈)가 1806년에 완성한 주영편(晝永編)에서도 이를 방증하는 기록이 등장한다.

"제주도 목사가 표류해온 유구 태자를 살해하고 진기한 물건을 약탈하였으며, 이 때문에 유구가 우리나라를 원수로 여기고 소식을 주고받지도 않는다는 소문이 공공연히 돌았습니다. 그러나 최근 연경(燕京)에 간 사신이 유구의 사신을 만나 그들이 우리나라를 적대시하고 있는지를 물었습니다. 그러자 유구 사신이 크게 놀라며 그런 일이 없다고 하였습니다."[48]

결국 광해군 10년~14년 사이에 떠돌았던 소문, 즉 유구병사들이 복수하고자 해도에 병력을 숨겨서 제주도를 침범하겠다던가, 유구가 조선인 표류민에게 보복한다는 말은 모두 뜬소문이었음을 알 수 있다.

---

48) 「有人爲濟州牧使殺琉球太子漂到者 奪其奇貨 故琉球仇視我國 更不通信云然疑之說 公然流傳 近日赴燕使臣有遇琉球使者 相與款恰 語次問貴邦以我國爲仇云然否 其人大驚 曰 無是事 無是事云矣」(見 鄭東愈, 『晝永編』上).

결 론

이상에서 임진왜란 이후 조선과 유구의 관계를 살펴보았다. 주요 논점은 1611년에 발생한 이른바 제주도 표착 '유구왕자' 피살사건이었다. 이 사건의 진상은 무엇이고, 사건이 이후 제주도인들에게 남긴 후유증과 조선 국왕의 이에 대한 근심과 대책, 특히 영조와 정조의 유구에 대한 관심과 정보 수집을 위한 노력 등을 살펴보았다. 이 글의 요점을 정리하면 다음과 같다.

첫째, 이른바 '유구왕자' 피살사건은 표류인을 통해 가능했던 조선과 유구의 민간교류에 1세기가 넘도록 그림자를 드리운 사건이었다. 제주의 목사, 판관과 군졸은 그곳에 표착한 100여명의 외국인들을 살해하고, 배 안의 재화를 약탈하였다. 피살된 외국인 중에는 일본인, 안남인, 중국인, 유구인 등이 포함되어 있었다. 광해군은 당시 그런 만행을 자행한 제주의 목사와 판관 등을 징계하였으나 몇 년 후 다시 그들을 임용하였다. 이후 정치적 입장은 광해군과 달랐지만, 인조도 그들을 임용한 것은 마찬가지였다. 인조 당시의 조정도 범죄자들을 징계하거나 살해된 이들의 국적이나 신분 등 그들의 신원을 자세히 조사하지는 않았다.

둘째, '유구왕자' 피살사건은 조선 조정은 물론, 제주도민에게 많은 심리적 부담을 초래하였다. 17세기 말에서 19세기 후반까지 동남아에 표류한 많은 제주도민들은 자신들이 제주도 출신임을 숨겼다. 이는 당시 동남아인들이 제주도민을 적대시하였고, 제주도민은 그들로부터, 특히 유구인들로부터 보복당할까 두려워했음을 보여준다. 그러나 제주도인들의 유구에 관한 두려움은 오해에서 비롯된 것이었다. 유구 측 기록에서 유구인이 제주도민을 적대했다는 자료는 발견되지 않기 때문이다. 그러나 유구인들이 이 사건을 모르고 있었는지, 유구왕자가 피살된 것이 사실인지 여부는 그동안 잘 규명되지 않은 상태였다.

셋째, 그동안 조선실록 등에서 제주도에 표착했다가 제주목사 이기빈 등에 의해 피살된 이들을 '유구사신' 혹은 '유구세자' 일행이라고 했지만, 사실은 안남의 태자와 다른 일행으로 파악된다.[49] 이를 방증하는 기록은 산발적으로 등장한다. 우선 1687년 안남에 표류한 고상영의 표류기 및 1770년 장한철의 해상표류 기록을 보면, 1611년에 피살된 인원 중 한 사람은 안남태자라고 기록되어 있다. 안남인들은 조선인에게 복수심을 갖고 있었으며, 안남에 표류한 조선인들에게 비우호적이었다고 했다. 유구를 제외한 동남아 사람들이 제주도민을 적대시한 것은 제주에 표착한 외국 선박에 대한 제주도민의 박대, 그리고 그런 상황을 기록한 하멜표류기의 영향도 있겠지만, 무엇보다 1611년 제주에서 발생한 안남태자 피살사건이 중요한 원인이었다고 생각된다.

넷째, 조선의 군주, 특히 영조와 정조는 유구에 관한 정보를 얻고자 부심하였다. 당시 유구에 관한 정보를 얻는 방법은 두 가지였다. 하나는 표류인을 통한 것이고, 다른 하나는 북경에서 유구의 동지사행을 통해 습득하는 정보였다. 그러나 두 가지 모두 장애가 있었다. 유구 측은 사츠마에 예속된 사실을 은폐하고자 자국에 표착한 조선인을 격리수용하였기 때문에 조선인 표류인은 유구의 사정을 자세히 관찰할 수가 없었다. 북경에 간 유구의 조공사신 역시 조선 사신과

---

49) 이 부분에 대해 추후 집중적으로 고찰한 별도의 글을 발표할 예정이다.

왕래하기를 꺼렸다. 결국 조선 측은 표류했다 귀환한 이들을 통해 자세한 사정을 알아보고자 하였고, 연행사(燕行使) 역시 유구와 유구인에 관해 무엇이든 자세히 기록하고자 하였다. 영조·정조의 이런 관심은 자국인의 안전에 대한 군주로서의 근심에서 비롯된 것이었다.

다섯째, 조선 정부는 비록 명이 멸망하기 이전까지 유구와 형식적으로 자문을 왕래하는 관계였으나, 사츠마가 유구를 부용국으로 삼은 사실을 확인한 이후 유구에 대한 태도를 달리하고 있었다. 물론 유구인들로서는 우호적이었던 조선과 종래의 관계를 지속하기를 희망하였지만, 이미 유구가 사츠마에 예속된 사실을 알고 있는 조선으로서는 과거의 관계를 지속할 수 없는 입장이었다. 1611년 제주도에서 발생한 '유구왕자'피살사건도 사실은 임진왜란 이후 고조된 조선의 일본에 대한 적대감, 나아가 유구가 조선의 적대세력에 의해 부용국으로 전환된 사실 등에 주요한 원인이 있었던 것으로 분석된다.

19세기 말의 한러관계와 북방 관련 지도
- 〈俄國輿地圖〉를 중심으로 -

이민원(동아역사연구소 소장)

1. 머리말

2008년 12월 22일자 연합뉴스 보도에서 문화재청은 〈大東輿地圖〉 목판을 비롯한 총 29점의 문화재를 보물로 지정했다고 밝혔다. 보물 1581호로 지정된 〈대동여지도〉 목판은 김정호가 〈青丘圖〉의 문제점을 보완해 만든 〈대동여지도〉를 찍어낸 목판으로서, 이 목판의 앞뒤 양면에 모두 지리에 관한 정보를 조각해 활용도를 높인 점이 높은 평가를 받았다고 전했다. 또 김정호가 그린 최초의 전국지도인 〈청구도〉 2건(보물 1594-1, 2호)은 기존 지도에 지리지의 정보를 결합한 참신한 형태라는 점에서 이 역시 보물로 지정됐다고 보도하였다.

한편, 19세기 말 金光薰·申先郁 등이 고종의 지시를 받아 연해주 일대를 '16년간 정탐하여' 제작했다는 〈俄國輿地圖〉(한국학중앙연구원 장서각 소장)도 군사적 목적으로 제작된 조선시대의 관방지도로서 그 의미가 깊어 보물1597호로 함께 지정됐다.50) 아울러 조선의 최고 행정 관청인 비변사가 행정, 군사적 목적으로 18세기쯤 제작한 〈함경도전도〉(보물1583호), 〈해서지도〉(1584호), 〈영남지도〉(1585호), 〈조선지도〉(1587호), 〈호남지도〉(1588호), 〈호서지도〉(1589호) 등 6건도 제작 수준이 높고, 지리 정보가 정확히 기재돼 보물 대열

---

50) 〈俄國輿地圖〉에는 녹둔도도, 서선택도, 나선동도, 목허우영도, 연추영도, 연추아민촌도, 지신허아민촌도, 한천구아민촌도, 아지미아민촌도, 시지미아민촌도, 해삼위도, 하마탕도, 송황영도, 소성도, 성호영도, 허발영도 외에 청아여지정형석의서 등이 실려 있다.

에 합류했다. 그 외 전주성 일대를 한 폭의 산수화처럼 묘사한 <전주 지도>도 보물 1586호로 지정됐다.[51]

이상의 지도류가 이 시기에 이르러 모두 국가의 보물로 지정된 이유는 무엇일까? 최근 동북공정을 둘러싼 한국과 중국의 갈등, 독도 영유권에 대한 일본 측의 망언 등이 겹치면서 영토에 대한 관심이 고조되는 가운데, 지도의 가치와 중요성에 대한 인식이 높아진 결과로도 볼 수 있다. <아국여지도>가 국가지정 보물로 선정된 데에는 한 장의 지도일지라도 국방과 외교 문제에서 차지하는 중요성이 매우 클 수 있다는 인식 변화가 중요한 작용을 한 것으로 생각된다. 그렇다면 <아국여지도>가 보물로서 지니는 구체적 가치는 무엇인가. 19세기 말에 제작된 이 지도는 당시 조선 정부의 대외 관계 인식과 국방의 역사, 기타 회화사 등에서 매우 귀중한 자료이기 때문이다.[52] 그러나 <아국여지도>의 성격과 그 가치를 정확히 짚어 내기 위해서는 몇 가지 의문점이 더 밝혀져야 할 필요가 있다.

첫째, 이 지도는 언제 제작되었는가, 둘째, 지도를 직접 제작한 이들은 누구이며, 지도 제작과 관련된 지휘계통과 관련 인물은 누구인가, 셋째, 지도 제작 과정은 어떠했는가, 넷째, 어떠한 목적으로 지도가 제작되었는가 등이다. 다섯째, 지도가 제작된 시기의 국내외 상황의 변화와 추이는 어떠했는가. 이상이 잘 파악된다면, 지도의 가치와 의미는 더욱 잘 드러날 것이다.

종래 <아국여지도>에 대해서는 몇몇 연구자들이 직·간접으로 관심을 부여해 왔고, 이들의 연구는 <아국여지도>의 분석과 이해에 많

---

51) 이밖에 '초조본 성지세다라니경(1579호) '은 보존상태가 좋고 역사적 의미가 깊다는 점에서, '서울 수국사 목조아미 타여래좌상 및 복장유물(1580호)'은 13세기 전반기 불상형태 등을 잘 드러낸다는 점에서, 각각 보물로 지정됐다. (이상의 보도는 문화재청 제공 자료에 근거함)

52) 「대동여지도 목판 보물됐다」, 『연합뉴스』, 송광호 기자.

은 도움을 주고 있다.3) 그러나 여전히 규명되지 못한 부분이 적지 않다. 가령 지도가 제작된 정확한 시점과 탐사기간, 지도 제작에 참여한 인물과 지휘계통, 지도의 제작 목적과 활용자 등이 그러한 부분이다. 이중 <아국여지도>의 제작 시기는 1885~1886년, 1895~1896년, 1885~1905년 설 등 다양하고, 제작자로 알려진 김광훈·신선욱에 대해서도 알려진 정보가 너무 부족하다. 나아가 이들을 지원한 상위의 인물과 관서가 모호하다. 나아가 이 지도가 유일본인지, 어람용인지 등도 궁금하다.

이 글에서는 이들 의문 중 <아국여지도>의 제작 시기와 참여자의 출신, 상위 계통 인물에 대해 일부 가능한 부분을 살펴보고자 한다. 나아가 지도의 제작 전후 시기, 즉 19세기 말의 한러관계를 점검해 봄으로써 지도의 가치와 성격을 가능한 범위에서 접근해 보고자 한다. 아울러 이 지도의 「淸俄輿地形情釋義序」에서 언급하고 있는 논조도 주목해 보고자 한다. 여타 미진한 부분에 대해서는 현지 조사와 각종 문헌조사 등의 방법이 있을 것이다. 다만 이 시기는 청, 러, 일, 영, 미 등과 접촉이 시도되던 때이므로, 러시아의 통상요구, 어윤중의 감계조사, 조러수교, 갑신정변, '조러밀약사건', 거문도사건, 조러육로통상장정 등 국제관계 진전을 감안하며 검토해야 할 것이다. 이들과의 연관성에 대한 부분은 차후의 과제이기도 하다.53)

---

53) 종래의 관련 연구로는 다음을 참조 바람. 柳永博, 「藏書閣 所藏 江左輿地記 論考」, 『國學資料』 38, 1980; 양태진, 『한국변경사 연구』, 법경, 1989; 辛承權, 「江左輿地記·俄國輿地圖 解題」, 『韓國學資料叢書』 2, 韓國精神文化硏究院, 1994; 반병률, 「러시아 최초의 한인 마을 地新墟」, 『한국근현대사연구』 26, 2003; 이송호·이재훈·김승준, 「연해주 와 고려인」, 백산, 2004; 이왕무, 「『아국여지도』에 나타난 조선의 러시아 영역 인식과 국경 상황」, 『북방사논총』 5, 2005; 문화재청 편, 『한국의 옛 지도』, 문화재청, 2008; 송순옥, 「자료소개-한국학중앙연구원 장서각 소장 국가지정문화재」, 『고전적』 6, 한국고전적보존협의회, 2010; 鄭秉峻, 「金奎植의 부친 金鏞元의 가계와 생애」, 『한국근현대사연구』 73, 한국근현대사학회, 2015.

2. 19세기 말의 한러관계와 러시아의 한반도 정탐

1) 19세기 말 한러관계의 주요 분기점

19세기 말의 한러관계는 애증이 교차된 바다. 한국사의 중요한 고비에 러시아를 겨냥한 열강의 역할이 개입되거나 러시아의 역할이 직접 작용하기도 했다.

첫째, 조선과 러시아의 수교 전후가 그러했다. 1860년 북경조약 체결과 러시아의 연해주 확보 이후 러시아의 남하에 대한 공포가 빌미가 되어 흥선대원군의 천주교도 박해로 비화되었다. 그런 인식은 조선의 문호개방과 조일수호조규의 체결, 이후 주일 청국공사관 참찬관 황준헌이 저술한 『조선책략』에 반영되어 '親中國結日本聯美邦'을 내세운 聯美論으로 연계되었고, 그것이 1882년 조미수호조약 체결에 이르도록 조선의 대외정책에 중요한 영향을 미쳤다.[54]

그러나 이같은 恐露 의식은 일본과 청국의 조선에 대한 경쟁적 내정 간섭과 세력 경쟁의 여파로 얼마 못가서 오히려 조선 측의 러시아에 대한 접근으로 전환되었다. 그 결과가 1884년 조러수교로 나타났고, 이후 1880년대 후반에 수차 등장한 '조러밀약사건'이다.[55] 이같은 변화는 조선의 러시아에 대한 인식의 일대 전환이었고, 그 파장도 국내외적으로 매우 컸다. 특히 청국에서 파견한 '주차조선총리교섭통상사의' 원세개의 과도한 조선 내정 간섭은 일본 측은 물론, 서양의 외교관과 선교사, 조선의 국왕과 개화파 인사에게 적지 않은

---

54) 宋炳基, 『近代韓中關係史研究』, 檀國大出版部, 1985 참조.

55) 申基碩, 「朝鮮問題에 관한 露淸外交關係: 韓露密約을 中心으로」, 『學術院論文集』 1, 學術院, 1950; 柳永博, 「藏書閣 所藏 江左輿地記 論考」, 『國學資料』 38, 1980; 任桂淳, 「韓露密約과 그 후의 韓露 關係(1884-1894)」, 『韓露關係100 年史』, 韓國史研究協議會, 1984, 83~84쪽.

반발을 샀다.

둘째, 조로밀약사건을 빌미로 비화된 거문도사건(1885~1887)은
장래 한반도의 향방은 물론, 청·일·러의 진로와 유럽 열강 사이의
역학 관계에 중요한 작용을 한 사건이다. 거문도사건을 계기로 러시
아는 시베리아횡단철도 착공을 적극 서두르게 되었고, 그 결과 1891
년 시베리아횡단철도가 착공되었다. 이 철도의 착공은 상대적으로
한반도와 대륙을 목표로 국력을 키워오던 일본을 비상체제로 돌입
하게 하여, 청국과 전쟁을 서두르게 했다. 이렇게 볼 때 러일전쟁의
'서전(緖戰)'격이었던 청일전쟁은 거문도사건 및 시베리아횡단철도
착공과 무관하지 않았다.[56)

셋째, 청일전쟁의 결과로 시모노세키조약이 체결되자 조선의 운
명은 사실상 일본에게 크게 기울어진 상태였다. 바로 그 상황에서
러시아가 주도해 일으킨 삼국간섭은 조선 조정에 영향을 미쳐 반일
적인 대응, 요컨대 '引俄拒日'을 불러 일으켰다. 그러나 그에 대한 일
본의 보복이 명성황후 시해로 비화되자 더욱 위기에 몰린 고종, 그
리고 한반도의 사태를 묵과할 수 없던 러시아 양측이 협조하여 추진
한 것이 고종의 러시아공사관 긴급피난, 요컨대 俄館播遷이다.[57)

한반도에서 유례없는 참극과 기이한 사태가 번복되면서, 러·일
은 <베베르·고무라각서>(1896), <로바노프·야마가타의정서>(1896),
<로젠·니시협정>(1898) 등 3차에 걸친 협상을 통해 한반도의 현상
유지에 잠정적 타협을 보았다. 이후 한국은 표면상 안정을 유지하는
듯 했지만, 내면적으로는 조선의 군사, 재정, 외교가 두루 러시아와

---

56) 李用熙,「巨文島占領外交綜攷」,『李相伯博士回甲紀念論叢』, 乙酉文化社, 1964, 459-499쪽; 崔文衡,
『제국주의시대의 列强과 韓國』, 民音社, 1990 등을 참조.
57) 이민원,『명성황후시해와 아관파천』, 국학자료원, 2002, 111-128쪽.

일본 양국의 상호견제를 받아 헤어나기 어려운 막다른 궁지에 처한 상태가 되었다.[58] 이런 상황은 러일전쟁 이르기까지 지속되었고, 가뜩이나 취약했던 대한제국 정부가 제대로 힘을 쓸 수 없었던 외적 조건이기도 했다.

이상이 19세기 말 한국의 상황이자 한러관계의 편린들이다. 이중에서 <아국여지도>와 관련지어 주목해 볼 시기는 1870년대와 1880년대이다. 더 범위를 좁힌다면 조러수교와 조러밀약사건이 진행된 1884년 전후이다. 조러수교 이전에 조선 조정은 청, 러와 영토가 마주하고 있던 변계에 깊은 관심을 가지고 감계조사를 시도했고, 조러수교, 갑신정변, 1·2차 조러밀약추진, 거문도사건, 천진조약, 조러육로통상장정 등이 이어졌다. 그 사이 조선의 내정과 외교에 관해서는 어윤중, 원세개, 메릴, 묄렌도르프, 김옥균, 데니, 민영익, 베베르 등 등장하는 각국 인물도 다양하다. 바로 이런 일련의 사건과 인물들이 교차되는 속에 <아국여지도>가 자리하고 있는 것이다.

2) 러시아의 한국에 대한 관심과 주요 기록

19세기 말 러시아의 '첩보 장교'들이 한러의 국경지역을 넘나들며 한반도의 지리와 교통, 인구, 물산, 군사 등 각종 조사를 풍부히 진행한 흔적은 역력하다. 그의 한 결과가 한국정신문화연구원(현 한국학중앙연구원) 자료조사실에서 편역해 낸 『國譯 韓國誌-本文篇』 등에 잘 요약되어 드러난다.[59] 그러나 그와 같은 정보의 축적과 첩보 활

---

58) 崔文衡, 『列强의 東아시아政策』, 一潮閣, 1979; Seung Kwon Synn, The Russo-Japanese Rivalry Over Korea, 1876-1904, Seoul: Yuk Phub Sa, 1981; 이민원, 『명성황후시해와 아관파천』, 국학자료원, 2002; 박 보리스 드미트 리예비치 지음, 민경현 옮김, 『러시아와 한국』, 동북아역사재단, 2010 등을 참조.

59) 韓國精神文化硏究院 資料調査室 編, 崔璇·金炳璘 飜譯, 『國譯 韓國誌-本文篇』, 韓國精神文化硏究

동은 일본도 마찬가지였다.

다만 러시아 측에서 한반도 내의 정보를 수집할 경우는 그들의 외모와 신장, 복장, 언어가 너무 다르기 때문에, 블라디보스톡과 그 부근 연해주 지역에 이주한 한인들이나 러시아에 가까운 한반도 내의 함경도 지역 한인들을 활용한 경우가 상대적으로 많았다. 아관파천 이후 조정 내외에서 활약한 김홍륙, 김도일 등도 그런 부류의 인물들에 속한다고 할 수 있다.60)

이에 비해 일본 측의 경우는 외모나 신장이 한국인과 유사하고 언어도 비교적 습득하기가 용이하였다. 일본의 첩자들은 조선의 상인이나 유람객을 가장하여 전국을 누비며 각종 정보를 수집하거나, 필요할 경우 유언비어를 날조하거나 각종 사건에 개입 또는 선동 공작을 한 흔적들이 두루 엿보인다. 심지어 이들은 조정 내외에서도 궁중과 부중을, 지방에서는 중앙 관부와 동학도 집단 사이를 오가며 갈등을 조장하고 선동한 내용들이 그 당시 서울 혹은 일본에 주재하던 서양 각국의 외교관들에게 잘 목도되어 본국에 보고되었던 바다.61)

일본의 우익 낭인들은 물론, 군 장교와 각종 정보원들이 상인이나 여행객, 약재상을 가장하여 한반도와 만주 나아가 유럽 등지까지 나아가 각종 정보를 수집하여 청일전쟁과 러일전쟁을 준비해 갔다. 일부의 사례로는 광개토왕비문 탁본을 만주에 정 탐활동을 갔다가 입수해 간 사카와 가게노부(酒匂景信), 그리고 유럽 주재 공사관부 무

院, 1984.

60) 이 부분에 대해서는 朴鍾孝 編譯, 『러시아 國立文書保管所 所藏 韓國關聯文書 要約集』, 韓國國際交流財團, 2002; 카르네프 외 4인 지음, A. 이르게바예브 · 김정화 옮김, 『러시아 첩보장교 대한제국에 오다』, ㈜가야미디어, 1994 등 을 참조.

61) 이에 대한 내용은 씰, 알렌 등 주한미국공사의 보고나 어네스트 사토우 등 주한영국공(영)사의 보고 등에 잘 드러나 보인다. 아울러 주일영국공사나 미국공사의 기록도 이런 점은 마찬가지였다.

관으로 파견되어 러시아궁정이나 스페인 등지에서 첩보 수집을 하며 러시아 와해공작을 추진한 아카시 모토지로(明石元二郎) 등이 있다. 아카시 모토지로는 후일 주차한국헌병사령관, 그리고 대만총독을 지낸 인물이기도 하다.[62)]

러시아 정보원들의 한반도 내부 정보 수집에 관한 공식, 비공식 기록은 아직 자세한 전모가 밝혀져 있지는 않다. 다만 그동안 많은 연구자들에게 주목되어 온 공식기록으로는 위에 언급했듯이 1900년 러시아 재무부에서 편찬한『韓國誌』를 들 수 있다.[63)] 기타 1990년대에 국내에 번역 소개되어 잘 알려진 카르네프 대령의 조사보고 등은 청일전쟁 직후 러시아 첩보장교들의 한반도 및 일본 등에 대한 조사와 정탐 활동을 엿보게 하는 중요한 사례이기도 하다.[64)] 그 외에 더 상세하고 종합적인 사례로는 국제교류재단에서 후원하여 박종효가 번역 소개한『러시아 국립문서보관소 소장 한국관계문서 요약집』[65)]), 그리고 19세기 말의 한러관계에 관한 세계적 명저로 꼽히는 렌슨(G. A. Lenson) 저서(*Balance of Intrigue I · II: International Rivalry in Korea and Manchuria 1884-1899*)[66)] 등에도 잘 드러난다.

이들 자료와 연구가 잘 보여주듯 러시아의 한반도에 대한 관심은 전통적으로 남하 정책을 추진할 수밖에 없었던 지리적 요인과 러시

---

62) 李基東,「硏究의 現況과 問題點」,『韓國史 市民講座 3-廣開土王陵碑』, 一潮閣, 1988. 9; 谷澤永一·太平洋戰爭硏究 會,『寫說 坂の上の雲』, 東京: 株式會社ビジネス社, 2004, 100~103쪽; 이민원,「러일전쟁과 대마도 해전」, 2012년 11월 22일 부경대 대마도연구소 주최,『전란기의 대마도』학술회의 발표문 참조.

63) 韓國精神文化硏究院 資料調査實 編『國譯 韓國誌-本文篇』, 韓國精神文化硏究院, 1984.

64) 카르네프 외 4인 지음, A. 이르계바예브·김정화 옮김,『러시아 첩보장교 대한제국에 오다』, (주)가야미디어, 1994; 이 책은 이후 필자 등의 감수를 거쳐『내가 본 조선, 조선인-러시아 장교 조선 여행기』라는 제목으로 2003년 6월 가야넷에서 다시 발간하였다.

65) 朴鍾孝 編譯,『러시아 國立文書保管所 所藏 韓國關聯文書 要約集』, 韓國國際交流財團, 2002.

66) George Alexander Lensen, Balance of Intrigue I · II: International Rivalry in Korea and Manchuria 1884-1899, Tallahassee: Florida State University Press, 1982.

아의 동아시아정책이 크게 작용한 것으로 볼 수 있다. 특히 1860년 청국과의 북경조약을 통해 러시아가 연해주를 확보함으로써, 이후 조선과 국경선을 마주한 러시아 입장에서는 현지 주둔 군사들에게 필요한 당장의 생필품의 조달을 위해서라도 조선과 교역이 필요했고, 장차 부동항 확보를 위해서도 한반도에 대한 유연한 접근과 정보가 필요했던 것이다. 나아가 1896년 모스크바에서 체결된 이홍장-로바노프 사이의 러청비밀협정, 1898년 러시아의 남만철도 부설권 획득 등을 통해 러시아가 여순·대련항을 개척하게 되면서 블라디보스토크와 요동반도를 잇는 중간 지대에 석탄고 기지 등을 확보하기 위해서도 한반도에 대한 정보 수집이 필요하였다.

이런 배경에서 1863년 고종이 즉위하고 흥선대원군이 조선의 정계에 막강한 영향력을 발휘하던 시기에 함경도 변경의 경흥, 경원 등 두만강 지역에는 러시아 측 변경 관리들이 접근하여 무역통상을 요구하기도 하였다. 이에 과민해진 흥선대원군이 러시아 남하에 대응, 프랑스의 지원을 모색하려다 일이 어긋나면서 승지 남종삼 등을 체포하는 한편, 국내에 잠입한 프랑스 신부 9명과 전국의 순박한 천주교 신자 수천 명을 체포하여, 함께 학살한 것으로 이해된다. 말하자면 국가안보를 우선적으로 고려했던 흥선대원군이 잘못된 대외정세 판단으로 순박한 천주교도들을 무자비하게 희생시킨 것으로 볼 수 있다. 직접이든 간접이든 러시아의 남하와 한반도에 대한 관심이 불러온 '烏飛梨落格'의 비극이다.[67]

---

[67] 흥선대원군이 대외사정에 어둡기는 하였지만, 그 역시 국방 문제로 대외정세의 흐름에 촉각을 곤두세우고 있었던 것은 사실이다. 청국을 다녀온 사절의 보고를 통해 그와 조정에서는 아편전쟁 이후 청국의 사태전개를 보고 받고 있었고, 조정에서는 그에 대한 대책을 숙의한 기록이 두루 보인다. 다만, 그런 정보를 가지고 보수적 대응을 한 것이 문제였을 뿐이다(하정식, 『태평천국과 조선왕조』, 지식산업사, 2008 참조).

3. 〈俄國輿地圖〉제작에 관한 몇 가지 문제

1) 지도의 양식과 제작 시기의 문제

<아국여지도>는 보물1597호로 지정된 한국학중앙연구원 장서각 소장의 귀중 지도이다. 이 지도는 19세기 말 두만강 어귀와 연해주, 그에 이웃한 청국령 일대의 지리와 인구, 물산, 군사 시설 등을 조선 측에서 상세히 조사하여 밝힌 것이다. 이 지도가 갖는 가치는 그 당시 조선, 러시아, 청국의 국경 상황을 연구하는데 매우 귀중한 자료라는 점이다.

지도의 제작 경위는 19세기 말의 어느 시점에 조선 조정 모처의 지시를 받아 金光薰·申先郁 등이 두만강 어귀의 청국령, 러시아령 일대에 잠입, 은밀히 조사, 작성해 올린 것으로 파악된다.[68] 그림 형식으로 작성된 이 지도는 전래의 關防圖 형식을 따랐다. 고급펄프지 洋紙에 수묵과 채색으로 그렸고, 전체 3m 정도의 종이를 20면으로 접되 2개의 면이 하나로 연접되어 1개의 지도를 그리게 하였다. 따라서 전체 지도는 10편이지만, 각 면마다 지도를 그리고 글로 설명을 붙인 절첩 형식이다. 즉 한 폭의 긴 종이에 여러 개의 지도를 그려 넣고 해설을 쓴 다음, 이를 접어서 한 권의 책처럼 만든 것이다.

지도의 맨 앞장에 목록(俄輿地圖目錄)이 있고, 목록 밑에 인구와 호수를 간략히 기록하면서 共通民 村 29개소에 2,647호, 인구 총 26,313명이라고 끝에 부기하였다. 이어 각 쪽마다 지역명, 가구수, 인구, 물산, 군사사항, 거리 등이 상세히 적혀있다. 맨 뒷장에 김광훈

---

68) 이 지도의 서지 사항에 대해서는 다음의 연구를 참조. 柳永博, 1980, 앞의 논문; 辛承權, 1994, 앞의 논문; 반병률, 「한·러·중 국경지역 한인마을들」, 『한국근현대사연구』 7, 2003; 국학진흥연구사업 추진위원회 편, 『아국여지도』, 한국학중앙연구원, 2007; 이왕무, 2005, 앞의 논문 및 「아국여지도 (俄國輿地圖)와 19세기 말 조선의 관방(關防) 의식」, 『俄國輿地圖』, 한국학중앙연구원 장서각, 2007.

과 신선욱이 작성한 일종의 해제로서 「淸俄輿地形情釋義序」가 있다. 이 지도의 정확한 제작 연도는 불분명하지만 시간적 범위를 넓게 잡는 경우는 1885~1905년 사이의 16년간으로 보기도 하고, 좁혀 잡는 경우는 1885~1886년 사이 2년간으로 보기도 한다.[69]

이 지도는 조선과 제정 러시아, 청나라의 국경 연구뿐만 아니라, 지도사나 회화사 측면에서도 귀한 자료이다. 작성 당시 1만여 명의 한인들이 살고 있던 연해주 일대의 사정을 상세히 알려주고 있어 러시아지역 한인 이주민의 연구에도 많은 참고가 된다. 지금은 러시아의 영토가 되어 있지만 당시 두만강 하류에 있던 鹿屯島에는 113가구, 822명의 조선인들이 살고 있고, 이들은 상투를 틀고 한복을 입는 등 모두 조선의 풍습과 가르침을 높이 숭상하고 있다고 기록되어 있다. 노령 한인들의 이런 모습은 1896년 민영환 특사가 모스크바를 다녀오면서 흑룡강 줄기를 따라 블라디보스토크를 경유해 올 때 한어역관 김득련이 목도하고 기록한 한인들의 모습과 거의 마찬가지였음을 알 수 있다.[70]

2) 지도 제작 참여자와 그들의 세계관

이 지도의 제작과 관련하여 가장 분명히 알려져 있는 인물은 金光薰과 申先郁이란 인물이다. 이들은 이 지도의 맨 뒷장에 일종의 해제 형식으로 「淸俄輿地形情釋義序」를 썼다. 그러나 이들의 경력에 대해서는 자세히 밝혀진 바가 없다. 향후 이들이 속한 가문의 족보 등이

---

69) 위에 소개한 유영박, 신승권, 반병률, 이왕무, 송순옥 등의 논문을 참조.

70) 이민원, 「조선특사의 러시아외교와 김득련-니콜라이 Ⅱ 황제대관식 사행을 중심으로」, 김양수·하우봉·이영춘·이상태·이민원 외 편, 『조선후기 외교의 주인공들』, 백산자료원, 2008. 20),『高宗實錄』권22, 고종 22년(1885) 6월 13일.

확인된다면, 더 자세히 확인될 수 있는 문제이지만, 필자 역시 주어진 시간의 제약으로 이들의 인적 사항이나 가계, 후손 등을 자세히 추적할 여유는 없었다.

다만, 朝鮮王朝實錄과 『日省錄』 등을 통해 추적한 결과 다음과 같은 점 등은 새로이 확인할 수 있었다. 첫째, 조선왕조실록과 『일성록』을 검토해 볼 때 이들은 '금지된 지역'을 비밀리에 넘나든 이유로 조정으로부터 징벌을 받아 멀리 귀양을 간 적이 있다는 점이다. 그리고 그 시기는 1885년 6월 13일(음력), 즉 1884년에 이루어진 조러수교가 있은 다음 해이다. 고종실록의 기록을 소개하면 다음과 같다.

> "전교하기를, …… 前虞候 金鏞元, 前五衛將 申先郁과 金光勳은 모두 미천한 부류로서 비밀리에 서로 드나들었으며 또한 참여한 일이 많으니 모두 다 遠地定配하여 간사한 무리를 꺾고 폐단을 막으라."

이어 6월 16일자 『日省錄』 기사에는 다음과 같은 내용이 등장한다.

> "義禁府에서 趙寵熙를 渭原郡 遠惡地로 定配하고, 金鏞元을 醴泉郡에, 申先郁을 泰仁縣에, 金光勳을 任實縣에 모두 遠地定配하되, 예에 따라 의금부의 서리를 보내 각기 정배소로 압송할 것을 아뢰니, 윤허하였다."[71]

이상의 기록으로 미루어 볼 때 김광훈, 신선욱은 물론 김용원도 조선의 북방 국경 지대, 즉 러시아, 청국의 접경지대를 비밀리에 넘나들며 모종의 목적을 위해 활동한 것이 분명하다. 조정의 허락없이

---

71) "義禁府啓言趙寵熙 渭原郡遠惡地定配金鏞元 醴泉郡 申先郁 泰仁縣 金光勳 任實縣紀立遠地 定配依例 遣府書吏請押送各其配所允之"(『日省錄』, 1884년 6월 16일조)

국경지대를 무시로 넘나들며 활동하였다면 당시로서는 극형에 처할 사항이다. 그러나 참여한 일이 많다고 하면서도 定配로 그쳤고 구체적 죄상도 밝히지 않았다. 이후 실록에는 기사가 나타나지 않으나, 『日省錄』에는 1888년 6월 27일자 기록에 이들 모두가 귀양지에서 방면된 기사가 등장한다.[72]

이들 사항은 모두 1884년 조러수교 직후였고, 청국의 내정간섭이 심화되어 가던 때였다. 전후 맥락으로 보아 이들이 러시아 변경에서 모종의 밀명을 수행하다가 청국 측의 압력으로 조정이 '免避用 처벌'을 한 것이 아닌가하는 생각이 들기도 하나 어디까지나 추측일 뿐이다. 둘째, 이들의 신분은 무관으로 파악된다. 신선욱과 김광훈은 모두 오위장 출신이고, 虞候 김용원이 이들과 이름이 함께 능장하는 경우가 더러 있다. 그러나 신선욱과 김광훈에 대해 실록의 기사만으로는 더 이상 자세하게 알 수 없는 아쉬움이 있다.

다만 여기서 여타의 기록에도 김광훈·신선욱과 함께 등장하는 김용원을 주목해 볼 필요가 있다. 김용원은 1876년 4월 4일 제1차 수신사 김기수의 일본 방문 당시 화원으로 참여하여 일본을 방문한 일이 있고, 1884년 촬영국, 장춘사, 광인사 등 상회사를 설립한 개화된 인물이며, 1884년 12월(양)에는 제1차 조로밀약사건 당시 고종의 밀사로서 권동수 외 2인과 함께 4인의 일행이 블라디보스토크에 파견되어 러시아 관헌과 회견을 하여 고종의 친서 전달을 요청한 바가 있다.[73] 이들과 김용원의 관계를 밝힌다면 <아국여지도>의 성격 파

---

72) "命海防營哨長久勤以德甫萬戶自辟差送口敎也放金鏞元等以慶尙道放末放敎曰金鏞元, 廉致壽放以全羅道放末放敎曰申先郁 金光勳 文有用 李恩植放以黃海道放末放敎曰李敎榮 金鳳善 林興周放以平安道放末放敎曰朴 寅煥 朴基奉 卞元圭 吳創澤放以江原道放末放敎曰尹敎善 柳令均放以忠淸道放末放敎曰李觀永 吳得善 李寬英李海 祚李武應 李晙沼 李道振放"(『日省錄』, 1888년 6월 27일)

73) 이광린, 『한국사강좌·근대편』, 일조각, 1981, 84쪽, 201쪽, 273쪽. 김용원의 경력으로 보아 <아국여지도>의 작성과 관련된 인물이 아닌가 생각되기도 한다. 그와 김광훈, 신선욱의 관계 등은 정밀

악과 해석에도 많은 도움이 될 것으로 생각된다.

이에 대해 필자가 발표한 「19세기 말의 한러관계와 아국여지도」 (2012년 장서각학술대회『장서각 소장 보물의 재조명』, 한국학중앙연구원 장서각, 2012.11.30)에 대한 허동현 교수의 논평이 흥미롭다. 김용원은 "1881년 일본을 방문한 조사시찰단의 일원으로 총포, 아연 등을 구입한 기술직 전문가였고, 일본에 머물며 금은분석법을 연수하고, 귀국 후 광산의 채굴기술과 양잠업을 배웠으니, 그는 고종 당시 궁월호위를 담당하던 무위소 소속으로서 근왕세력으로 보이며, 김광훈, 신선욱과 밀접한 관계로 보아 고종이 측근세력이 아니었을까" 하는 주장이다.[74]

이들의 지휘계통과 인맥 관계에 대해서는 추후 좀 더 깊이 추적해 볼 필요가 있을 것이다. 저간의 논의를 놓고 볼 때 지도의 제작시기를 좀 더 구체적으로 접근한 것은 1885~1886년 설이다. 그러나 이 경우도 좀 더 고려할 부분이 있다. 이 시기라면 지도 작성에 관여한 김광훈, 신선욱 등이 귀양을 가서 지도를 제작하여 완성했다는 결론이 된다. 그렇다면, 이들은 그 이전에 비밀리에 국경지역을 넘어가 수년간 정탐활동을 하고, 어렵게 지도까지 제작을 하고도 오히려 조정으로부터 처벌을 받은 셈이다. 귀양을 보낸 목적이 사실상 귀양이 아니고, 귀양을 간 현지에서 이 지도를 완성하라는 뜻으로 볼 수도 있으나, 그렇게까지 해석하기에는 뭔가 더 충분한 해석이 보충될 필요가 있다.

히 고려할 만하다.

74) 최근 김용원에 대한 연구가 등장하여 그의 생애와 가계, 후손에 대한 새로운 사실을 밝히고 있다. (鄭乘峻, 「金奎植의 부친 金鏞元의 가계와 생애」, 『한국근현대사연구』 73, 한국근현대사학회, 2015.) 이에 따르면 김용원은 '일찍이 양친을 여의고 고아'가 되어 언더우드의 양자가 된 것으로 알려진 근현대사의 주요 인물 김규식의 부친이다.

이들이 석방된 것은 1888년이다. 지도 제작은 그 이전에 마쳤지만, 그들의 인사문제는 조러밀약사건과 조선과 청국의 관계, 특히 원세개의 존재와 관련되어 나타난 현상이 아닌가 하는 것이 필자의 추측이다.

4. 조선의 노령 탐사 착수와 지도제작 완료시기

<아국여지도>는 언제부터 탐사를 시작하여 언제 작성을 완료한 것일까. 이 부분은 지도의 제작 목적이나 성격 이해에 중요한 관건이다. 앞서 언급했듯이 지도의 제작 시기를 두고 현재 여러 설이 있다. 1885년부터 1905년 사이에 작성된 것으로 보는 경우도 있고, 1885~1886년에 완성된 것으로 보기도 한다. 그러나 앞의 경우는 작성 시기에 대한 추정 범위가 너무 넓고, 후자의 경우는 너무 짧다. 필자의 생각으로는 1879년(고종 16) 이래 정탐 활동을 한 뒤 1884년 조러수교 이전에 완성하지 않았을까 추정하고 있다.[75] 필자의 이런 추정 근거로 몇 가지 주목할 것이 있다. 첫째는 김광훈·신선욱이 작성한 「淸俄興地形情釋義序」이고, 둘째는 조선왕조실록과 『일성록』 등의 관련 인물에 대한 기록 부분, 셋째는 한러수교 이전과 이후 한러관계 진행 당시의 객관적 정황이다. 먼저, 김광훈·신선욱이 작성한 「淸俄興地形情釋義序」를 살펴보자.

"대저 땅 모양을 묘사하여 한 조각의 종이 위에 옮겨 놓는 일

---

75) 이에 대해 허동현 교수는 논평 당시 16년래의 해석을 '고종 즉위 16년'이라는 해석에 공감하면서, 제작 완성 시기를 1882년 6월 이전으로 추정하였다. 주요 논거는 조선의 러시아에 대한 접근의 움직임이 그 당시에 이미 있었기 때문이다. 필자도 그의 개연성에 대해 공감한다. 이에 대해서는 任桂淳, 「韓露密約과 그 후의 韓露關係(1884-1894)」, 『韓露關係100年史』, 韓國史硏究協議會, 1984, 83~84쪽 참조.

과 人事를 정탐하여 힘써야 할 일로 표현하는 일이라면, 그것을 어찌 쉽게 말할 수 있겠습니까. 지금 온 세계는 예전에 비해 현격히 달라졌고, 사람으로서 힘쓰지 않아서는 아니 될 일은 서양의 글을 익숙히 읽는 일과 大洋의 기록을 익숙히 아는 것이니, 格物致知의 理氣心性의 규명 등은 利用厚生의 한 가지 방도보다 못한 것입니다.[76]

우물 속에서 하늘을 쳐다보는 것과 같은 좁은 소견으로써는 지금 눈앞의 원만한 지혜를 헤아릴 수가 없습니다. 그러므로 비록 그러한 포부는 지니고 있다 하더라도 마침내 더러운 사람이라고 외면당하거나 추녀가 미인을 흉내 내는 꼴과 같이 되고 말것이며, 만약 그 적임자가 아니라면 목적과 수단이 어긋난 나머지 귤나무를 심어서 탱자를 따게 되고 말 것입니다. 이렇게 되어서야 어찌하시겠습니까.[77]

근래에 러시아 한 나라는 우리와 인접하게 되어서 단지 두만강 한 줄기를 한계로 삼아 있는데, 청나라도 또한 일찍부터 입술과 이빨의 관계가 되어 국경을 마주보며 견제하고 있습니다. 저 러시아는 기세가 맞수끼리 바둑판을 대한 사람과 같아서 '먼저 착수하면 상대를 제압한다'는 기술을 구사하려고 합니다. 그러므로 러시아가 멀지 않아 갑자기 침입하리라는 점에 국가의 우려가 없지 않습니다.[78]

그런데 함경도 한 도는 국가의 北門이고 한 도의 육진도 또한 국가의 북문의 자물 통입니다. 지금 눈으로 본 것을 가지고 말씀드린다면, '어린 싹을 자르지 않고 두었다가 장차 굵은 가지를 도끼로 찍어내어야 하는 경우'가 없지 않을 것입니다. 그러므로 16년래 청나라와 러시아국에 머물면서 대략 그 국경을 엿보고 실상을 정탐한 결과 <아국여지도> 1본 및 정탐기록 초략을 사출하여 삼가 天門에 보고하고 閭閻에 아룀으로써, 만에 하

---

76) 이기심성론의 규명보다 더 중요한 것은 서양 학문과 세계 사정에 대한 지식이라는 뜻이다. 당시로서는 매우 민감한 내용이다. 이런 주장을 할 수 있는 의식의 배경을 좀 더 살펴 볼 필요가 있다.

77) 우물 안의 개구리 신세를 벗어나야한다는 도발적인 주장이다. 국내외 정세가 급변하는데, 국내 관료와 유생들의 세계관과 의식 전환을 촉구하는 듯한 내용이다.

78) 러시아에 대한 조선과 청의 공동 경계와 우려를 나타내는 부분이다. 이 부분도 지도 제작 및 완성의 시기에 대한 시사점을 던져주는 점이다. 좀 더 살펴 볼 부분이다.

나라도 잘못될까 염려하시는 聖上의 근심을 해소해 드리고자 합
니다. 金光薰 申先郁"[79]

이상의 「淸俄輿地形情釋義序」에서 시기 문제와 관련하여 무엇보다
주목할 것은 이 지도 제작을 위해 청국과 러시아에 머물러 정탐한
것이 '十六年來'라고 한 부분이다. 즉 <俄國輿地圖>에 실린 金光薰·申
先郁의 「淸俄輿地形情釋義序」에 '十六年來'라 고 한 것을 어떻게 해석
하느냐에 따라 지도 제작의 착수 시기와 완성 시기에 대한 해석이
달라지기 때문이다.

이를 두고 16년 동안 탐사하여 작성한 것으로 보기도 했다. 그러
나 필자는 이를 달리 생각해 보고 싶다. 결론부터 말하면 이를 '고종
즉위 16년 이래'의 의미로 보고 1879년으로 추정하고 있다. 즉 '지난
16년 동안'이라기보다는 '16년 이래'의 의미로 보는 것이다. 그리고
그 '16년 이래'란 다름 아닌 '고종 즉위 16년 이래' 요컨대 서기
1879년을 지칭하는 것 아닌가 추정하고 있는 것이다.

만약 '16년래'를 지난 16년 동안이라고 해석한다면, 어느 시기를
주장하든 몇 가지 문제가 해결되지 않는다. 먼저 이 지도의 제작 완
성 시기를 1885~1886년으로 추정한다 해도 16년 동안 조사한 것
이라면, 이미 1869년 무렵 지도 제작을 위한 탐사를 시작한 것으로
보아야 할 것이다. 그러나 1869년이라면, 홍선대원군이 국정을 주도
하던 시기인데 지도를 제작한 이들이 개화파와 같은 주장을 피력하
는 것이 과연 가능했을까 의문이다. 더욱이 남의 나라에 잠입해 16
년간 정탐 활동을 하고 지낸다는 것은 조사자의 삶이나 생존 기간

---

79) 이상의 인용문 내용은 장서각 국학자료연구실 기획, 김동석 교감·역주,『俄國輿地圖』, 한국학중앙
연구원 출판부, 2007, 54~55쪽.

등을 감안해 볼 때 너무 긴 것 아닌가 생각한다. 아울러 흥선대원군 시기에 파견된 인물이라면, 고종이 정책을 주도하게 되면서 조사자가 바뀔 가능성이 매우 높다. 고종이 친정한 이후 대외정책 방향이나 의식이 바뀌었고, 따라서 흥선대원군이 추구한 정책의 일관성을 유지하기 어려웠을 것이기 때문이다.

그 외 완성 시기를 1885~1905년 등 이후의 시기로 추정할 경우에는 깊이 논할 필요가 없을 정도로 문제가 분명하다. 조로수교 이후에 러시아에 대한 조선이나 그 후 대한제국의 입장은 대체적으로 우호적이었고, 청국이나 일본에 대해서는 그 반대였다. 때문에 <아국여지도>에서 보듯 러시아에 대한 경계와 노골적인 불신의 표현은 이 시기에 등장하기 어려웠다. 바로 이 점이 <아국여지도>의 1차 제작과 완성 시기를 추정하는데 객관적인 정황 증거로 제시될 수 있을 것이다.

그러나 이 지도의 제작이 이 시점에 1차 완성되었다 해도 이후 지도상에 나타나는 지역 일부의 변동사항이 후일 그림을 통해 부분적으로 첨삭되었을 가능성도 감안할 필요가 있다. 말하자면 이 지도는 한 시점에 완성되어, 그것으로 모든 것을 마친 것으로 보기 보다는 후일 도로, 건축물, 군사시설, 통계 등의 변동에 따라 일부 첨삭되었을 가능성을 어느 정도 염두에 두고 분석하는 것이 바람직하지 않을까 생각된다.

이 하나의 '보물지도첩', <아국여지도>는 연구자들에게 꾸준히 상상을 불러일으키게 하면서, 많은 정보를 전하고 있다. 19세기말~20세기 초의 격동기에 한반도가 처한 위기와 그에 대한 정부 당국의 고민과 대응 일부를 엿볼 수 있게 하고, 거기에 이름이 알려지지 않았거나 알려졌어도 미미한 존재로 사라져, 역사의 기억에서 잊혀진 이들의 수고와 당대의 능력과 한계를 잘 드러내 보여주고 있기도 하다.

바다와 강, 내륙과 연계된 1백여 년 전 한국의 국경지대, 즉 청국과 러시아, 한국의 국경 지대 상황을 잘 담고 있는 귀중한 유산이다.

5. 맺음말

19세기 말 러시아의 한반도에 대한 관심에 비해 한국 측은 러시아 접경지역 상황이나, 인구, 물산 등에 대한 관심도 없고, 조사도 거의 없었던 것으로 여겨지기도 했다. 상대적으로 북쪽 경제지역에 대한 관심과 우려가 적었던 때문으로 볼 수도 있고, 조선 정부의 국방안보에 대한 의지가 저조한 때문으로 여겨오기도 했다. 그러나 그렇게만 볼 것은 아니다.[80]

1896년 민영환 특사가 러시아황제 대관식을 기회로 세계를 일주하면서 모스크바를 다녀올 당시, 한어 역관으로서 그를 수행하여 갔던 참서관 김득련이 지은 한시『環璆唫艸』와 그가 기록한『環璆日記』,『赴俄記程』, 그리고 민영환의 이름으로 작성하여 공식적으로 남긴『海天秋帆』 등의 내용은 당시의 조정이 국방 안보에 대한 관심과 의지가 저조했다고만 보기 어렵게 한다. 이들 사행의 일원인 윤치호가 출발부터 귀국까지 매일의 일들을 상세히 기록한『尹致昊日記』 또한 나라에 대한 걱정을 여러 측면에서 잘 보여주고 있다.

이같이 드러난 기록 외에 러시아에 대해 좀 더 은밀하고도 체계적인 접근과 정보 수집을 위해 노력한 경우가 적지 않을 것이다. 다만 이들이 수집한 정보 자료와 기록이 일제하와 6·25전쟁을 거치면서 유실되거나 기타 이유로 오늘날 잘 전해지지 않을 뿐이라고 할 수도 있다. 이런 상황에서 발굴된 한국학중앙연구원 소장의 <俄國輿地圖>

---

80) 辛承權,「江左輿地記·俄國輿地圖 解題」,『韓國學資料叢書』2, 韓國精神文化硏究院, 1994, 38쪽.

는 매우 귀중한 의미가 있다. 19세기 말의 한국과 러시아 국경선 부근의 인구와 호수는 물론, 지리와 군사, 물산 등에 대해 매우 중요한 정보를 우리에게 전해주고 있기 때문이다. 앞으로도 기타 관련 자료가 더 발굴될 가능성은 충분하다. 우선 한국학중앙연구원의 장서각에 소장된 수많은 전적들 중에도 그러한 것이 적지 않을 것으로 생각되어 장래에도 기대하는 바가 크다.

19세기 말의 한러관계에서 최초의 획기는 1884년의 조러수교였고, 이 글에서 논한 <아국여지도>는 바로 그 무렵에 작성이 거의 마쳐진 것으로 보인다. 요컨대 지도의 제작 완료는 조러수교 직전이 아니었나 추정된다. 그 내용에 시베리아횡단철도 건설문제가 약간 언급된 것이 있으나, 러시아에 대한 우호 보다는 우려와 공포가 비쳐지는 점 등이 주요한 단서로 비쳐진다. 특히 서문에 실린 '16년 이래'의 문구는 탐사의 시작과 지도 완성의 시기를 해석하고 이해하는 데 매우 중요한 단서라고 생각된다. 이를 통해 지도제작 착수 시기는 고종 즉위 16년째인 1879년 무렵으로 추정할 수 있기 때문이다.

그 외 이 지도에 대한 보충 자료, 가령 참여자의 인적 구성이나 이들의 역할에 관한 새로운 자료가 발굴되어 <아국여지도>의 성격을 분명히 할 수 있다면 그 가치는 더욱 높아질 것으로 여겨진다. 이 점 필자와 모든 연구자들의 장래 과제로 남는다.

이처럼 아직 지도에 관한 정보가 미흡한 점은 있지만, 이 모든 것을 감안한다 해도 <아국여지도>의 보물적 가치는 충분하다. 두만강 유역, 연해주 지역, 청국의 국경지대 등을 포괄하여 이렇게 정확하게 조사하고 정밀하게 그려낸 조선 측의 지도를 찾아보기란 쉽지 않다. 과거에 두만강 하류에 있었고, 지금은 러시아 영토로 들어가 있는 鹿屯島가 당시 조선인들이 살고 있는 조선의 땅이었음도 이 지도는 명확하게 보여준다.

개항 이래 군사·재정·외교 등 각 분야의 부담이 가중되던 시점에서 물자와 시간, 인력을 투입하여 이 정도로 상세하게 제작되었다는 것 자체가 놀랍기만 하다. 적어도 국경 문제에 관한 한 <대동여지도> 보다도 가치가 돋보이는 한국 근대의 걸작이라 할 수 있다. 다만 이 지도의 귀중함을 생각하면서 다른 한편 고려되는 것은 과학적 축적과 지도제작법을 동원하여 러시아는 얼마나 많은 한반도 관련 지리정보를 수집하고 지도 제작을 했을까 하는 점이다. 그 점은 일본, 영국, 미국, 프랑스, 독일 등도 마찬가지이다.

한국에는 이런 지도 자료가 드물지만, 각국은 훨씬 풍부하다. 그 외에도 명성황후 시해, 아관파천, 경운궁 대화재, 정동 주변과 서울의 주요 도로, 건축물, 주요 경관 등에 관한 간략한 도면과 그림이나 사진 등도 주로 서양인들에게서 나온 것들이다. 물론 군사, 재정, 외교, 과학 기술 등의 바탕위에 각종 정보 수집 능력과 지도 제작 기술, 전문 인력의 구비 등 국력이 뒷받침 된 상태에서 가능한 일이었다.

그런 점에서 '상대적 열세'가 극심했던 조선의 입지를 감안할 때, 이 지도의 가치는 더욱 돋보이는 점이 있다. 재정과 군사 등 국력이 매우 취약한 상황에서나마 동북방 국경 지역과 이주민 등의 상황에 대해 정부가 어느 정도로 깊은 관심을 기울였는지 잘 보여주고 있기 때문이다. 이 하나의 '보물지도첩', <아국여지도>는 수수께끼처럼 연구자들에게 많은 상상을 불러일으키게 한다. 앞으로도 연구가 진척되면서 1백여 년 전 한국의 북방지역 바다와 강, 내륙이 연계된 3국 접경지대에 관해 많은 흥미 있는 정보와 이야기가 등장하기를 기대한다.[81]

참고문헌

高炳翊, 「露皇戴冠式에의 使行과 韓露交涉」, 『歷史學報』 28, 1965.

문화재청 편, 『한국의 옛 지도』, 문화재청, 2008.

박 보리스 드미트리예비치 지음, 민경현 옮김, 『러시아와 한국』, 동북아역사재단, 2010.

朴鍾涍 編譯, 『러시아 國立文書保管所 所藏 韓國關聯文書 要約集』, 韓國國際交流財團, 2002. 반병률, 「러시아 최초의 한인 마을 地新墟」, 『한국근현대사연구』 26, 2003.

宋炳基, 『近代韓中關係史研究』, 檀國大出版部, 1985.

송순옥, 「자료소개-한국학중앙연구원 장서각 소장 국가지정문화재」, 『고전적』 6, 한국고전적보존 협의회, 2010.

申基碩, 「朝鮮問題에 관한 露淸外交關係: 韓露密約을 中心으로」, 『學術院論文集』 1, 學術院, 1950.

辛承權, 「江左與地記・俄國與地圖 解題」, 『韓國學資料叢書』 2, 韓國精神文化研究院, 1994.

양태진, 『한국변경사 연구』, 법경, 1989.

柳永博, 「藏書閣 所藏 江左與地記 論考」, 『國學資料』 38, 1980.

李基東, 「研究의 現況과 問題點」, 『韓國史 市民講座 3-廣開土王陵碑』, 一潮閣, 1988. 9

谷澤永 一・太平洋戰爭研究會, 『寫說 坂の上の雲』, 東京: 株式會社ビジネス社, 2004.

이민원, 「러일전쟁과 대마도 해전」, 2012년 11월 22일 부경대 대마도연구소 주최, 『전란기의 대마도』 학술회의 발표문.

李玟源, 「俄館播遷期의 朝露交涉」, 『尹炳奭敎授 華甲紀念 韓國近代史論叢』, 知識産業社, 1990.

이민원, 『명성황후시해와 아관파천』, 국학자료원, 2002.

이송호・이재훈・김승준, 『연해주와 고려인』, 백산, 2004.

이왕무, 「『아국여지도』에 나타난 조선의 러시아 영역 인식과 국경 상황」, 『북방사논총』 5, 2005.

이왕무, 「俄國與地圖와 19세기 말 조선의 關防 의식」, 『俄國與地圖』, 한국학

---

81) 이 글은 필자의 연구 논문, 「19세기 말의 한러관계와 <俄國與地圖>」(『장서각』 29, 한국학중앙연구원, 2013.4)을 토대로 약간의 내용을 추가, 보충한 것임을 밝혀둔다.

중앙연구원 장서각, 2007.

李用熙, 「巨文島占領外交綜攷」, 『李相佰博士回甲紀念論叢』, 1964.

任桂淳, 「韓露密約과 그 후의 韓露關係(1884-1894)」, 『韓露關係100年史』, 韓國史研究協議會, 1984.

장서각 국학자료연구실 기획, 김동석 교감·역주, 『俄國輿地圖』, 한국학중앙연구원 출판부, 2007.

鄭秉峻, 「金奎植의 부친 金鏞元의 가계와 생애」, 『한국근현대사연구』 73, 한국근현대사학회, 2015.

崔文衡, 『列强의 東아시아政策』, 一潮閣, 1979.

카르네프 외 4인 지음, A. 이르계바예브·김정화 옮김, 『러시아 첩보장교 대한제국에 오다』, ㈜ 가 야미디어, 1994.

韓國精神文化研究院 資料調査室 編, 崔璇·金炳璘 飜譯, 『國譯 韓國誌-本文篇』, 韓國精神文化研 究院, 1984.

許東賢, 「1881年 朝鮮 朝士 日本視察團에 관한 一研究; "聞見事件類"와 ≪隨聞錄≫을 중심으로」, 『韓國史研究』 52, 1986.

Lensen, George Alexander, Balance of Intrigue Ⅰ·Ⅱ: International Rivalry in Korea and Manchuria 1884-1899, Tallahassee: Florida State University Press, 1982.

Synn, Seung Kwon, The Russo -Japanese Rivalry Over Korea, 1876-1904, Seoul: Yuk Phub Sa, 1981.

Abstract

Agukyeojido (俄國輿地圖) and the Relation of Korea with Russia in late 19th Century

Lee, Min-won

Jangseogak Archives (藏書閣) in the Academy of Korean Studies with Kyujanggak library (奎章閣) in Seoul National University is two of the best ones in Korea which possessed historical valuables, such as classical books, historical maps and royal manuals for the national ceremony during the Joseon Dynasty.

Agukyeojido (俄國輿地圖) is one of the treasures of Korea possessed by Jangseogak Archives. It is a set of colorful and detailed maps related to the border line of north-east area of Korea. It includes the landscape of the south-east areas of Manchuria, Ching China and pre-Amur area of Tsarist Russia in late 19th century. It is believed that this map was made by some officers of Joseon Dynasty, such as Kim Kwang-hun (金光薰), Shin Seon-uk (申先郁).

Of course many other anonymous experts must have taken part in the procedure. It seemed to be a secret map for royal inspection about north-eastern border of Korea and also Korean migrants who moved there in late 19th century . However there are different opinions about the accurate time of completing of this map.

This paper focuses on this issue, that is to say, when the procedure of making this map was begun and finished. It is because accurate understanding the time table about producing this map must be one of the most important key which can decipher the secret code of this map.

<Key Words> Jangseogak (藏書閣), Agukyeojido (俄國輿地圖), Kim Kwang-hun (金光薰), Shin Seon-uk (申先郁)

국문요약

19세기 말 김광훈・신선욱 등이 조선 고종의 지시를 받아 연해주 일대를 정탐하여 제작한 <俄國輿地圖>(한국학중앙연구원 장서각 소장)는 조선시대 관방지도로서 2008년 문화재청에 의해 보물1597호로 지정됐다. <아국여지도>가 보물로서 지니는 가치는 지도가 제작된 19세기 말 조선의 대내외 상황과 안보 측면에서 중요한 기초 자료이기 때문이다.

그러나 <아국여지도>에 대해서는 아직 많은 의문점이 남아 있다. 그중 하나가 이 지도의 제작과 완성 시기에 관한 것이다. 19세기 말의 한러관계에서 최초의 획기는 1884년의 조러수교였고, 이 글에서 논한 <아국여지도>는 바로 그 직전에 작성이 거의 마쳐진 것으로 보인다. 물론 추후에 약간 첨삭된 부분도 예상되나, 기본 틀은 이 시기 에 마무리 된 것으로 필자는 보고 있다. 요컨대 지도의 제작 완료는 조러수교 직전이 라는 뜻이다. 서문에 등장하는 '16년 이래'의 의미 해석은 탐사의 시작과 지도 완성의 시기를 이해하는데 중요한 문구로 생각된다. 이를 통해 지도제작 착수 시기는 적어도 고종 즉위 16년째인 1879년으로 추정해 볼 수 있기 때문이다. 그 외 이 지도의 제작에 관해 아직 밝혀지지 못한 점은 많지만, 이 지도의 보물적 가치는 충분하다. 두만강 유역, 연해주 지역, 청국의 국경지대 등을 포괄하여 이렇게 정확하게 조사하고 정밀하게 그려낸 조선 측의 지도를 찾아보기란 쉽지 않다. 과거에 두만강 하류에 있었고, 지금은 러시아 영토로 들어가 있는 녹둔도(鹿屯島)가 당시 조선인들이 살고 있는 조선의 땅이었음도 이 지도는 명확하게 보여준다. 개항 이래 군사·재정·외교 등 각 분야의 부담이 가중되던 시점에서 물자와 시간, 인력을 투입하여 이 정도 로 상세히 제작된 것 자체가 놀랍다. 다만 이 지도의 귀중함을 생각하면서 더 고려되는 것은 과학적 축적과 지도제작법 을 동원하여 러시아와 일본 등은 얼마나 많은 한반도 관련 정보를 수집하고 지도제작을 했을까 하는 점이다. 그 점은 영국, 미국, 프랑스, 독일 등도 마찬가지이다. 한국에는 이런 지도 자료가 드물지만, 서양 각국은 풍부하다. 일례로 명성황후 시해, 아관파천, 경운궁 대화재 당시의 현장도면은 물론, 정동 주변과 서울의 주요 도로, 건축물, 주요 경관 등에 관한 도면과 그림들도 대부분은 우리를 관찰하던 타자의 기록과 자료에서 나온 것들이다. 물론 그런 '상대적 열세'를 감안할 때, 이 지도의 가치가 더욱 돋보이는 점이 있음은 물론이다.

주제어 장서각, <俄國輿地圖>, 김광훈, 신선욱

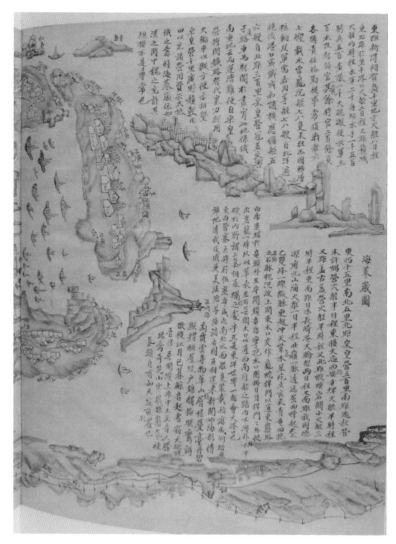

<그림 5> 해심위도

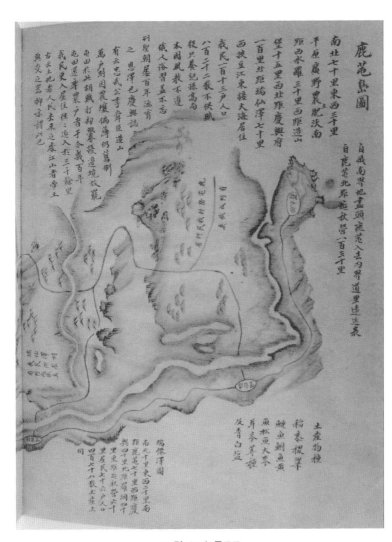

<그림 6> 녹둔도도

<그림 7> 아국여지도 겉표지

제2차 세계대전 전후 처리와 이승만 정부의 대마도 반환 요구

류상윤

1. 머리말

"우리는 대마도를 한국에 반환할 것을 요구할 것이다." 대한민국 정부가 수립된지 4일째를 맞이하던 날 초대 대통령 이승만이 외신 기자들 앞에서 한 발언이다. 일본을 점령하고 있던 연합군 최고사령부(SCAP: Supreme Commander of the Allied Powers)가 대마도를 일본의 영토로서 관할하고 있던 상황이었으므로 미국도 일본도 놀라지 않을 수 없었다. 이승만 정부의 대마도 반환 요구는 일회성의 발언이 아니었다. 간헐적으로 제기되던 요구는 1951년 연합국과 일본의 전후 처리 문제를 종결하는 대일강화조약이 논의되고 있을 때 한국 정부의 공식 의견으로 미국 정부에 제출됐다. 하지만 미국은 요구를 받아들이지 않았다. 그 후 언제 그랬냐는듯이 대마도 반환 요구는 한국 정부 관계자들의 발언에서 사라졌고 정부의 관심은 '평화선' 수호로 옮겨갔다.

이처럼 대마도를 돌려달라는 이승만 정부의 반환 요구는 제2차 세계대전의 전후 처리라는 맥락에서 제기됐다. 전쟁의 결과 이긴 쪽과 진 쪽이 확정되면 영토의 재조정, 전쟁 배상 등을 포함한 전후 처리 과정이 흔히 뒤따랐다. 일본에 대한 연합국의 전후 처리 논의는 이미 1943년말 카이로 선언부터 시작되었고 일본의 항복 직전인 1945년 7월의 포츠담 선언으로 이어졌다.[82] 일본의 영토를 어디까지 인정할 것인지는 연합국 특히 일본을 점령한 미국의 의중에 따라 달라질 수 있었다.

미국과의 외교를 중시했던 이승만 대통령이 미국을 불편하게 하는 공격적인 요구를 제기하게 된 맥락은 어떤 것이었을까? 그리고 미국 정부는 이러한 요구에 대해 어떤 반응들을 보였을까? 이에 대해서는 이미 독도나 한일회담을 연구한 선학들에 의해 많은 것들이 밝혀져 있어서[83] 필자가 새로운 사료를 발굴한다든지 새로운 시각을 제시할 여지는 많지 않다. 이 글은 기존 연구의 성과를 대마도에 초점을 맞추어 독자들이 이해하기 쉽도록 요약·제시하는 동시에 독자들 스스로 판단할 수 있도록 되도록 많은 원사료를 제시하는 것에 의미를 두고자 한다. 기존 연구들에서 잘 다루지 않았던 미국과 일본의 언론 보도도 인용할 것이다.

2. 유구(琉球)가 불러낸 대마도

1948년 8월 이승만의 대마도 반환 요구는 외신 기자회견이라는 자리에서 대통령의 입으로부터 나온 발언이기 때문에 미국, 일본에서 화제가 됐지만(물론 공식적인 요구라기보다는 의향을 밝힌 것이었다) 그 전에도 그와 같은 요구가 국내에서 제기되지 않았던 것은

---

82) 카이로 선언(1943년 11월)의 영토 관련 조항은 다음과 같았다. "동맹국의 목적은 일본국으로부터 1914년의 제1차대전의 개시이후에 일본국이 탈취 또는 점령한 태평양에 있는 일체의 도서를 박탈하는 것과 아울러 만주, 대만 및 팽호도와 같은 일본국이 중국인으로부터 도취한 일체지역을 중화민국에 반환하는 데 있다. 일본국은 또한 폭력 및 탐욕에 의하여 일본국이 略取한 타의 일체의 지역으로부터 구축될 것이다. 전기 3대국[미국, 영국, 중국]은 조선 인민의 노예상태에 유의하고 적당한 순서를 밟아서 한국을 자유롭고 독립된 것으로 할 결의를 가지고 있다." 한편 포츠담 선언 8조는 "카이로 선언의 조항은 이행되어야 하며 일본국의 주권은 本州, 北海道, 九州, 四國 및 우리들이 결정하는 諸小島에 국한될 것이다."고 하였다. 한글 번역은 『통일백서』(국회국토통일연구특별위원회보고서, 1967)를 참고했다.

83) 대표적인 것으로 정병준(2010), 박진희(2008)를 들 수 있다.

아니다. 1948년 1월 25일자 서울신문은 남조선과도입법의원 허간룡이 의원들의 날인 찬동을 얻어 대마도 반환을 대일강화회의에 건의하자는 제안을 했다고 보도하였다. 이 제안('대마도의 조선영토 복귀를 대일강화조약에 제안할 것에 관한 결의안')은 2월 17일 입법의원 본회의에 상정되었지만 미심의 상태로 종결되었으며 그 내용도 속기록에 남아있지 않다(정병준 2011: 170-173).[84] 신문 보도에 따르면 제안 이유는 다음과 같은 것이었다.

> 대마도는 조선해협의 중앙에 있는 상하 2개의 主島와 주위에 碁布된 수십개의 屬島로 성립되었으며 일본 九州 大宰府의 소재지인 福岡 長崎로부터 119浬 지점에 있으며 부산으로부터는 훨씬 가까워 33리 지점에 있다. 이 섬은 원래 신라에 예속한 것으로 상고신라 사람들이 이 섬에 주재왕래하였고 또 이 섬이 두개의 주도로 성립된 까닭에 "두섬"이라고 명명되었든 것인데 일본 해적이 이 섬을 점령한 후 우리나라에서 명명한 "두섬"의 島名을 그대로 사용하여 "쯔시마"라고 하고 對馬 혹은 津島로 기록한 듯하다. 요컨대 대마도는 세종조부터 고종조초년까지 4백여년간 비록 일시의 間斷은 있었으나 정치적 경제적으로 우리나라에 예속하였던 것은 文籍이 昭然한 바이다.[85]

왜 1948년 들어 대마도에 관한 관심이 일어난 것일까? 정병준 (2010: 169-170)은 1947년경부터 일본의 오키나와 반환 요구와 그에 대한 중국의 반발이 국내 신문에 보도되면서 독도를 비롯한 주변 영토에 대한 관심이 증가한 점을 지적한다. 특히 대마도 반환이라는

---

84) 당시 속기록에는 입법의원 비서장이 제안서를 의원들에게 읽어보라고 하는 동안 다른 안건으로 논의가 넘어갔는데, 그 후 관련 기록은 발견되지 않았다. 과도입법의원 90명 중 63명이 제출한 제안이 미심의 상태로 종결된 이유는 불명이다.

85) 「對馬島 歸屬을 立議에서 提案」, 『동아일보』 1948.2.19., 1면.

지금의 눈으로 보면 생소한 요구가 제기된 것은 오키나와 또는 유구(琉球)를 빼놓고는 이해하기 어려워 보인다. 실제로 과도입법의원의 제안이 있고 난 후 출간된 『新天地』 1948년 3월호에는 "對馬島와 朝鮮關係-對馬島의 返還을 要求하자-"는 제목의 글이 실렸는데, 그 첫부분은 다음과 같았다. 조금 길지만 한국의 지식인들이 유구로부터 어떻게 대마도를 떠올렸는지를 이해할 수 있는 좋은 자료여서 그대로 인용한다.

지난 1월 25일부 서울신문 보도에 의하면 과도임시정부 입법의원의원 허간룡씨가 중심이 되어 오는 대일강화회의에서 대마도의 조선에의 반환을 요구할 것을 제의하였다고 한다. 참으로 적절타당한 제의이다. 이미 중국에서 정식으로 琉球의 반환을 요구하고 있는 오늘날 이 제의는 오히려 늦은 감이 있다. 그만큼 우리는 이 문제에 대하여 더욱 적극적인 전국적 성원을 하여야 할 것이며 그리하자면 이 요구에 대한 명확한 이론적 근거와 문헌적 실증을 구비하여야 할 것이다. 필자가 이에 대한 적임자는 아니나 조급한 마음에 선배제현이 거론하기도 전에 당돌히 도청도설의 천학으로써 감히 먼저 붓을 대는 바이다.

유구와 대마도. 이 양자의 운명은 어딘지 서로 비슷한 점이 많다. 유구는 島國으로서 본래 중국과 일본 사이에 있는 문화적으로나 정치적으로나 버젓이 중국의 속방이었으며 유구인들은 그것을 또한 영광으로 생각하고 있었다. 그러던 것이 일본이 德川幕府 때 구주의 豪藩 島津을 시켜 이를 침략한 후부터 어찌저찌하다가 현대에 와서는 문자 그대로 일본화하고 말았다. 同樣으로 대마도도 조선과 일본 사이에 끼인 도서로 과거 역시 삼한 이래 문화적 정치적 우리 속방이었으나 이 또한 왜구해적의 침입을 연달아 받아오던 중 부지불식간에 일본의 영향력이 지배적으로 침투한 바 되어 급기야 일본의 소위 명치유신이래 완전히 일본의 일지역이 되어버리고 말았다.[86]

이처럼 이 글은 양속(兩屬)이라는 말을 명확히 쓰지는 않았지만 이 책의 다른 장에서 설명하고 있는 바와 같이 유학의 전통을 가진 조선의 지식인들이 지니고 있던 양속 관념, 즉 유구와 대마도가 중일 또는 한일 양쪽 모두에 예속된 지역이라는 의식을 배경에 깔고 있었다. 그렇게 때문에 유구로부터 곧바로 대마도를 떠올릴 수 있었던 것이다.

제2차세계대전 당시 미군이 상륙하여 치열한 전투가 벌어졌던 오키나와는 주변의 섬들과 함께 '류큐 열도'(Ryukyu Islands)라는 이름으로 1946년 1월의 연합군 최고사령부 지령(SCAPIN 677)에 의해 일본 정부의 관할에서 벗어나 독자적으로 관리되고 있었다.[87] 이것은 연합군 최고사령부의 지배하에 있던 일본 정부로서도 민감한 문제였고 1947년 6월 새 내각의 外相으로 취임한 아시다 히토시(芦田均)는 외신 기자회견에서 이 문제를 제기했다.

> "일반적으로 말하자면 일본의 영토 상실은 포츠담 선언에 규정됐다. 우리는 1894-95년의 청일전쟁 이후 획득한 모든 영토를 반환하도록 요구받았다. 하지만 오키나와는 그 중 하나가 아니다. 오키나와는 1868년 메이지 유신 직후 획득됐다. 따라서 포츠담 선언이 엄격하게 적용될 것인지가 강화 회의에서 논의될 것이다."[88]

이것은 곧 중국인들의 반발을 불렀고 1947년 10월에는 당시 중화

---

86) 「對馬島와 朝鮮關係-對馬島의 返還을 要求하자-」, 『新天地』 3(3), 69쪽.

87) 이 지령은 일본제국 정부의 행정권을 주요 4개도(홋카이도, 혼슈, 규슈, 시코쿠)와 쓰시마, 북위 30도 이북의 류큐(난세이) 제도를 포함한 약 1,000개의 작은 부속 도서로 제한하는 내용이었다. 제외가 명시된 섬은 울릉도, 독도, 제주도, 북위 30도 이남의 류큐(난세이) 제도 등이었다. 다만 이것이 포츠담 선언 8조에 언급된 諸小島의 최종 확정은 아니라는 단서 조항을 달고 있다.

88) "Hope for Okinawa is held in Japan", *New York Times* 1947.6.6., p.10.

민국의 국무원장 張群이 국회와 비슷한 역할을 하던 국민참정회에서 "琉球는 중국과 종래 특수한 관계에 있으므로 당연히 중국에 반환되어야 한다"는 발언을 하기에 이른다.[89] 하지만 중화민국 정부의 태도는 조심스러웠다. 예컨대, 국무원장의 발언이 있은 직후 외교부장 王世杰은 외신 기자회견에서 유구 반환을 요청할 것이냐는 기자들의 질문에 노 코멘트로 대응했다.[90] 이것은 당시 유구가 다른 일본 영토와는 분리통치되고 있었으며 미국의 안보 상 이해관계에 따라 장래에도 신탁통치와 같은 형태로 미국에 의한 지배가 지속될 가능성이 높았기 때문으로 보인다. 국공내전 과정에서 미국의 도움이 절실했던 국민당으로서는 미국이 유구를 일본에 반환하지 않는 이상 자기들에게 반환해달라는 요구를 강하게 제기하기는 조심스러웠을 것이다.[91]

유구를 둘러싼 중일 간의 논란은 한국 언론에도 보도됐고[92] 한국의 일부 지식인들에게 비슷한 양속 관계를 경험한 대마도를 떠올리게 했다. 이들의 주장은 이승만 대통령의 발언이 있기 직전인 1948년 8월 9일자로 한 민간단체가 맥아더 사령관에 보낸 청원서에서 구체화됐다(부록 1, 2). 청원서를 작성한 우국노인회는 모스크바 삼상회의(1945년 12월)의 신탁통치 결정을 둘러싸고 찬탁과 반탁의 갈등이 극심했을 때 반탁의 편에 섰던 조그만 단체였다. 글은 당시

---

89) 「中国, 琉球の返還を主張」, 『讀賣新聞』 1947.10.20. 1면.

90) "Nanking is divided on Ryukyu issues", *New York Times* 1947.11.2., p.41. 기사는 말미에 "국무원장은 유구가 중국으로 귀속되어야 한다고 주장했으며 그의 견해는 관료나 비관료 중국인 지식인들로부터 강한 지지를 받고 있다"고 지적했다.

91) 미국측의 대일강화조약 초안(1951년 3월)에 류큐 열도의 신탁통치가 포함되었는데 이에 대해 중화민국 측은 미국 주도의 신탁통치에 찬성한다는 입장을 밝혔다(Memorandum of Conversation, April 24, 1951; China; Subject Files, 1950-ca.1953; Office of Northeast Asian Affairs; RG 59). 하지만 1972년 오키나와 일본 반환 시에는 대만 정부가 반발했다(河野康子 2009).

92) 예컨대 「餘滴」, 『경향신문』 1947.8.21., 1면.

대표적인 지식인이었던 최남선이 작성한 것으로 알려져 있다(정병준 2011: 174).

우국노인회는 청원서에서 독섬(독도)의 반환(returning), 대마도의 이속(transferring), 파랑도[93]의 소속 명확화(making clear the belonging)를 요청했다. 대마도 이속에 대해서는 3가지 필요성과 4가지 근거를 주장했다. 먼저 대마도 이속이 필요한 이유는 1) 조선인 생활에 대한 지속된 위협을 완전히 제거하기 위해, 2) 일본인들의 공격적인 대륙 진출을 막기 위해, 3) 강도의 東洋 유린을 예방하기 위해서라고 했다.[94] 이속의 근거가 되는 조건은 지리적, 역사적, 정치적, 경제적 측면에서 각각 다음과 같은 점이 지적됐다. a) 일본보다 조선에 가깝다(지리). b) 대마도라는 명칭은 한국어 '두 섬'에서 유래된 것이며 대마도는 유구나 여진과 마찬가지로 兩屬 관계에 있었다(역사). c) 동양 평화를 위해서는 일본의 공격성이 뿌리째 제거되어야 하는데 대마도를 일본이 지배하면 재침략이 이루어질 수 있다(정치). d) 대마도는 농산물을 자급할 수 없으므로 일본 지배 하에서는 다시 강도나 해적이 될 수밖에 없을 것이다(경제).

이처럼 앞서 인용한 『신천지』 글과 마찬가지로 우국노인회의 청

---

93) 파랑도는 지금은 흔히 이어도로 부르는 바다밑 섬으로 당시까지만 해도 한국인에 의한 위치 확인은 이루어지지 않은 상태였다. 유진오는 회고하기를 1951년 대일강화조약의 초안에 대한 대응을 위해 최남선을 찾아갔더니 "목포와 일본의 나가사키, 중국의 상해를 잇는 삼각형의 중심쯤 바다에 '파랑도'라는 섬이 있는데 표면이 대단히 얕아서 물결 속에 묻혔다, 드러났다" 한다며 "어쨌든 그것은 우리나라 영토로 차제에 확실히 해두는 것이 좋을 것"이라는 말을 들었다고 한다. 유진오는 당시 "파랑도는 실존 여부가 확실치 않아 자신이 없었으나 비록 실존하지 않는다 해도 넣어서 해로울 게 없다는 점에서" 강화조약 제2조에 추가해줄 것을 미국에 요청했지만 "국가의 권위를 상징하는 정식외교문서에 실존하지 않은 섬이름을 적어 우리 영토라고 주장한 것은 지금 생각하면 실수였다고 생각된다"고 회고했다(유진오 1993: 27-28).

94) 최남선이 작성한 글이었던 만큼 꽤 수사적이며 번역도 쉽지 않았던 것으로 보인다. 최남선의 초고를 개인이 소장하고 있는데 거기에는 해당 문장이 "1. 조선 국민생활의 영년 脅威를 제거하는 의미, 2. 일본의 침략적 대륙진출을 억제하는 필요, 3. 금후의 동양이 다시 강도의 跳梁에 유린되지 않게 하는 예방조치"로 되어 있다(정병준 2011: 37).

원서는 대마도가 양속 관계에 있었던 점을 강조하며 한국의 안보, 더 나아가서는 동아시아 지역 안보를 위해 한국에 귀속시키는 것이 바람직하다는 주장을 폈다. 또한 청원서는 대마도 부분 말미에서 "한국이 직접적인 승전국이 아니기 때문에 영토 분할을 요청할 수 없다는 논자도 있을 수 있지만" 2천년 동안 입은 희생과 피해를 생각하면 조그만 섬으로 이를 보상하는 것이 이해되는 일이라고 했다. 즉 최남선은 대마도 이속 요구가 전후처리라는 맥락에서 제기되어야 한다는 것을 명확히 인식하고 있었던 것이다. 지리, 역사적인 근거와 함께 정치, 경제적인 근거가 제시된 것도 이런 관점에서 이해가 가능하다.

3. 이승만 대통령의 대마도 요구와 미국의 반응

이승만 대통령의 1948년 8월 18일 대마도 요구 발언은 매우 간략했다. 아래 인용문은 당시 회견 내용을 INS(International News Service) 발로 비교적 자세히 전한 일본 요미우리신문의 기사이다. 이것과 <부록 3>의 *Chicago Daily Tribune* 기사를 참고하면 이승만은 새 정부의 외교 관련 주요 이슈들을 언급하면서 대마도가 일본에 빼앗기기 전까지는 옛적부터 한국에 속해 있었으며 일본에 이 섬을 요구할 것이라고 했다. 또한 한국이 일본과 40년 동안 싸웠기 때문에 당연히 강화회의에 참여할 수 있을 것으로 기대한다며 한국이 일본에 여러 가지 요구를 할 권리가 있음을 간접적으로 언급했다. '양속'이라든지 '동양 평화'라든지 하는 개념은 등장하지 않았다.

이승만 대한민국 대통령은 17일[95)]의 기자단 회견에서 대외

정책에 관해 다음과 같이 말했다.

一. 대한민국은 제2차대전중 일본과 전쟁중이었으므로 대일
강화회의에는 당연히 참가할 수 있는 권리가 있다. 또한 우리나
라는 일본으로부터 대마도의 할양과 일본의 지배 중에 발행한
조선은행권 때문에 입은 손해의 배상을 요구한다. 하지만 우리
나라의 경제재건을 위해 일본인 기술자는 크게 환영한다.[96]

마치 전승국의 당당한 영토 요구와 같았던 이승만의 발언은 미국,
일본을 놀라게 했다. 요미우리신문과 마찬가지로 *Chicago Daily
Tribune*은 여러 항목 중 대마도 반환 요구를 기사 제목으로 뽑았다.
기자는 쿠릴열도나 오키나와와는 달리 쓰시마는 일본의 항복 후에
도 일본의 일부(나가사키현 소속)로 남아 있으며 규슈 고쿠라에 본
부를 둔 미군 24사단의 한 소대에 의해 점령중이라는 점을 지적했
다. *New York Times*는 일본 신문들이 여전히 연합국과 불화를 낳을
수 있는 뉴스는 내기를 꺼려한다면서[97] 대마도 요구 발언에 대한 현
지 반응을 전했다. 기자에게 일본인들은 대마도가 9세기 이후 일본
영토였으며 일본인 5만명이 살지만 한국인은 소수에 불과하다고 말
했다. 이승만의 대마도 요구는 쿠릴 열도의 러시아 할양과 같은 바
탕에서 나온 요구로 인식되고 있었는데, 그 이유는 두 지역 모두 일
본이 무력이나 침략으로 차지한 것이 아니라는 점에서였다. 그러면

---

95) <부록 3>의 *Chicago Daily Tribune* 기사와 비교하면 기자회견이 한국 시간으로는 18일, 미국 시간
으로는 17일에 이루어진 것이 아닐까 생각된다.
96) 「対馬の割譲 李大統領要求」, 『読売新聞』 1948.8.19., 2면. 참고로 한국 신문에는 다음과 같이 보
도되었다. "우리는 대마도를 한국에 반환할 것을 요구할 것이다. 同島는 上島 及 下島의 二島로 되
어 한일 양국의 중간에 위치한 것인데 수백년 일본에 탈취한 것이다"(「蘇와도 우호적, 총회후 승인
획득 노력」, 『경향신문』 1948.8.20., 1면).
97) 실제로 요미우리신문 DB에서 이승만 발언을 보도한 기사는 찾을 수 있었지만 그에 대한 일본인들
의 반응을 전하는 기사는 찾을 수 없었다.

서 마치 쿠릴열도가 홋카이도를 이미 위협하고 있는 것과 마찬가지로 대마도가 외국에 넘어가면 일본 심장부를 노리는 권총이 될 것이라고 우려하였다(부록 3).

한국의 지식인들이 유구로부터 대마도를 떠올린 것과 달리 일본인들이 한국 정부의 대마도 요구를 접하며 쿠릴 열도를 떠올린 것이 흥미롭다. 오키나와는 일본의 주요 4개 섬으로부터 비교적 떨어진 곳에 위치하고 있다는 점, 그리고 일본에 상대적으로 우호적인 미국이 점령하고 있다는 점이 작용하지 않았을까 생각된다. 당시 일본으로서는 소련이 자신들의 안보에 위협이 되는 만큼 구식민지에서 독립한 대한민국도 위협적일 수 있다고 여겼을 것이다. 실제로도 1950년대 내내 이승만 정부는 일본에 대해 상당히 공격적인 태도를 취했다.

일본 정부의 공식 반응은 그로부터 열흘 쯤 뒤인 8월 27일 나왔다. 1947년 오키나와 발언으로 중국과 한국의 관심을 불러일으켰던 바로 그 아시다 히토시가 이제는 수상 겸임 외상으로서 외신 기자회견에 임했다. 그는 회견 중 "한국은 대마도의 반환을 요구하고 있지만 대마도는 아직껏 한국의 영토였던 적도 없고 또한 한국의 요구는 태평양헌장, 포츠담선언에 위반하는 것"이라고 했다.[98] 이에 대해 또 열흘 쯤 뒤인 9월 9일 한국 정부는 공보처 담화로써 대립했다.

> "얼마전 외국기자가 이대통령을 방문하고 한국과 일본과의 과거의 모든 것을 淸帳할 조건을 물었을 때 그 조건의 하나로서 대통령으로부터 대마도가 한국의 舊領이니 일본에 그 반환을 요구할 것이라 하였다. 이것이 보도되매 일본정부 책임자가 역사상 근거가 없다고 논란하였으나 대마도 문제는 역사적 근거가 확실한 것이니 대마도가 한국의 소재임을 누구도 부인하지 못

---

98) 「公職から共産党員追放　法案・真剣に立案審議中」,『読売新聞』1948.8.28., 1면.

할 것이다. 여기 대해서 일본 사람들은 恐懼心을 가질 필요가 없는 것이오 또 일본 외상이 이 대마도 문제에 대해서 미국 사람들이 북미 赤色人(인디언)의 땅을 점령하여 합중국을 세운 데 비유해서 말한 것은[99] 아직도 일본 사람들이 남을 모욕하는 악습을 버리지 못한 것을 표명한 것이다."[100]

그 이튿날인 9월 10일 한국의 국제적 승인을 위한 몇개국 방문 중 일본에 도착한 특사 조병옥은 기자회견에서 다시 대마도를 언급했다. 그런데 일본측 보도와 한국측 보도가 미묘하게 차이가 있었다. 일본 신문은 조병옥의 발언을 대마도 반환 요구가 하나의 의견에 불과하다는 의미로 해석한 반면 한국 신문들은 역사적 근거를 더 강조했다(아래 인용문 참조). 어느 쪽이든 이승만 대통령이나 김동성 공보처장의 발언에 비해서는 해명성 발언에 가까운 것이어서 조병옥 특사는 상대적으로 유화적인 태도를 가졌던 것을 알 수 있다.

"대마도 문제는 한국으로서는 同地가 해적, 불량분자의 침략 근거지로 될 것을 생각해서 또한 국방상이나 장래 평화라는 견지에서 同地의 한국 귀속에 대한 의견을 말했을 뿐이고 일본측이 이것을 정식으로 외교문제로서 문제 삼는 것은 유감이다."(요미우리신문)[101]
"이승만 대통령이 대마도의 반환을 희망한 것이 문제화되고 있으나 대마도는 역사적으로 보아 삼백년전에는 조선에 귀속하고 있었으며 국방상으로 보아 대한민국에 귀속을 희망한 것이다"(동아일보)[102]

---

99) 아시다 수상 겸 외상이 대마도 문제를 인디언에 비유해 말한 바가 있는지는 불분명하다. 일본과 미국 신문에서 검색이 되지 않을 뿐더러 미국의 점령 상태에 있는 일본 정부의 최고 책임자가 미국을 불편하게 할 수 있는 발언을 했을 가능성은 낮아 보인다.

100) 「대마도는 우리 것, 공보처서 일 태도 반박」, 『경향신문』 1948.9.10., 1면.

101) 「対馬要求は単なる意見 韓国特使談」, 『読売新聞』 1948.9.11., 1면.

102) 「對日講和 체결전에도 경제교류 희망」, 『동아일보』 1948.9.12., 1면.

조병옥은 일본측에 외교문제로 삼지 말라고 했지만 이승만 대통령의 대마도 반환 요구는 다음 해인 1949년에도 계속됐다. 그는 새해 첫 내외 기자회견(1월 7일)에서 대마도 반환을 다시 언급했다. 대일배상 요구의 피해기간이라는 측면에서 대마도는 별개로 취급해야 한다는 강경한 발언이었다(아래 인용문). 이 내용은 일본 신문에도 보도되었지만 일본 정부는 대응하지 않았다.

> 문: 대일배상을 요구하는 데 있어서의 피해기간은 어느 때부터서 기산할 것인가
> 답: 이런 중요한 것은 나 혼자 정할 문제가 아니므로 말하기 어려우나 이 사람 개인의 의견을 말하자면 다음과 같다. 즉 욕심대로 하면 임진란시부터 기산하여야 할 것이나 적어도 40년 전부터는 기산하여야 할 것이다. 그러나 대마도만은 별개로 취급되어야 할 것이다. 대마도가 우리의 섬이라는 것은 더 말할 것도 없거니와 350년전 일인들이 그 섬을 침입하였을 때 도민들은 민병을 일으켜서 日人들과 싸웠던 것이다. 그 역사적 증거로는 도민들이 이를 기념하기 위하여 대마도의 여러 곳에 건립했던 비석을 뽑아다가 동경박물관에다 둔 것으로도 넉넉히 알 수 있는 것이다. 이 비석도 찾아올 생각이다.[103]

그 해 2월에는 국회에서도 대마도 반환이 논의됐다. '대마도 반환 요구에 관한 제안'이 국회에 제출돼 3월에 외무국방위원회의 심사를 거쳤는데 본회의에는 회부되지 않았다. 위원회에서 "역사적 지리적 등으로 확실한 우리 영토임은 再言을 不要하오나 현하 국제적 중대한 관계가 有하와 임시 보류하기를 가결"했기 때문이다(정병준 2011: 179-181). 앞서 조병옥의 발언도 그러하지만 반일 성향이 강한 이승

---

103) 「대일강화회의 참가계획, 대마도 반환도 요구」, 『동아일보』 1949.1.8., 1면.

만 대통령에 비해 다른 주요 인사들은 상대적으로 일본과의 향후 관계를 의식하며 유화적인 태도를 취했던 것이 아닌가 생각된다. 거꾸로 말하면 정부나 의회 인사들 중에서는 이승만 대통령이 가장 강하게 대마도 반환을 요구할 의향을 가지고 있던 셈이다.

이승만의 대마도 요구에 미국 정부는 어떤 반응을 보였을까? 1948년 8월의 우국노인회 청원서에 대한 미군 극동위원회 본부의 메모랜덤은 미 국무부의 이승만 대통령 발언에 대한 반응(8월 19일)도 함께 전하고 있다.[104] 이에 따르면 미 국무부는 관계 기관들에게 "이승만의 쓰시마 섬 반환 요구에 대해서 전혀 언급하지 말 것"이며 "만일 워싱턴에서 공식적으로 발언한다면 그것만을 사용하도록" 주의를 요구했다(부록 4). 아직 한국 정부의 공식 요구가 미국측에 제출되지 않은 상황에서 한국이나 일본 어느 한쪽을 자극하지 않도록 조심스러운 태도를 취했던 것이다. 그러면서도 한국 정부의 요구가 계속됨에 따라 나름대로의 조사는 진행했고 그 결과로서 나온 것이 1950년 3월 30일의 OIR(미 국무부 산하 정보조사국: Office of Intelligence Research) 보고서이다(부록 5).

'최근 한국의 대마도 요구'라는 제목의 이 보고서는 표지, 초록, 참고문헌을 제외하면 6쪽 짜리 짧은 것이었다. 보고서는 초록에 정리돼 있듯이 "한국이 서기 500년까지는 명확히 대마도에 대한 지배적 지위(dominant position)를 점하고 있었지만 그 후 시기에 섬을 지배(control) 했다는 주장은 가용 사실들에 의해 지지를 받지 못한다"고 결론지었다. 반면 임진왜란 이후 "지난 350년 동안 일본이 대

---

104) 문서 작성자는 우국노인회 청원서에 대해서는 "특히 대마도에 관한 의견은 이 주제에 대한 가용한 평판 있는 역사들과 일치하지 않는다(fail to coincide with available reputable histories)"고 간략히 평했다.

마도에 대한 완전하고 유효한 지배(complete and effective control)를 실행한 것에는 의심할 여지가 거의 없다"고 했다(부록 5).[105] 우국노인회 청원서에서 제기된 전후 평화 유지라는 측면은 고려되지 않았다. 이승만 대통령이 반환의 역사적 근거를 더 강조했던 것도 영향을 미쳤을 수 있고 또 미국 정부가 그 점에 대해서는 아예 고려할 여지가 없다고 판단했을 수도 있다.

그런데 보고서는 이승만 대통령의 1949년 12월 30일 기자회견에 주목하며 한국측 태도에 변화가 나타난 것일 수 있음을 지적했다. 당시 회견에서 대마도 관련 문답 내용은 아래 인용문과 같았는데, 반공을 위해 일본과의 갈등을 피할 필요가 있음을 언급한 것으로 이해된다. 하지만 이 발언을 근거로 한국측이 더 이상 대마도 문제를 제기하려 하지 않을 수 있다는 보고서의 예측은 결과적으로 틀렸다. 1951년 한국 정부가 대일강화조약 초안에 대해 의견을 제시하면서 대마도 반환을 공식 문서로 요구했기 때문이다. 그렇다면 아래 발언은 이승만 대통령의 태도가 변한 것이 아니라 대마도 반환은 결국 전후 처리라는 맥락에서 미국에 의해 실행되지 않는다면 불가능하다는 인식 하에 한국 정부의 불필요한 맞대응이 일본은 물론 미국과의 갈등으로 이어질 것을 우려해서 나온 것은 아니었을까? 당시 어느 정부 요인보다 미국의 힘을 잘 알고 그것을 외교적으로 이용하고자 했던 것이 이승만 대통령이었다.

문: 일본정부에서는 대마도가 자기네 영토라는 것으로 증명하고자 명년 4월 종합학술조사단을 파견한다는데 我國에서도

---

105) 정병준(2011: 167)은 같은 보고서를 인용하면서도 500년을 800년으로, 350년을 380년으로 했는데 이것은 필자가 본 것보다 흐린 사본을 열람해서 그렇게 된 것으로 생각된다.

적당한 조치가 있어야 할 것이 아닌가?

　답: 지금 우리로서는 물론 대마도도 찾고 기타 잃은 것을 찾아야 하겠지만 그렇다고 해서 일본인과 갈등을 만드는 것은 우리에게 불리하다고 본다. 蘇聯이 공산당을 시켜 동양을 침략하는 것은 한국이나 일본, 미국의 두통거리인데 현재 이것을 방어하는 것이 급선무다. 대마도 문제는 강화회의 석상에서 해결할 수 있으며 日人이 아무리 주장해도 역사는 어떻게 할 수 없을 것이다. 日人이 공산당과 싸운다면 우리도 공동으로 공동의 적을 쳐 물리쳐야 하겠다.[106]

4. 1951년 대일강화조약과 대마도 문제

1947년 초부터 시작된 미국의 대일강화조약 구상은 한두 차례 초안이 작성되었으나 관련국들의 반발이나 국제적 여건에 따라 계속 연기됐다. 1950년 4월 덜레스(John Foster Dulles)가 트루먼 대통령에 의해 아시아정책 및 대일강화조약 체결을 위한 수석고문으로 임명됐고 관련 당사국의 의견 청취를 거쳐 1951년 3월 비로소 회람 가능한 초안(부록 6)이 작성됐다. 그 사이에 중국이 공산화되는 등 국제적으로 냉전이 고조됐고 미국의 대일 정책도 안보적 차원에서의 일본 중시로 변화했다(박진희 2008: 59-65). 덜레스는 미국의 아시아 전략이 중국 중심에서 일본 중심으로 가는 데 크게 기여했는데 전후 처리 문제에 대해서도 일본이 피해국에 배상을 하는 것이 원래 정당하지만 "배상은 단순히 정의의 문제가 아니라 비참한 결과를 초래하지 않으면서 얼마나 실행할 수 있을지가 중요"하다고 하며 일본 경제의 자립을 우선시하는 태도를 취했다(김숭배 2017: 230).

미국 정부의 대일 정책 기조가 바뀌고 덜레스와 같은 인물이 강화

---

106) 「失地回復을 완수, 대일감정은 악화시킬 필요없다」, 『경향신문』 1949.12.31., 1면.

조약 작성에 결정적인 역할을 하게 됨에 따라 한국 정부의 대마도 반환 요구가 받아들여질 가능성은 희미해졌다고 할 수 있을 것이다. 그럼에도 한국 정부는 강화조약 초안(1951년 3월)에 대한 의견서에서 대마도의 반환을 한 항목으로서 요구했다.[107] 조약 초안은 영토에 관해 한국, 대만에 대한 일본의 권리 포기, 류큐 열도에 대한 미국 주도의 신탁 통치, 쿠릴 열도의 소련 할양을 규정했다. 이에 대해 한국 정부는 4월 27일자로 된 장문의 의견서 중 영토 항목에서 쿠릴 열도의 소련 할양을 언급하며 "일본이 대마도에 관한 모든 권리, 권원, 청구권을 포기하고 대한민국에 반환할 것"을 요구하였다(부록 7). 대마도 반환에 대한 첫 공식 요구였다.

역시 미 국무부의 반응은 차가웠다. 5월 7일 작성된 '미국의 조약 초안에 대한 한국측 각서에 대한 코멘트'라는 문서에는 이 부분이 매우 간략히 두 문장으로 언급돼 있다. "한국의 대마도에 대한 권리는 극히 약하다. 관련 사항들은 이 메모랜덤의 두번째 첨부 문서에서 논의된 바 있다."[108] 두번째 첨부 문서를 확인하지는 못했지만 아마도 1950년 3월의 OIR 보고서였을 것으로 생각된다. 미국측으로서는 대마도 문제는 이미 검토가 끝난 사안이었던 셈이다.

조약 초안에 대한 대면 의견 교환은 1951년 7월 9일 이루어졌다. 이 날 양유찬 주미대사가 워싱턴에서 딜레스를 방문해 대일강화조약에 대해 이야기를 나누었다. 회의록에 따르면 양유찬 대사는 대마도 문제를 서명국 참여 문제에 이어 두번째로 언급했다. 그는 딜레

---

107) 당시 의견서 작성의 내막에 대해서는 정병준(2010: 695-720) 참조.

108) 원문은 다음과 같다. "Korea's claim to Tsushima is extremely weak. The relevant factors are discussed in the second attachment to this memorandum."(Comments on Korean Note Regarding U.S. Treaty Draft, prepared May 9, 1951; Korea; Subject Files, 1950-ca.1953; Office of Northeast Asian Affairs; RG 59).

스에게 "대마도가 조약에 의해 한국에 주어지는지" 물었다. "대마도가 정당하게 한국에 속한다"는 말도 덧붙였다. 이에 대해 덜레스는 이의를 제기했다. 그는 "일본이 매우 오랜 기간 동안 대마도를 완전히 지배해왔다는 것을 지적하며 따라서 조약이 대마도의 일본의 小島로서의 현재 지위에 영향을 미치지 않을" 것이라 했다.[109] 그 날의 대마도 언급은 이것으로 끝이었다.

한편, 미국측은 1951년 3월 초안에 대한 각국의 의견을 참고하면서 주로 영국과 논의를 진행해 새로운 초안을 7월에 작성했고 이 날 양유찬 대사에게 직접 전달했다. 거기에는 한국과 관련된 영토 조항이 약간 달라져 있었다. 즉 2조 (a)항은 "일본은 한국의 독립을 인정하며 제주도, 거문도, 울릉도를 포함한 한국에 대한 모든 권리, 권원, 청구권을 포기한다"고 되어 있었다.[110] 제주도, 거문도, 울릉도라는 세 섬의 이름이 명시된 점이 특징인데 이것은 영국측의 요구를 반영한 것이라고 한다.

한국 정부는 다시 이 초안(이른바 '2차 초안')을 검토해 7월 19일 양유찬 대사의 덜레스 면담에서 재차 의견서를 제출했다. 영토와 관련하여 한국 정부가 요구한 것은 위 세 섬 외에 독도와 파랑도를 포함시켜 달라는 것이었다. 대마도는 요구에서 빠졌다. 당시 의견서 제출에 관여했던 유진오는 그 과정에서 최남선의 의견을 구했다고

---

109) 원문은 다음과 같다. "Ambassador Yang then asked whether the Island of Tsushima was to be given to Korea under the terms of the treaty, stating that Tsushima properly belonged to Korea. Ambassador Dulles took exception to this statement and pointed out that Japan had been in full control of Tsushima for a very long period of time; the treaty therefore did not affect the present status of Tsushima as a minor Japan island."(*Foreign Relations of the United States*, 1951, Asia and the Pacific, Volume VI, Part 1, Document 633.)

110) 원문은 다음과 같다. "Japan, recognizing the independence of Korea, renounces all right, title and claim to Korea, including the islands of Quelpart, Port Hamilton and Dagelet."(Draft Japanese Peace Treaty, July 3, 1951; Treaty-Draft-3-20 July, 1951; Records Relating to the Treaty of Peace with Japan; Office of Northeast Asia Affairs; RG 59.)

아래와 같이 회고한 바 있다. 의견서를 받은 덜레스는 대마도에 관한 이야기가 없다며 지적했고 양유찬 대사는 그것은 제외했다고 답했다.111) 이것으로 대마도는 의제에서 사라졌다.

당시 부산 동래방면에 살던 육당을 만나 역사적으로 보아 멀리 떨어져 있는 섬으로 우리 영토로 주장될 수 있는 섬들이 무엇무엇인가를 알아보았다. 육당은 과연 기억력이 좋은 분이라 독도의 내력을 당장에 내가 확신을 가질 수 있을 정도로 설명해 주었다. 다음 나는 대마도에 관해 '이 대통령은 대마도도 우리 영토라고 수차 말씀했는데 근거가 확실합니까' 하고 물었더니 육당은 빙그레 웃으면서 고개를 좌우로 저었다. (중략) 그 대신 새 지식을 하나 주었다. 목포와 일본의 長崎, 중국의 上海를 잇는 삼각형의 중심쯤 바다에 '파랑도'라는 섬이 있는데 표면이 대단히 얕아서 물결 속에 묻혔다, 드러났다 한다는 것이었다(유진오 1993: 27).

한국 정부가 대마도 요구를 제외한 것은 유진오의 회고처럼 최남선의 영향도 있었을 수 있지만 그보다는 이른바 '맥아더 라인'의 존속 문제가 한국측의 뜻대로 되어 가지 않은 상황을 반영한 것으로 생각된다. 맥아더 라인은 일종의 어업 한계선으로서 SCAP은 일본 어선들이 그 선을 넘어 조업을 하지 못하도록 했다. 한국측은 맥아더 라인을 일종의 방어선으로 인식하고 선을 넘어 조업하는 일본 어선들을 나포하기도 했지만 미국측은 공해상에서의 나포에 대해서는 강하게 반발해 선을 넘는 조업이 만연하고 있었다. 하지만 그럼에도 독도가 이 선 밖에 위치해 있었다는 것에서 보듯이 맥아더 라인이

---

111) 원문은 다음과 같다. "Mr. Dulles noted that paragraph 1 of the Korean Ambassador's communication made no reference to the Island of Tsushima and the Korean Ambassaodr agreed that this had been omitted."(*Foreign Relations of the United States*, 1951, Asia and the Pacific, Volume VI, Part 1, Document 647.)

한일 경계에서 가지는 의미는 작지 않았다. 1951년 3월 초안에 향후 어업과 관련한 외교적 문제는 당사국간의 협정으로 해결할 것을 규정하자 한국 정부는 의견서에서 맥아더 라인의 존속을 요구했다(부록 6, 7). 7월 9일 양유찬 대사와 덜레스의 면담에서도 이 문제는 대마도에 이어 세번째로 언급됐다. 하지만 미국측은 공해 상의 어업 문제를 조약에 포함시킬 수 없다는 입장이었다.[112] 한일간의 경계선과 관련해서 대마도에 대한 요구가 공격적인 것이었다면 '맥아더 라인'은 그에 비해서는 방어적인 것이었다고 할 수 있다. 다시 말해서 대마도가 문제가 아니라 '맥아더 라인'조차도 지켜내기 어려운 상황이 되었던 것이다. 이승만 정부의 입장에서 외교의 중심축이 후자로 옮겨간 것은 어찌 보면 당연한 것이었다. 하지만 맥아더 라인의 존속도 결국 대일강화조약에 포함되지 못했고 한국 정부는 '평화선'이라는 독자적 행동으로 옮겨갔다.[113]

5. 맺음말

대마도 반환 요구는 지금까지 살펴본 것처럼 제2차 세계대전 전후 처리라는 맥락에서 제기된 것이었다. 한국 정부 특히 이승만 대통령은 역사적 근거뿐만 아니라 일종의 전후 배상의 측면에서 대마도 반환이 가능하다고 판단했다. 하지만 냉전 하의 세계정세는 냉정했다. 한국이 대일강화조약의 서명국으로 참여하지 못했던 것이 그것을 상징적으로 보여준다. 일종의 전승국으로 인정받지 못한 나라

---

112) *Foreign Relations of the United States*, 1951, Asia and the Pacific, Volume VI, Part 1, Document 633.

113) 맥아더 라인과 평화선에 대해서는 박진희(2008), 정병준(2010) 외에 오제연(2005), 박창건(2014) 등 참조.

에 전후 배상으로서의 영토 할양이 이루어질리 만무했다. 또한 제1
차 세계대전의 가혹한 전후 배상이 다시 제2차 세계대전으로 이어
졌다는 국제 사회의 판단도 있어서 제2차 세계대전의 전후 처리는
패전국에 가혹한 배상을 요구하지 않았다.

본문에서 살펴본 것처럼 한국 정부와 의회의 주요 인물 중 대마도
반환을 가장 강하게 요구했던 것은 이승만 대통령이었다. 박진희
(2008: 32)는 이승만의 반환 요구가 "실질적인 요구였다기보다는 일
종의 협상수단"이었던 것으로 평가했다. 하지만 한국 정부가 반환
요구를 철회한 후인 1951년 8월 이승만 대통령이 양유찬 대사에게
보낸 편지를 보면 그는 여전히 대마도가 역사적으로 한국 땅임을 확
신하고 있었고 한번 요구한 것을 쉽게 철회해서는 안된다며 "적절히
접근한다면 이번에 돌려받을 수 있는 가능성이 있다고 생각한다(if
we approach properly I think we have good chance of getting it back
at this time)"[114]고 했다(국사편찬위원회 편 1996: 330, 335).[115] 쉽
지 않더라도 적극적으로 추진해야 한다는 입장이었던 것이다. 물론
일의 진행은 그의 생각대로 되지 않았고 조약이 체결된 후 한국 정
부가 다시 이 문제를 제기할 적당한 기회는 오지 않았다.

---

114) 이승만 대통령은 외교관들과 영어로 편지를 주고 받은 것으로 알려져 있다.

115) 이것을 보면 대마도 요구 철회는 이승만으로부터 권한을 위임받아 유진오가 참여하고 있던 외교
위원회에서 결정한 것으로 생각된다.

참고문헌

네이버 뉴스라이브러리 (http://newslibrary.naver.com).
Foreign Relations of the United States (http://history.state.gov/historicaldocuments).
Newspapers.com (http://newspapers.com)
New York Times Archive (http://www.nytimes.com/ref/membercenter/nytarchive.html)
Yomidas Rekishikan (http://www.yomiuri.co.jp/database)

국사편찬위원회 편(1996), 『대한민국사자료집 30: 이승만관계서한자료집 3』, 국사편찬위원회.
국회 국토통일연구특별위원회(1967), 『통일백서』.
김숭배(2017), 「존 포스터 덜레스(John Foster Dulles)의 신념과 한·일관계의 양가성」, 『국제정치논총』 57(2).
金鍾烈(1948), 「對馬島와 朝鮮關係-對馬島의 返還을 要求하자-」, 『신천지』 3(3).
南朝鮮過渡政府立法議院(1948), 『南朝鮮過渡政府立法議院速記錄』.
박진희(2008), 『한일회담: 제1공화국의 대일정책과 한일회담 전개과정』, 선인.
박창건(2014), 「한일어업협정 전사로서의 GHQ-SCAP 연구」, 『일본연구논총』 39.
오제연(2005), 「평화선과 한일협정」, 『역사문제연구』 14.
유진오(1993), 『한일회담-제1차 회담을 회고하면서-』, 외무부 외교안보연구원.
이석우 편(2006), 『대일강화조약 자료집』, 동북아역사재단.
정병준(2010), 『독도 1947: 전후 독도문제와 한·미·일 관계』, 돌베개.
정병준(2011), 「1945~1951년 미소·한일의 대마도 인식과 정책」, 『한국근현대사연구』 59.
河野康子(2009), 「沖縄返還と地域的役割分担論(2)」, 『法学志林』 106(3).

■■■ 제3부

부록

〈부록 1〉 우국노인회의 청원서 원본 첫장

HEADQUARTERS
PATRIOTIC OLDMEN'S ASSOCIATION
Seoul, Korea

5 August 1948

SUBJECT: Request for Arrangement of Lands between Korea and Japan

TO : Gen. Douglas MacArthur, Supreme Commander, SCAP

We, Korean people, are ever so interesting for your nego-
tiation for peace to Japan, because Korea stands near by Japan
and Korea was under the cruel compression of Japan for years and
vast sacrifies were always paid to Japan. We expect you that
so snapp and keen plans for establish-ment of oriental peace and
order and are waiting for its announcement. Korea who has no
actual voice in the conference should be well considered by your
great plans.

Speaking oriental peace, Korean opinions which will play a
great role in it, is absolutelyy necessary. Before some advises are
submitted you in the course of negotiation of peace and establish-
ment or oriental orders, we, Patriotic Oldmen's Association, are
to submit a request on arrangement of lands, beliving your kind
consideration.

Importance of legal arrangement of lands in the international
order, was shown in the corrider at the east Europe established
in the Versailles construction.

Generally speaking, legal arrangemental standards stand on
a passive side e.g. restoration of lands taken away, and on the
other active sidee e.g. division of land for supporting develop-
ment some nation and for the peace of the nation.

On the land matters between Korea and Japan, both active and
passive sides are present and we hereby request as follows:

I. Returning back the island "Dooksum". To-DONG (Do-Do)
37°30'N 130°54'E
(on ULLUNG DO)
ULLUNG Do It is not suspected at all but well understood that the island
37°30'N "Ulneungde", and its attached are belonging to Korea historically
130°54'E and actually. Japan, however, planed to profit by fishing and forest-
ing under the evacuating policy of Korea for internal security
prohibiting people to enter the island. Armed robbery-fishers of

출처: 800 Korean Political Affairs (July–Sept 1948); Classified General Records,
1945-1952; Office of the US Political Advisor for Japan, Tokyo; RG 84. (국립
중앙도서관 홈페이지)

⟨부록 2⟩ 우국노인회의 청원서 중 대마도 관련 내용

Transferring the island "Tsushima" to Korea.

The island "Tsushima" located at the boundary between the Sea of Korea and the Sea of Japan is a strategic point on the transportation from Japan to the Continent. Its geographical importance is easily recognized by the defeat of Russia. We have to understand that the Baltic Fleet could not escape from this point and it made Russia defeated in the final stage of the Russian-Japanese War.

Oriental-historically, the Tsushima was the Waiku's headquarters of aggression into the orient for 5 centuries since the 5th century, and Korean-historically, it was the den of the burglars who abused their power in the front of Korea for about 2,000 years.

Thus, Japan always marched out into Korea or the continent by using the island as a basal point or a stepping point. In the world-map made by Lapo Homem, 1554 (an old oriental map) the "Ladrois" on the sea between China and Japan was undoubtedly the Tsushima and its character was already known among the Europeans.

Escaping from the attacking of the pirates based at the Tsushima, Korea had to pay them several million suks of rice, several million pieces of cloth and other means of living annually, for 5 centuries. When we consider that black clouds covering the recent Korean history started from Japan and the ill air current was retained in this island, Korean people cannot pacify their nerves against the Tsushima.

In the local reconstruction after the great world war II, the Tsushima should be transferred to Korea as to

1) Remove absolutely a standing menace to the living of Korean people,

2) Prohibit the Japanese aggressive emergence into the continent,

3) Prevent the trampling upon the orient of the burglars.

We hereby indicate the appropriate basal conditions as follows:

a. Geographically: The localization of the Tsushima is rather nearer to Korea than to Japan, and it is not unnaturally thought that the Tsushima belongs to Korea if we decide its belonging freely, standing far from the political conditions.

b. Historically: The name "Tsushima" was originated from the Korean name "Toosum" meaning two islands (Tshushima is composed of two islands actually) and the grounding civilization of the Tsushima were almostly due to the Korean old civilization, as many scholars said, and it is well indicated that the recent civilization was made by the hand of the Japanese of Korean origin, according to various references.

First of all, when Korea subjugated the Tsushima 1396 and 1419, due to their bad faith, the Tsushima re-recognized the relation between both nations, namely, master and servant. And as most of the people in the Tsushima received official ranks and salaries from Korean Government, Korea thought the Tsushima a land belonging to Korean Government, and this fact was clearly described in the history and geography of

Korea (Lee's Korea). It is explained that Tsushima belonged to Korea and then to Korea and Japan since Japanese pirates occupied the island. Such instances occupied by two nations, are often found in the oriental history. For example, Ryukyu belonged to China and Japan, and Joshin belonged to Korea and China. And it is not denied that for some period, the Tsushima belonged to Korea and Japan doubtlessly.

c. Politically: Though the oriental peace will be completely made according to the equally developed political self-awakening of all oriental nations and quietly enriched national conditions of them, the Japanese aggression should be by the root removed before to be so. For these purposes, firstly it is necessary not to let considered for it. As long as Japan manages and governs the Tsushima freely and legally, Japan will have the chance and power to aggress into the orient. Of course, this reaggression of Japan is a great menace to Korea and the orient.

Considering frankly the uneasiness of the United States when Cuba and Haiti being a basal ground of pirates or aggressing powers, everyone can well understand the sharp mental process against the Tsushima.

d. Economically: The Tsushima has poor soil to agriculture that independent supporting was never obtained. And this resulted from that the island was under the supervision of Japan but satisfied with the mean position to Korea, and, they could not help falling to beggars as soon as they could not pirate ships.

And those who were under such stages of beggaring, they used to get fishing profits in the Korean channel to continue their lives. In old ages, the way to submit the Tsushima was to open them three fishing bases on the south coast of Korea, too.

Thereafter, when the Meiji-restoration was established and international relation between Korea and Japan was interrupted, reopening of diplomatic relation between both countries began with the fishing treaty. This fishing profit obtained in the Korean coast which center is the Korean channel, is necessary for only the island population but also indeed plays a great role in the financial problems of Japan.

It is doubtlessly expected that the fighting on their fishing centers for living between both countries will be severely. And so the reversion of the Tsushima where is the point of commanding sea is of importance meaning, and this economical base may be turned to the starting point to the political activity.

Without objection, the change of living means of Japan for their living and development will be indeed allowed, but it will be never permitted to rehabilitate standing on the base of our fear and sacrifices. We firmly carry our point that transferring the Tsushima to Korea will be the grounding stone for establishment of the new oriental orders. Some debater may say that Korea which is not a direct victor will not be able to request the division of land. In the period of Imperialism, many lands were taken away to compensate for one or two lives, and so, it will not much estimated to take back the Tsushima for our great sacrifice or loss for 2,000 years, though all lands of Japan will be less enough to compensate them. It is better understood that a small island "Tsushima" will be a compensation for loss of people and substance of Korea. Establishment of Polish Corridor in the Versailles construction was for the new European order but for the Polish meritorious service, and the military service of Korea will be considered.

Potsdam announcement of 26th July 1945 said, "the sovereignty of Japan should only be on Honshu, Hokkaido, Kyushu, Shikoku and islands directed -----." It is to be interesting that the Ryukyu and the Tsushima were omitted from the item, and this point is the very base to request the problem. Sicily to Italy, Corsica to France and Tsushima to Korea! They are legal.

출처: 부록 1과 같음.

〈부록 3〉 이승만 대통령 발언(1948.8.18.)과 일본 내 반응에 대한 미국 언론의 보도

1. *Chicago Daily Tribune* 1948.8.19.

Korea Demands Japan Give Back Tsushima Isles
Also Asks Redemption of Paper Money

Seoul, Korea, Aug. 18-The new Korean republic will demand the Tsushima Islands from Japan as well as services of Japanese technicians and redemption of Japanese paper currency left in Korea, President Syngman Rhee said today. Korea expects as a matter of course to be admitted to the peace conference, he explained, "since we fought Japan for 40 years."

Dr. Rhee, who assumed office on Sunday in a ceremony attended by Gen. MacArthur, said the Tsushima Islands belonged to Korea from ancient times until seized by Japan. He also pointed out that the two rocky islands populated by 55,000 fisherfolk were nearer to Korea than Japan.

The Tsushimas were left to Japan under terms of the surrender instrument which gave the Kuriles and other near-by isles to Russia and left unsettled the future of Okinawa and the Ryukyus south of the 30th parallel.

In recent years the Tsushimas were administered as part of the Japanese Nagasaki prefecture. Currently they are occupied by a platoon of the United States 24th infantry division with headquarters at

Kokura, Kyushu. The islands, near which the conclusive naval battle of the 1904 Russo-Japanese war was fought, have no air fields.

Dr. Rhee said the only other territorial demand the republic would make would be for the return of the northern half of the country now occupied by Russia and ruled by a Communist puppet government.

(후략)

2. *New York times* 1948.8.20.

Japanese Resent Korean President's Demand For Tsushima Islands, Close to Their Coast

Tokyo, Aug. 19 – Considerable resentment is developing here over a proposal of President Syngman Rhee of Korea that Korea over the Tsushima Islands, just off the Japanese coast in the Japan Sea.

Japanese newspapers, which are now free from censorship but still under press code forbidding the publication of news that might sow dissension among the Allies, are silent on the subject of Tsushima.

Individual Japanese, however, said the proposed cession of the islands was a "humiliation."

Japanese asserted that the islands have been in Japanese hands since the seventh century. The population of the two islands, Kamigata and Shimogata, is said to be about 50,000 Japanese citizens and only a few Koreans. Japanese regard Dr. Rhee's proposal on the same basis as the cession of the Kurile Islands to Russia, pointing out that neither territory can be considered as an area the Japanese occupied by force of arms or aggression.

The legal aspect of Dr. Rhee's proposal also is arousing interest here. The Potsdam agreement stated that Japanese territory should be inviolate except for area that Japanese forces conquered by arms and "certain minor islands."

Among these "minor islands" the Kuriles evidently were included since they were ceded to the Soviet Union at Yalta. The Japanese fear that the Tsushima Islands will be placed in the same category.

Economically the Tsushima Islands are of considerable importance to Japan. The islands are a base for fishing grounds in the Japan Sea, which have become more importance to Japan since the loss of privileges in Soviet waters. If these islands go to Korea it will be necessary for the United States to supply the food lost by the cession of the fishing grounds.

Tsushima in foreign hands would be a pistol pointed at the center of Japan, as the Kuriles already menace Hokkaido. It was off Tsushima that the Japanese wiped out the Russian fleet in the Russo-Japanese war.

The islands are rich in coal, lead and zinc.

The islands are an integral part of Japan. They are administered by Nagasaki prefectural authorities under the Military Government.

The fishing grounds off Tsushima were made part of Japanese territory in 1946 when General MacArthur, at the direction of the Allied Far Eastern Commission, delineated the extent of the shrunken Japanese empire.

〈부록 4〉 우국노인회 청원서에 대한 미군 메모랜덤(1948.8.25.)

CONFIDENTIAL

GENERAL HEADQUARTERS
FAR EAST COMMAND
G-3 Section

25 August 1948

MEMORANDUM FOR: The Chief of Staff

SUBJECT: Petition of Patriotic Old Men's Association
of Seoul, Korea

1. Subject petition urges consideration of SCAP in obtaining for Korea title to the Islands of Tsushima, Ullung Do, "Docksum" (Liancourt Rocks), and "Parang". The name "Docksum" can not be identified but according to the petition, it is the same as Liancourt Rocks; "Parang" Island can not be identified nor located by the coordinates furnished in the petition. The translation of the petition into English is so poor as to be almost unintelligible and the document obviously contains many historical inaccuracies. Particularly, statements concerning Tsushima fail to coincide with available reputable histories on the subject.

2. Recent Department of Army radio WX 87800 of 19 August 1948 disseminates State Department views on current major issues and cautions all interested agencies to "avoid all reference to Rhee's request for . . . . . return of Tsushima Islands . . . ." The radio further states that "only official Washington statements if and when they are made" should be used.

3. Very little is known of the Patriotic Old Men's Association of Seoul, Korea, however, it is certain that this organization has no official status and in view of the controversial nature of the request, no reply from SCAP or even acknowledgment of this petition is believed propitious.

4. RECOMMENDATION: That no SCAP action be taken; that subject petition be forwarded to the Diplomatic Section for information and file for possible future reference.

/s/ WHM

1 Incl:
Petition

W. H. M.

Chief of Staff
approved
26 Aug 1948
/s/ PJM

CONFIDENTIAL

출처: <부록 1>과 같음.

〈부록 5〉 한국의 대마도 반환 주장에 관한 미국무부 보고서

ABSTRACT

On several occasions since the establishment of the Republic of Korea, the Koreans have indicated that they might present a claim to the Japanese island of Tsushima, apparently on the basis of the historical relationship between Korea and Tsushima. However, a note of caution in their latest statements may indicate that they have increasing doubts as 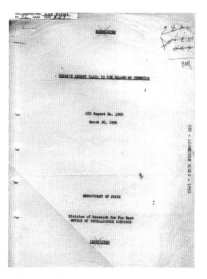 to their chances of success and that they no longer intend to press the claim. Korea apparently held a dominant position on island before 500 A.D., but its claim to control in subsequent periods is not supported by the facts available. On the contrary, there is little doubt that during the last 350 years Japan has exercised complete and effective control over Tsushima.

KOREA'S RECENT CLAIM TO THE ISLAND OF TSUSHIMA
Recent Korean Statements Regarding Tsushima

The island of Tsushima has been recognized for many years by the community of nations as an integral part of the Japanese homeland. It was included in the territory placed under the Allied Military Occupation in 1945 instead of being detached from the Japanese Empire as conquered territory subject to future settlement at the peace conference. After the establishment of the Republic of Korea in 1948, however, Koreans began to demand that Tsushima be taken from Japan and returned to them.

The Korean demands to date do not constitute a formal claim to sovereignty; they are, rather, declarations of future intentions and desires. The first statement on the issue was made by President RHEE Syngman on August 17, 1948, when he said, "In the heart of every Korean is a longing for the return of those islands," and indicated that this would be the only demand for territory made by his government against Japan. The Japanese Prime Minister immediately denied the validity of any Korean claim, and heated words were exchanged by the Korean and Japanese press. The Korean demand was stated again in a petition sent to the Supreme Commander for the Allied Powers in late 1948 by the Old Men's Patriotic Association of Seoul, a minor right-wing political organization. President Rhee reiterated his demand on January 7, 1949 with the statement: "Tsushima was not robbed by Japan in the past forty years, but nevertheless the island originally belong to our country and its return should be demanded." The question was taken up by the National Assembly on March 22, when Assemblyman YI Munwon introduced a resolution calling for the return of Tsushima to Korea. The motion was shelved after a brief examination by a subcommittee. When Rhee was questioned in a press conference on December 30, 1949 as to the advisability of sending "a research group" to the island, "in order to certify historically that Tsushimas [cic][116] island belongs to the Republic of Korea," he replied that this was a problem for the Japanese peace conference and that premature discussion of it might prejudice Korean relations with other countries.

While many Koreans may be convinced of the validity of the claim, it is obvious that the government's demands and popular support for them have not been based on a rational, legal analysis of the issue. The demands appear to be both a reflection of and a calculated appeal to the nationalism and the anti-Japanese feelings that prevail throughout the Republic. They may also represent an attempt by the government to extract some small concessions from the Allied Powers. Public reaction to these demands has been generally favorable, but there has been some open ridicule of them and there has been little natural interest in or support of them except from such small segments of the population as the nationalist historians. The lack of extensive public interest and a more dispassionate analysis by the government of its chances for success probably account for the prolonged silence following the first show if interest. The President's cautious statement

---

116) 의미불명.

of December 30, 1949, to the effect that pressing the claim could produce a conflict of interests with other nations, appear to indicate that the government has made a rational reappraisal of its entire position in the matter. The American Embassy in Seoul is of the opinion that the government now realizes the inability of proving its case and will no longer press the claim.

TSHUSHIMA'S PAST RELATIONS WITH KOREA AND JAPAN

The Korean demands for Tsushima have been based on the assumption that Korea exercised genuine control over the island at some time in the past. Thus far, however, no attempts have been made to define the period of control and no reasons have been advanced for the loss of the island.

There are several important qualifications to be taken into consideration in any discussion of the evidence on the question of Korea's relations with Tsushima. First, the information available is far from complete, except for the most recent periods. Second, it is difficult to define these relationships precisely in Western political terminology because of the differences between Western and Oriental theories of interstate and interarea relations. For example, under Korean Confucian and Japanese concepts of control several nations might possess approximately similar political rights within the same area; such concepts obviously cannot be described by use of such Western terms as "dependence," "independence," "sovereignty," or "suzerainty." However, despite these confusing factors, it is possible to make a reasonably accurate comparison of the relative degrees of Korean and Japanese control on the island.

Korean relations with Tsushima have varied significantly in the past and can best be discussed in terms of four historical periods. The earliest of these periods is the era of the Korean kingdom of Silla's predominance on the island, which ended c. 500 A.D. The second period extends to 1592, when Japan launched the first of a series of major invasions against Korea from Tsushima. The third extend to 1855, the date of the Meiji Restoration in Japan. The fourth and final period includes the years from 1868 to the present.

Most sources agree that in the first period the Korean kingdom of Silla governed the island for a long but indefinite period of time. There is also some evidence that Silla's control was terminated by Japanese seizure of the island in approximately 500 A.D.

There is no such unanimity of opinion as to the relationship between the island and the Korean peninsula during the years from c. 500 to 1592. Some of the texts allege that Korean influence was still paramount: references are made to the investiture of the rulers of Tsushima with titles and seals by the King of Korea, and it is claimed that the King of Korea paid subsidies to the island lord, who, in return, paid tribute and homage to Korea. However, the great number of invasions of the island by Korea during this period casts some doubt on Korea's ability to maintain control there for any appreciable length of time, even at the cost of war. Similar allegations of paramountcy are made on behalf of Japan in other works. However, the role claimed for Japan required greater activity on its part and a greater degree of control over island affairs, and this evidence accords better with the known facts of Tshushiman history. The very fact that the Japanese invasion of Korea in 1592 was launched in part from the island presupposes effective Japanese control.

For the period from 1592 to 1668[117] there is very little specific evidence that Korea exercised any control on the island. Even the texts that affirm belief is the existence of Korean rights of overlordship offer little information to prove that these rights were ever exercised in open and direct intervention in island affairs. On the other hand, there is considerable evidence that Japanese control was complete and open and that it was peaceful, i.e., that both Korea and Tsushima acquiesced in, and willingly acknowledged, this status of affairs and no other nation challenged it. Japan appears to have been the de facto ruling power at this time.

There is no question of Tshushima's status as a dependency of Japan after 1668. The Japanese reorganization of the government of Tsushima following the Meiji Restoration antagonized the Koreans, but they could only express disapproval of it. No other nation has sought to challenge Japan's control since 1668.

Therefore, from the information available, Korea's claim does not appear to be well-founded. Although Korea apparently held a dominant position on the island before 500 A. D., its claim to control in

---

117) 이 글에는 1668년이 세 번 등장하는데 모두 앞서 등장한 1868년의 오기로 보인다.

subsequent periods is not supported by the facts available. On the contrary, there is little doubt that during at least 350 years Japan has exercised complete and effective control of Tsushima.

(각주, 참고문헌은 생략)

출처: 322 Liancourt Rocks, 1952-54; Classified General Records, 1952-63; Seoul Embassy, Korea; RG 84. (국립중앙도서관 홈페이지)

〈부록 6〉 대일강화조약 초안(1951.3.22.) 중 영토, 경제 관련 조항

Chapter Ⅰ. TERRITORY

3. Japan renounces all rights, titles and claims to Korea, Formosa and the Pescadores; and also all rights, titles and claims in connection with the mandate system or deriving from the activities of Japanese nationals in the Antarctic area. Japan accepts the action of the United Nations Security Council of April 2, 1947, in relation to extending the trusteeship system to Pacific Islands formerly under mandate to Japan.

4. The United States may propose to the United Nations to place under its trusteeship system, with the United States as the administering authority, the Ryukyu Islands south of 29° north latitude, the Bonin Islands, including Rosario Island, the Volcano Islands, Parece Vela and Marcus Island. Japan will concur in any such disposal. Pending the making of such a proposal and affirmative action thereon, the United States will have the right to exercise all and any powers of administration, legislation, and jurisdiction over the territory and inhabitants of these islands, including their territorial waters.

5. Japan will return to the Union of Soviet Socialist Republic the southern part of Sakhalin as well as all the islands adjacent to it and will hand over to the Soviet Union the Kurile Islands.

Chapter II. POLITICAL AND ECONOMIC CLAUSES

8. Japan will continue to be a party, or if not now a party will seek adherence, to existing multilateral treaties and agreements designed to promote fair trade practices, to prevent the misuse of narcotics and to conserve fish and wildlife.

9. Japan agrees to enter promptly into negotiations with parties so desiring for the formulation of new bilateral or multilateral agreements for the regulation, conservation and development of high seas fisheries.

10. Each of Allied Powers, within a year after the present Treaty has come into force between it and Japan, will notify Japan which of its prewar bilateral treaties with Japan it wishes to keep in force or revive, and such treaties shall continue in force or be revived except for any provisions shall be deemed deleted. All such treaties not so notified shall be regarded as abrogated.

(후략)

출처: Treaty-Draft-Mar. 22, 1951; Records Relating to the Treaty of Peace with Japan; Office of Northeast Asia Affairs; RG 59. (국사편찬위원회 홈페이지)

〈부록 7〉 대일강화조약 초안(1951.3.22.) 영토, 경제 관련 조항에 대한 한국 정부 의견 (1951.4.27.)

Chapter Ⅰ - TERRITORY

In the firm belief that justice is the only basis for a lasting peace, the republic of Korea requests that thorough study be given to the territorial status of the Island of Tsushima. Historically, this Island was Korean territory until forcefully and unlawfully taken over by Japan. In paragraph numbered 5, Japan is ordered to hand over to the Union of Soviet Socialist Republics the southern half of Sakalin, all adjacent islands and, in addition, the Kurile Islands. In vew of this fact the Republic of Korea requests that Japan specifically renounce all right, title and claim to the Island of Tsushima and return it to the Republic of Korea.

Chapter Ⅱ - Political and Economic Clauses

In connection with paragraphs numbered 9 and 10, the Government of the Republic of Korea requests that the "MacArthur Line" delimiting the areas or zones available to Japanese and Korean fishing operations be accorded the same status as the "prewar bilateral treaties" referred to therein, and that the Republic of Korea be specifically empowered to notify Japan the said "MacArthur Line" shall be continued in its present form.

During the forty years in which Korea was under the domination of Japan, the Japanese monopolized every means of livelihood including the Korean fishing waters. Although unable to enter into a bilateral treaty under these circumstances, Koreans living in and outside of their own country maintained a state of belligerency with Japan which continued until 1945.

The recent, repeated violations of the restrictions imposed by the "MacArthur Line" by certain Japanese fishing interests is an indication of their future intentions. The Republic of Korea has always observed these restrictions and will continue to do so. Public opinion within Korea has become greatly aroused in protest against the unlawful acts of the Japanese in invading Korean fishing waters. Future peace is dependent upon the fair and just disposition of this problem.

In connection with this chapter, the Republic of Korea insists that due consideration be given to the fact that Korea, for the past forty years unjustly held under Japanese domination and oppression, has been unable to conclude treaties while other nations have been able to protect their rights through bilateral agreements. Paragraph 10, it is requested, be re-written to provide that Korean rights are equally protected with those of Allied powers having "prewar bilateral treaties" with Japan.

Any so-called "treaties" between Japan and Korea, entered into prior to 1945, while Korea was under imperialistic domination of Japan, are not in fact treaties, and the Republic of Korea considers any or all such "treaties" to be null, void and of no effect whatsoever.

출처: 이석우 편(2006: 216), 국사편찬위원회 편(1996: 234-235, 377-379).

부경대학교 인문역량강화(CORE)사업단

대학 인문역량강화사업(이하 CORE사업)은 2016년부터 2018년까지 3년 간 대학 인문 분야 교육프로그램을 지원하는 최초의 재정지원 사업으로, 기초학문인 인문학의 보호·육성과 사회수요에 부합하는 융복합 인재 양성을 목적으로 교육부와 한국연구재단에서 추진하는 사업이다. 부경대학교 CORE 사업단은 해양수산 교육·연구의 메카인 부경대학교의 전통과 해양수도 부산의 지역 인프라를 바탕으로, 바다를 중심으로 하는 인간 삶의 총체적 연구인 "해양인문학"을 특성화하여 부산의 미래를 개척할 융합형 글로벌 인재를 양성하는 것을 목표로 한다.

〈해양인문학이란 무엇인가?〉
제2권

초판인쇄 2018년 9월 14일
초판발행 2018년 9월 14일

지은이 부경대학교 인문역량강화(CORE)사업단
펴낸이 채종준
펴낸곳 한국학술정보㈜
주소 경기도 파주시 회동길 230(문발동)
전화 031) 908-3181(대표)
팩스 031) 908-3189
홈페이지 http://ebook.kstudy.com
전자우편 출판사업부 publish@kstudy.com
등록 제일산-115호(2000. 6. 19)

ISBN 978-89-268-8561-1 93330